轨道交通实训课新理念新形态活页式教材

铁道信号自动控制实训指导

（一）基础设备

主　编／龚俊维　陈　果　金玉婷

西南交通大学出版社
·成　都·

图书在版编目（CIP）数据

铁道信号自动控制实训指导. 一，基础设备 / 龚俊维，陈果，金玉婷主编. --成都：西南交通大学出版社，2023.6
ISBN 978-7-5643-9325-0

Ⅰ. ①铁… Ⅱ. ①龚… ②陈… ③金… Ⅲ. ①铁路信号－自动控制－高等职业教育－教学参考资料 Ⅳ. ①U284.3

中国国家版本馆 CIP 数据核字（2023）第101215 号

Tiedao Xinhao Zidong Kongzhi Shixun Zhidao
铁道信号自动控制实训指导
（一）基础设备
（二）系统设备

主　编／龚俊维　陈　果　金玉婷

责任编辑／穆　丰
封面设计／墨创文化

西南交通大学出版社出版发行
（四川省成都市金牛区二环路北一段111号西南交通大学创新大厦21楼　610031）
发行部电话：028-87600564　028-87600533
网址：http://www.xnjdcbs.com
印刷：四川玖艺呈现印刷有限公司

成品尺寸　185 mm × 260 mm
总印张　14　　总字数　313 千
版次　2023年6月第1版　　印次　2023年6月第1次

书号　ISBN 978-7-5643-9325-0
套价（全2册）　45.00元

课件咨询电话：028-81435775

前言

PREFACE

本书是根据铁道信号自动控制专业的培养目标和特点，在调查了解信号工对检修信号设备所需知识和技能的基础上，积极探索出的一套符合现场岗位实训的指导教材。本书突破传统的教学模式，落实“课堂如职场，上课如上岗”的要求，实现“突出技能、模块培训、单项合成、岗位落标、动态评价”的培养目标，着力解决“重理论、轻实作，重课堂、轻现场”的问题，切实提高培训质量和效果，具有一定的实用性和可操作性。

本书遵循模块教学的特点，为了满足课程教学的需要，在调查分析学生面对岗位所需要的基本技能的基础上，突出了岗位的实作技能，加深了学生对信号基础设备的理解，帮助他们熟悉铁路信号的基本操作。学生通过实训，熟悉了铁路信号的专业测量仪器仪表的使用方法，理解了铁路信号设备的基本操作，掌握了转辙机及电路设备的故障处理技能。

本书分为五个项目，每个项目的任务按照从认知到实训的顺序进行编写。项目一介绍了继电器的认知与测试实训；项目二介绍了信号专业测量仪器仪表使用，如万用表、钳形电流表、兆欧表、对地电阻测试仪、移频表的认知和使用；项目三介绍了各类型信号机设备的认知及其控制电路的测试、维护与故障处理实训；项目四介绍了不同轨道电路设备认知、测试、维护与故障实训；项目五介绍了各类型转辙机的结构认知以及控制电路的测试、维护与故障处理实训。本书作为实训指导教材，突出了培训内容，简化了实训程序，满足了学生高效学习的需求。

在本书的编写过程中，参考了相关文献资料，在此谨向各位专家作者表示衷心的感谢，郑州捷安高科股份有限公司等有关单位在编写和审定的工作中给予了大力支持，在此一并表示感谢！

编 者

2022 年 7 月

目录
CONTENTS

项目一　继电器的认知与测试实训 ………… 001

任务一　各型号继电器认知 ………… 001

任务二　继电器特性测试 ………… 003

任务三　继电器组合逻辑功能验证 ………… 005

项目二　信号专业测量仪器仪表使用 ………… 009

任务一　万用表的认知和使用 ………… 009

任务二　钳形电流表的认知和使用 ………… 012

任务三　兆欧表的认知和使用 ………… 014

任务四　对地电阻测试仪的认知和使用 ………… 018

任务五　移频表的认知和使用 ………… 021

项目三　信号机及其控制电路的测试、维护与故障处理实训 ………… 024

任务一　各类型（进站、出站、调车、通过）信号机设备认知 ………… 024

任务二　信号机构外观及内部维护 ………… 029

任务三　点灯单元信号机点灯电压测试、调整及维护 ………… 032

任务四　信号机点灯电路测试及故障处理 ………… 036

项目四　轨道电路测试、维护与故障处理实训 ………… 041

任务一　50 Hz微电子轨道电路设备认知、测试、故障处理 ………… 041

任务二　25 Hz相敏轨道电路设备认知、测试、故障处理 ………… 047

任务三　ZPW2000A轨道电路设备认知、测试、故障处理 ………… 053

任务四　ZPW2000K轨道电路设备认知、测试、故障处理 ………… 061

项目五　转辙机及其控制电路的测试、检修与故障处理实训 ………… 064

任务一　ZD6、ZD（J）9电动转辙机，ZYJ7、ZY4电液转辙机的设备结构认知 … 064

任务二 ZD6、ZD（J）9电动转辙机、ZYJ7电液转辙机的拆装、调试及动作测试 …… 071
任务三 ZD6电动转辙机的日常养护及故障处理 …… 077
任务四 ZYJ7电液转辙机的日常养护及故障处理 …… 084
任务五 S700K电动转辙机的日常养护及故障处理 …… 089

项目一　继电器的认知与测试实训

任务一　各型号继电器认知

一、实训目的

（1）掌握安全型继电器型号表示法。

（2）了解各型号继电器结构组成。

二、理论链接

（一）安全型继电器的特点

在铁路信号系统中，凡是涉及行车安全的继电电路都必须采用安全型继电器。所谓安全型继电器是指它的结构必须符合故障—安全原则。它是一种故障不对称器件，在故障情况下使前接点闭合的概率远小于后接点闭合的概率。这样，就可以用前接点代表危险侧信息，用后接点代表安全侧信息。

（二）安全型继电器的型号表示法

安全型继电器型号用汉字拼音字母和数字表示，字母表示继电器种类，数字表示线圈的电阻值，如图 1-1-1 所示。

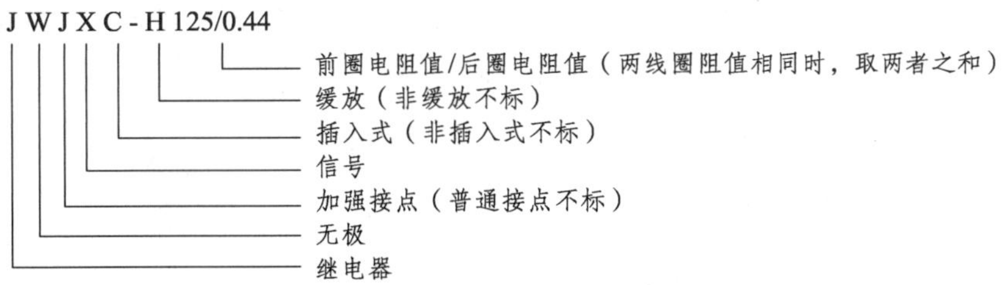

图 1-1-1　继电器型号表示法

（三）安全型继电器的品种及用途

安全型继电器具有无极、无极加强接点、无极缓放、无极加强接点缓放、整流式、有极、有极加强、偏极、单闭磁 5 种 9 类。它们的特性和线圈电阻值各不相同，在信号电路中有不同的作用。

（四）继电器插座

安全型继电器组成插入式，需加装继电器插座板，其结构如图 1-1-2 所示。

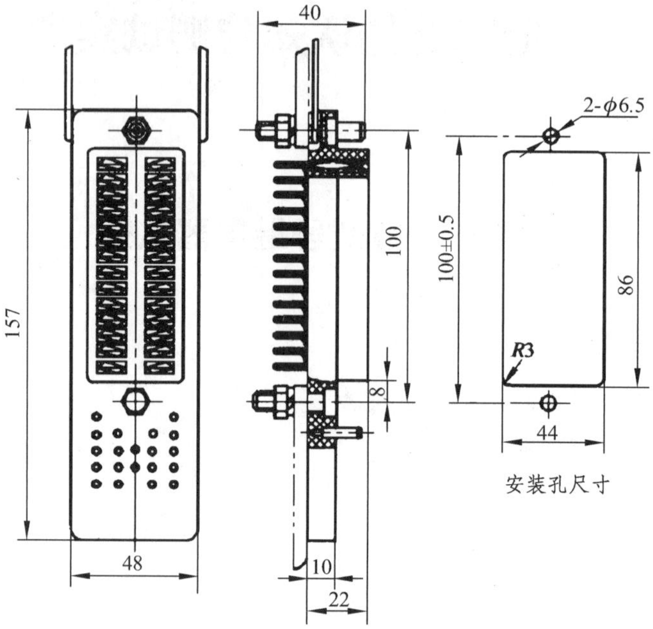

图 1-1-2　继电器插座（单位符号：mm）

三、实训要求

（一）实训时间

教学学时为 1 个课时。

（二）实训形式

学生每 5 人组成 1 个工作小组，各小组制定实施方案及工作计划。组长协助教师指导本组学生学习，检查实训作业进度和质量，制定改进措施，共同完成项目任务。

（三）安全注意事项

（1）未经教师或管理员允许不得擅自操作。

（2）继电器应轻拿轻放，实训完成后应放回原处，严禁挪作他用。

（四）工器具材料准备

（1）防护用品：防滑鞋、绝缘手套、工作服等。

（2）个人用品：笔、笔记本等。

四、实训作业步骤

表 1-1-1　实训作业步骤

步骤	具体内容
1	实训人员穿戴防护用品，携带个人工具至现场
2	查看各继电器标签型号，试说明型号中汉字拼音字母和数字表示的意义
3	认知 JWXC 型无极继电器线圈、铁心、轭铁、衔铁、接点系统等部件
4	认知 JWJXC 型无极加强接点继电器线圈、铁心、轭铁、衔铁、接点系统等部件
5	认知 JZXC 型整流继电器线圈、铁心、轭铁、衔铁、接点系统等部件
6	认知 JYXC 型有极继电器线圈、铁心、永久磁钢、衔铁、接点系统等部件
7	认知 JPXC 型有极继电器线圈、铁心、永久磁钢、衔铁、接点系统等部件
8	记录总结，恢复实训现场

五、实训考核标准

表 1-1-2　实训考核标准

内容	标准	配分	得分
继电器认知	能够正确识别各型号继电器	30	
继电器型号表示法	能够掌握安全型继电器的型号表示法中汉字拼音字母和数字表示意义。	30	
部件组成	能够指出各信号继电器的线圈、铁心、轭铁、衔铁、接点系统等部件	40	

六、思考题

除上述型号继电器外，还有哪些常见型号继电器?

任务二　继电器特性测试

一、实训目的

（1）掌握继电器各电气特性的意义。

（2）掌握测量继电器电气特性的方法。

二、理论链接

线圈电阻：继电器线圈电阻值。

接点电阻：接点电阻由接触电阻及接点本身电阻两部分组成；接触电阻是指接点接触连接所形成的电阻。

工作值：向继电器线圈通电，直到衔铁止片与铁心接触、全部前接点闭合，并满足规定接点压力所需要的最小电压或电流值。此值代表了继电器的磁系统及接点系统刚好能工作的状态，一般规定工作值不大于额定值的 70%。

释放值：向继电器通以规定的充磁值，然后逐渐降低电压或电流，至全部前接点刚刚断开时的最大电压或电流值。

吸合时间：从继电器线圈接通规定的电压或电流时起至全部前接点闭合的时间。

三、实训要求

（一）实训时间

教学学时为 1 个课时。

（二）实训形式

学生每 5 人组成 1 个工作小组，各小组制定实施方案及工作计划。组长协助教师指导本组学生学习，检查实训作业进度和质量，制定改进措施，共同完成项目任务。

（三）安全注意事项

（1）未经教师或管理员允许不得擅自操作。

（2）安装及取下继电器时不要使用蛮力，以防继电器底座弹簧片和继电器自身损伤。

（3）继电器应轻拿轻放，实训完成后应放回原处，严禁挪作他用。

（四）工器具材料准备

（1）防护用品：防滑鞋、绝缘手套、工作服等。

（2）工器具：万用表。

（3）个人用品：笔、笔记本等。

四、实训作业步骤

表 1-2-1　实训作业步骤

步骤	具体内容	工具	注意事项
1	实训人员穿戴防护用品，携带个人工具至现场	防滑鞋、绝缘手套、工作服	—
2	将需要检测的继电器插在“继电器检测仪”底座上	继电器检测仪	安装及取下继电器时不要使用蛮力
3	打开实训终端，登录软件界面，如图 1-2-1 所示	—	—
4	点击“继电器检测”按钮，如图 1-2-1 在界面下方选择对应型号继电器后，点击“开始检测”按钮，进行继电器全部特性测试，或点击每一项后面的“测试”按钮可进行单项特性检查	—	—

续表

步骤	具体内容	工具	注意事项
5	点击“停止测试”按钮，中断检测，若要继续测试，直接点击“测试”按键	—	—
6	重复步骤 4、5 对其他型号继电器进行特性测试实训	—	继电器应轻拿轻放，实训完成后应放回原处，严禁挪作他用
7	记录总结，恢复实训现场	—	—

图 1-2-1　软件界面

五、实训考核标准

表 1-2-2　实训考核标准

内容	标准	配分	得分
继电器电气特性认识	能够简述线圈电阻、接点电阻、工作值、释放值、吸合时间的意义	50	
继电器特性测试	能够掌握继电器特性测试方法	50	

六、思考题

简述继电器的动作过程。

任务三　继电器组合逻辑功能验证

一、实训目的

（1）掌握信号组合实训台配线方法。
（2）完成继电器组合逻辑功能验证。

二、理论链接

将具有相同控制对象的一些继电器组合在一起，构成定型电路环节，这些定型环节，叫作继电器组合，简称组合。

一般来说，一个组合拥有特定的电路逻辑功能，如实现信号机点灯控制、区段占用检查、道岔动作或表示电路等。

本任务的主要目的就是根据配线图，对特定的功能逻辑组合进行焊接、配线练习，完成练习后，可通过系统验证来判断是否正确进行组合配线，并验证功能的完整性。

信号组合实训台如图 1-3-1 所示，主要包含组合配线练习及功能验证两个功能，可进行组合的焊接练习、配线练习及焊接完成后功能验证操作，支持学员自主设计图纸、配线后进行功能验证。

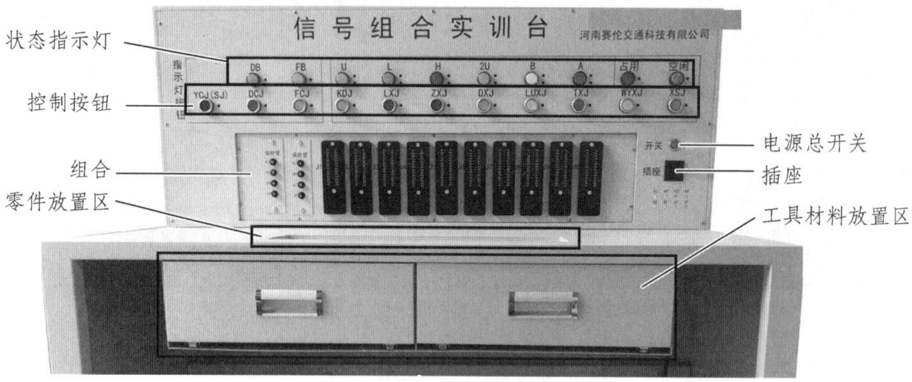

图 1-3-1　信号组合实训台

控制按钮：每个继电器的驱动按钮，按下即对应继电器吸起。

状态指示灯：可显示组合对应功能、表明组合状态的指示灯。

指示灯和按钮按照实训台从左到右可分为转辙机控制区、信号机控制区、轨道电路控制区，在实训过程中均可根据相应的操作观察到相应的状态指示灯变化，其中轨道电路按照现场逻辑无法控制，只能观测状态。

电源总空开：实训台的电源开关，按下即台体整体供电。

组合：练习配线的载体，可在该组合练习继电器插拔、组合后配线等操作。

插座：可在组合焊接时进行烙铁的供电。

零件放置区：焊接组合时可将套管、焊锡等放置在该区域，不易掉落。

工具材料放置区：工具及图纸等放置的地方。

三、实训要求

（一）实训时间

教学学时为 1 个课时。

（二）实训形式

学生每 5 人组成 1 个工作小组，各小组制定实施方案及工作计划。组长协助教师指导本组学生学习，检查实训作业进度和质量，制定改进措施，共同完成项目任务。

（三）安全注意事项

（1）未经教师或管理员允许不得擅自操作。
（2）安装及取下继电器时不要使用蛮力，以防继电器弹簧片及继电器自身损伤。
（3）继电器应轻拿轻放，实训完成后放回原处，禁止挪作他用。
（4）组合配线时需要将实训台电源断开，避免触电。

（四）工器具材料准备

（1）防护用品：防滑鞋、绝缘手套、工作服等。
（2）工器具：电烙铁、剥线钳、万用表。
（3）个人用品：笔、笔记本等。

四、实训作业步骤

表 1-3-1 实训作业步骤

步骤	具体内容	工具	注意事项
1	实训人员穿戴防护用品，携带工器具至信号组合实训台实训区	电烙铁、剥线钳、万用表	—
2	实训人员认知组合实训台指示灯按钮的作用及其与图纸的对应关系	—	—
3	三显示出站信号及配线实训： （1）认知三显示出站信号机原理图及组合内部配线图（可参照继电器组合配线表认知实训）。 （2）根据组合内部配线图，对实训台进行组合配线	电烙铁、剥线钳、万用表	组合配线时需将实训台电源断开，避免触电
4	将实训台电源开关按下，观察此时实训台指示灯现象，验证组合逻辑功能： （1）按压 LXJ 按钮，观察实训台指示灯变化，结合信号机原理图，总结思考指示灯变化原因。 （2）按压 ZXJ 按钮，观察实训台指示灯变化，结合信号机原理图，总结思考指示灯变化原因。 （3）同时按压 ZXJ 和 LXJ 按钮，观察实训台指示灯变化，结合信号机原理图，总结思考指示灯变化原因	—	—

续表

步骤	具体内容	工具	注意事项
5	参照步骤 3、4 练习其他信号机、转辙机、轨道电路配线及逻辑功能验证	电烙铁、剥线钳、万用表	组合配线时需将实训台电源断开，避免触电
6	记录总结，恢复实训现场	—	继电器应轻拿轻放，实训完成后放回原处，禁止挪作他用

五、实训考核标准

表 1-3-2　实训考核标准

内容	标准	配分	得分
实训台配线	能够按照组合配线图纸，完成组合配线	50	
组合逻辑功能验证	能够根据原理图，完成组合逻辑功能验证	50	

六、思考题

简要说明三显示出站信号机逻辑功能验证实训中按压 LXJ、ZXJ 按钮分别亮什么灯，简述其原理。

项目二 信号专业测量仪器仪表使用

任务一　万用表的认知和使用

一、实训目的

（1）认知万用表各测试挡位作用。
（2）能够正确使用万用表。

二、理论链接

万用表是一种多量程和测量各种电量的便携式复式电气测量仪表，如图 2-1-1 所示。一般可用来测量直流电压、直流电流、交流电压、交流电流、电阻、音频电平等电量。

（一）万用表组成认知

万用表构成如图2-1-1所示。

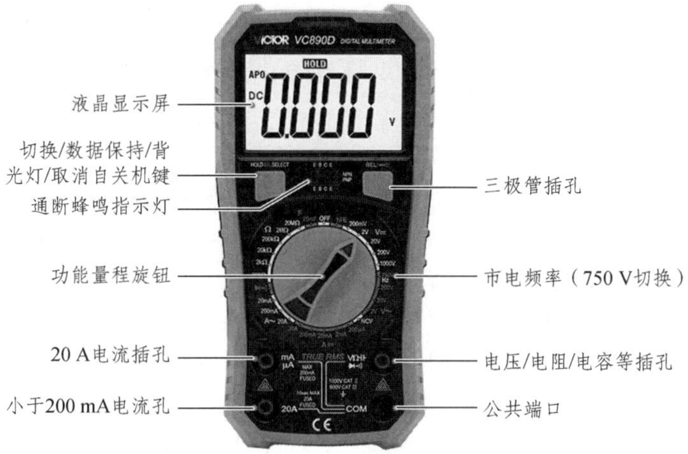

图 2-1-1　万用表构成

（二）使用方法

1. 测量类型和量程的选择

测量前首先要根据被测对象，将类型选择开关旋至相应位置，如测量交流电压应将旋钮旋至交流电压挡。在类型选择之后注意量程的选择，量程选择过小，将可能烧损表头，量程选择过大，将影响量程的精度。在测量无法预估的电压或电流值时，应选择最高量程，然后逐步减小量程。

2. 测量连接

在测量类型、量程选择好后，要注意测量连接。在测量直流电量时应特别注意仪表的极性，即测量直流电压时，应将万用表正极的红色表笔连接被测电路的正极，将万用表的黑色表笔连接被测电路的负极；而测直流电流时，应让被测电流表经万用表的正端输入，再从万用表的负端流出。

3. 欧姆挡正确使用注意事项

（1）选择适当的倍率，尽量使指针接近欧姆挡中心刻度部分，因为被测元件的数值越接近欧姆挡中心刻度，读数越准确。

（2）测量前应先“调零”，即将两测试表笔短接，旋转“零欧姆调整旋钮”，使指针在零欧姆位置，若零欧姆调整旋钮无法调零，则需更换内部相应电池。

（3）不能带电测量电阻，若带电测量电阻相当于在测量回路中又增加了一外加电源，这不仅使测量结果无效，而且可能烧坏表头。

（4）被测量电阻不能有并联支路，否则测得的电阻值将不是被测电阻实际值，而是一等效电阻值。

（5）测量电阻时，不要双手同时接触表笔的金属部分，否则，人体电阻被并入被测电阻，影响测量的准确性，在测量阻值较高的电阻时，尤其要注意。

（三）万用表常用测试挡位

（1）交流 500 V，用于测试液压转辙机工作电源。

（2）交流 250 V，用于测试信号机点灯电源、轨道电路送电端电源、道岔表示电源等。

（3）交流 100 V，用于测试道岔正常时的交流表示电压。

（4）交流 25 V，用于测试信号机点灯端电压、轨道电路受电端继电器电压。

（5）交流 10 V，用于测试送电端轨道变压器Ⅱ次侧电压、限流电阻电压。

（6）交流 2.5 V，用于测试轨面电压。

（7）直流 250 V，用于测试电动转辙机工作电源。

（8）直流 100 V，用于测试电动转辙机道岔表示直流电压。

（9）直流 25 V，用于测试继电器端电压。

（10）电阻挡，用于测试直流电机转子、定子线圈电阻。

（11）直流 5 A，用于测试电动转辙机工作电流、故障电流。

三、实训要求

（一）实训时间

教学学时为 1 个课时。

（二）实训形式

学生每 5 人组成 1 个工作小组，各小组制订实施方案及工作计划。组长协助教师指导本组学生学习，检查实训作业进度和质量，制定改进措施，共同完成项目任务。

（三）安全注意事项

（1）未经教师或管理员允许不得擅自操作。

（2）在万用表使用过程中，注意万用表挡位的调节，同时避免用手触碰表笔的金属部分。

（3）测试已知电压、电流时要注意量程合适；测试未知电压、电流时，由高挡位到低挡位逐挡调到合适挡位。

（4）测量电阻时，应断开电源。

（5）测量电压时应注意电源正、负极性。

（6）测量中不宜转换挡位，应断开表笔再变换挡位。

（7）电表使用完毕，应将开关旋至指定位置，或放在最大交流电压挡。

（8）测量 500 V 以上电压时，要站在干燥的木板或绝缘板垫上，同时只能单手测量。

（四）工器具材料准备

（1）防护用品：防滑鞋、绝缘手套、工作服等。

（2）工器具：万用表。

（3）个人用品：笔、笔记本等。

四、实训作业步骤

表 2-1-1　实训作业步骤

步骤	具体内容	工具	注意事项
1	实训人员穿戴防护用品，携带个人工具至现场	万用表	—
2	认知万用表各挡位、表盘、表笔插孔等部件	万用表	—
3	实训人员携带万用表前往高铁信号机理实一体实训区，将实训设备顺序上电	万用表	—
4	结合信号机点灯原理图，测量信号机点灯电源。将万用表量程旋钮旋至交流 250 V 挡位，正极的红色表笔连接 XJZ，黑色表笔连接 XJF。待读数稳定后，记录读数	万用表	注意万用表挡位的调节，避免用手触碰表笔的金属部分；测量中不宜转换挡位，应断开表笔再变换挡位
5	类比步骤 4，前往转辙机及轨道电路理实一体实训区，结合电路原理图，测量转辙机及轨道电路的各项电气参数	万用表	测试已知电压、电流时要注意量程合适；测试未知电压、电流时，由高挡位到低挡位逐挡调到合适挡位
6	记录总结，恢复实训现场	—	电表使用完毕，应将开关转至指定位置，或放在最大交流电压挡

五、实训考核标准

表 2-1-2 实训考核标准

内容	标准	配分	得分
万用表认知	能够正确认知万用表表盘、旋钮、表笔插孔及表笔等部件	40	
能够正确使用万用表	能够选择正确的挡位，对各项电气参数进行测量并正确读数	60	

六、思考题

用万用表测试未知电压、电流时，如何操作?

任务二 钳形电流表的认知和使用

一、实训目的

（1）了解钳形电流表的工作原理。
（2）掌握钳形电流表的使用方法。

二、理论链接

（一）钳形电流表认知

钳形电流表主要用于不断开电路情况下，测量正在运行设备电路的电流。钳形电流表由一只电磁式电流表和穿心式电流互感器组成。穿心式电流互感器铁心制成活动开口，且成钳形，故因此得名。穿心式电流互感器的副边绕组缠绕在铁心上且与交流电流表相连，它的原边绕组即为穿过互感中心的被测导线。旋钮实际上是一个量程选择开关，扳手的作用是开合穿心式互感器铁心的可动部分，以便使其钳入被测导线。钳形电流表如图 2-2-1 所示。

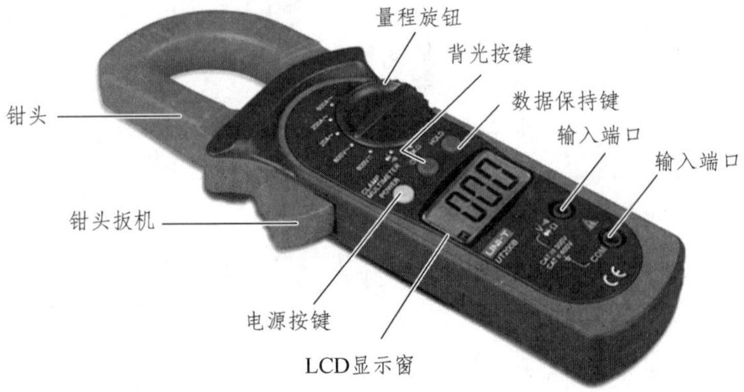

图 2-2-1 钳形电流表构成

（二）钳形电流表的工作原理

测量电流时，按动扳手，打开钳口，将被测载流导线置于穿心式电流互感器的中间，当被测导线中有交变电流通过时，交流电流的磁通在互感器副边绕组中感应出电流，该电流通过电磁式电流表的线圈，并通过显示电路，在液晶显示屏上显示被测电流值。

（三）钳形电流表使用方法及注意事项

（1）检查外观是否完好，是否处于检验合格期内。

（2）测量前，应检查钳口的开合情况，要求钳口可动部分开合自如，两边钳口结合面接触紧密。如钳口上有油污和杂物，应用溶剂洗净；如有锈斑，应轻轻擦去。测量时务必使钳口紧密闭合，以减少漏磁通，提高测量精确度。

（3）测量时，量程选择旋钮应置于适当位置，以便减少测量误差。如事先不知道被测电路电流的大小，可先将量程选择旋钮置于高挡位，然后再根据读数情况将量程旋钮调整到合适位置。

（4）当被测电路电流太小，即使在最低量程挡读数也过小（小于 5 A）时，为提高测量精确度，可将被测导线绕几匝，匝数要以钳口中央的匝数为准：实际值=读数/匝数。

（5）测量时，应使被测导线置于钳口内中心位置，以利于减小测量误差。

（6）钳形表不用时，应将量程选择旋钮旋至最高量程挡，以免下次使用时，不慎损坏仪表。

三、实训要求

（一）实训时间

教学学时为 1 个课时。

（二）实训形式

学生每 5 人组成 1 个工作小组，各小组制定实施方案及工作计划。组长协助教师指导本组学生学习，检查实训作业进度和质量，制定改进措施，共同完成项目任务。

（三）安全注意事项

（1）未经教师或管理员允许不得擅自操作。

（2）测量时先估计被测值大小，选择合适挡位，若不能确定被测值大小，先置于最高挡位，然后根据测量值大小，变换至合适挡位。

（3）不准在测量过程中调节挡位。

（四）工器具材料准备

（1）防护用品：防滑鞋、绝缘手套、工作服等。

（2）工器具：钳形电流表。

（3）个人用品：笔、笔记本等。

四、实训作业步骤

表 2-2-1　实训作业步骤

步骤	具体内容	工具	注意事项
1	穿戴防护用品，携带钳形电流表至实训现场	钳形电流表	—
2	将 S700K 转辙机理实一体实训设备按规定上电	—	—
3	在分线盘处测量转辙机表示电压： （1）将量程旋钮旋至交流 600V 挡位。 （2）红表笔接“V”端，黑表笔接“COM”端。 （3）将红、黑表笔插接至分线盘被测端子上（定位：X1、X2、X4；反位：X1、X3、X5）。 （4）读取、记录数值	钳形电流表	测量时先估计被测值大小，选择合适挡位，若不能确定被测值大小，先置于最高挡位，然后根据测量值大小，变换至合适挡位
4	在分线盘处测量转辙机工作电流（反操：X1、X3、X4；定操：X1、X2、X5）： （1）将量程旋钮旋至 20 A。 （2）扣动钳头扳机，打开钳口，钳住被测导线。 （3）在组合控制柜上按下定操（反操）按钮。 （4）读取、观察、记录数值变化	钳形电流表	不准在测量过程中调节挡位。
5	参照步骤 3、4 测量转辙机其他电气参数	钳形电流表	—
6	总结记录实训结果，恢复实训现场	—	—

五、实训考核标准

表 2-2-2　实训考核标准

内容	标准	配分	得分
钳形电流表认知	能够正确认知钳头、输入端口、表笔、旋钮等部件	40	
能够正确使用万用表	能够选择正确的挡位，对转辙机电气参数进行测量，并正确读数	60	

六、思考题

1. 被测转辙机的表示电压及启动电流值分别是多少?
2. 试根据转辙机启动电流测试值绘制转辙机动作电流曲线。

任务三　兆欧表的认知和使用

一、实训目的

（1）认知兆欧表盘面显示意义。

（2）能够掌握兆欧表的正确使用方法。

二、理论链接

（一）兆欧表组成认知

兆欧表是专用测量电气设备绝缘性能的仪表，它是最常用而又最简便的高阻值电阻测量仪表，表盘的读数刻度单位为“MΩ”，故取名为“兆欧表”，可用来测量高阻值的电阻器，各种电气设备的绝缘电阻，电线（电缆或明线）的绝缘电阻，电机绕组的绝缘电阻以及变压器、继电器线圈的绝缘电阻等。兆欧表主要由磁电系比率表、电源（手摇发电机）和测量电路组成。兆欧表如图 2-3-1 所示。

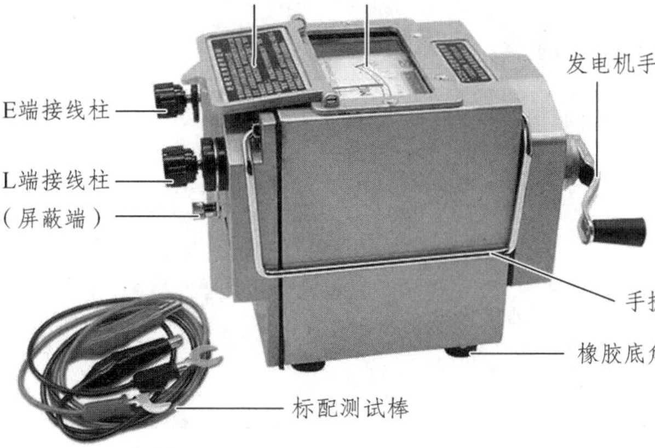

图 2-3-1　兆欧表构成

（二）使用方法

（1）测量时的两条引线，一条接“L”端子，另一条接“E”端子（地线端子）。“L”“E”不能接反，正确做法是：“L”线端钮接被测设备导体，“E”线端钮接地或设备外壳。

（2）手摇发电机至规定转速（120 r/min），指针应指示在“∞”位置，将“L”“E”短接，指针应指示在“0”位置，可用微调器将其调至“0”位置。

（3）将兆欧表与被测物体按规定连接，待手摇发电机转速均匀后，指针也随之稳定下来，此时可进行读数，若指针摇摆不定，可读取其中间值。

（4）测量电路芯线间绝缘电阻时，应先摇转 1 min，使芯线充满电后，再取读数。

三、实训要求

（一）实训时间

教学学时为 1 个课时。

（二）实训形式

学生每 5 人组成 1 个工作小组，各小组制定实施方案及工作计划。组长协助教师指导本组学生学习，检查实训作业进度和质量，制定改进措施，共同完成项目任务。

（三）安全注意事项

（1）未经教师或管理员允许不得擅自操作。

（2）测量前必须切断被测设备电源并对地放电。

（3）对有可能感应高电压的设备，在可能行为消除前，不可进行测量。

（4）测量工作结束后，对被测物应进行充分放电，以保证设备和人身安全。

（5）在兆欧表没有停止转动或被测物没有充分放电以前，严禁用手接触被测设备的裸露部分和进行拆除导线工作。

（6）被测物表面要清洁，减少接触电阻，确保测量结果的正确性。

（四）工器具材料准备

（1）防护用品：防滑鞋、绝缘手套、工作服等。

（2）工具：兆欧表。

（3）个人用品：笔、笔记本等。

四、实训作业步骤

表 2-3-1　实训作业步骤

步骤	具体内容	工具	注意事项	配图
1	实训人员穿戴防护用品、携带兆欧表至现场	兆欧表	—	—
2	测量电机绕组的绝缘特性： （1）手摇兆欧表发电机至规定转速（120 r/min），指针应指示在“∞”位置，将“L”“E”短接，指针应指示在“0”位置，可用微调器将其调至“0”位置。 （2）将兆欧表的“L”线端连接电动机的接线柱，“E”线端接电动机的外壳。 （3）摇动摇把，转速稳定后读取读数。 （4）对电机绕组放电：将“E”线端从兆欧表上取下并在线圈绕组上短接	兆欧表	测量前必须切断被测设备电源并对地放电； 被测物表面要清洁，减少接触电阻，确保测量结果的正确性	—

续表

步骤	具体内容	工具	注意事项	配图
3	测量电缆的绝缘特性： （1）手摇发电机至规定转速（120 r/min），指针应指示在“∞”位置，将“L”“E”短接，指针应指示在“0”位置，可用微调器将其调至“0”位置。 （2）将兆欧表的“L”线端连接电缆的线芯，“E”线端接电缆铅套上，G端（保护环屏蔽端）接在最外层绝缘层上。 （3）摇动摇把，待转速稳定后读取读数	兆欧表	在兆欧表没有停止转动或被测物没有充分放电以前，严禁用手接触被测设备的裸露部分和进行拆除导线工作	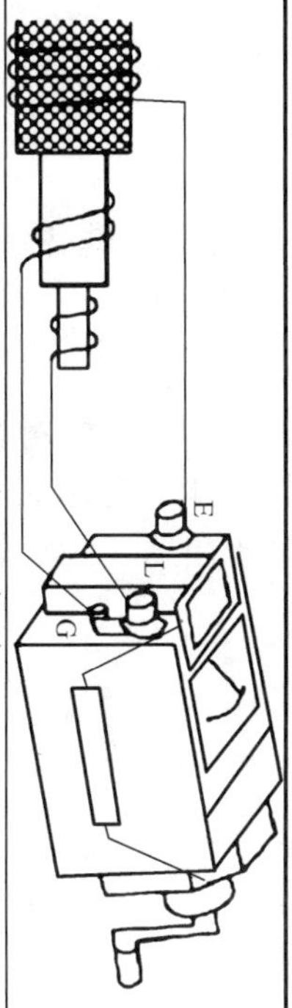图 2-3-2　兆欧表电缆连接示意图
4	总结记录实训结果，恢复实训现场	—	测量工作结束后，对被测物应进行充分放电	—

五、实训考核标准

表 2-3-2 实训考核标准

项目	标准	配分	得分
兆欧表认知	能够正确认知钳头、输入端口、表笔、旋钮等部件	40	
能够正确使用兆欧表	能正确地测量电机绕组、电缆的绝缘特性，并正确读数	60	

六、思考题

兆欧表可以用来测量哪些设备电阻值？

任务四　对地电阻测试仪的认知和使用

一、实训目的

（1）掌握对地电阻测试仪各部件作用。
（2）能够正确使用对地电阻测试仪。

二、理论链接

（一）对地电阻测试仪认知

对地电阻测试仪可用来直接测量各种接地装置的接地电阻值，也可以测量低电阻导体的电阻值，还可以测量土壤电阻率。其主要由手摇发电机、电流互感器、滑动电阻器、量程转换开关及检流计等组成。对地电阻测试仪如图 2-4-1 所示。

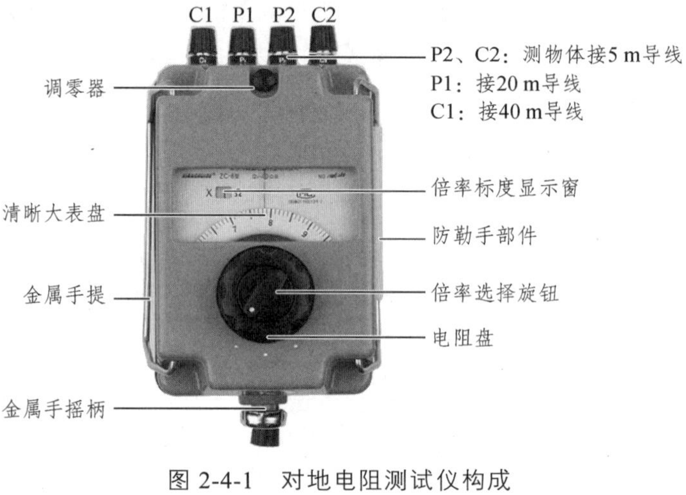

图 2-4-1　对地电阻测试仪构成

（二）使用方法

1. 使用前准备

开路零位检测：仪表测量端钮均为开路状态，摇动发电机至 120 r/min，检流计指针在中心线偏移不大于 3 mm 处，即说明仪表开路零位正常。

短路零位检测：用短路片将仪表的测量端钮同时短路，倍率开关置于量程最低挡。顺时针旋转按钮使刻度盘于零刻度线以外，摇动发电机至 120 r/min，检流计指针应指在表盘中心线偏移不大于 1.5 mm 处，再逆时针旋转大旋钮，当刻度盘零刻度线与表盘中心线重合，检流计指针应随动即为正常。

2. 接地电阻的测量

将仪表水平放置，检查检流计的指针是否在中心线上，否则应用零位调整器将其调整于中心线上。

测试时将 C1、P1 两端子接导线连探针后插入大地，两者之间的距离大于 20 m。

将 C2、P2 两端子短接后接导线与被测端接触。

将倍率标度置于最大倍数，慢慢转动发电机的摇把，同时转动“测量标度盘”，使检流计的指针指于中心线上。

当检流计的指针接近平衡时，加快发电机摇把的转速，使其达到 120 r/min 以上，同时调整“测量标度盘”，使指针指于中心线上。

如“测量标度盘”读数小于 1 时，应将倍率标度置于较小的倍数，再重新调整“测量标度盘”，以得到正确的读数。

三、实训要求

（一）实训时间

教学学时为 1 个课时。

（二）实训形式

学生每 5 人组成 1 个工作小组，各小组制定实施方案及工作计划。组长协助教师指导本组学生学习，检查实训作业进度和质量，制定改进措施，共同完成项目任务。

（三）安全注意事项

（1）未经教师或管理员允许不得擅自操作。

（2）测量前必须切断被测设备电源并对地放电。

（3）对有可能感应高电压的设备，在可能行为消除前，不可进行测量。

（4）测量工作结束后，对被测物应进行充分放电，以保证设备和人身安全。

（5）在兆欧表没有停止转动或被测物没有充分放电以前，严禁用手接触被测设备的裸露部分和进行拆除导线工作。

（6）被测物表面要清洁，减少接触电阻，确保测量结果的正确性。

（四）工器具材料准备

（1）防护用品：防滑鞋、绝缘手套、工作服等。

（2）工具：对地电阻测试仪。

（3）个人用品：笔、笔记本等。

四、实训作业步骤

表 2-4-1　实训作业步骤

步骤	具体内容	工具	注意事项
1	实训人员穿戴防护用品至现场	—	—
2	信号机对地电阻值测试： （1）实训人员将2个接地的探针分别插在距信号机20 m、40 m的400 mm地下。	对地电阻测试仪	（1）测量前必须切断被测设备电源并对地放电。

续表

步骤	具体内容	工具	注意事项
2	（2）将对地电阻测试仪水平放置于信号机旁，使用 5 m 导线接触信号机。 （3）C2、P2 两端子短接后接 5 m 导线。 （4）C1 端子接 40 m 导线。 （5）P1 端子接 20 m 导线。 （6）检查测试仪指针是否处于中心位置，如果有偏离，使用“调零器”将指针调节至中心位置。 （7）旋转倍率选择旋钮，将倍率标度置于最大倍数，转动发电机的摇把，同时转动“测量标度盘”（电阻盘），使检流计的指针指于中心线上。 （8）当指针接近置于中心线平衡时，加快发电机摇把的转速，使其达到 120 r/min 以上，同时调整“测量标度盘”，使指针指于中心线上。 （9）如“测量标度盘”读数小于1，应将倍率标度置于较小的倍数，再重新调整“测量标度盘”，以得到正确的读数	对地电阻测试仪	（2）有可能感应高电压的设备，在可能行为消除前，不可进行测量。 （3）被测物表面要清洁，减少接触电阻，确保测量结果的正确性
3	读取读数，计算测量结果：信号机对地电阻值=“倍率标度”读数×“测量标度盘”读数	—	—
4	参照步骤 2、3，测量实训场地其他信号设备的对地电阻值	对地电阻测试仪	—
5	记录总结实训结果，恢复实训现场	—	测量工作结束后，对被测物应进行充分放电

五、实训考核标准

表 2-4-2 实训考核标准

内容	标准	配分	得分
对地电阻测试仪认知	能够正确认知对地电阻测试仪调零器、倍率标度、测量标度、倍率选择旋钮等部件	40	
能够正确使用对地电阻测试仪	能正确地测量信号机的对地电阻值，并正确计算测量结果	60	

六、思考题

对地电阻测试仪测地线接地电阻时，对插入大地的两指针有何要求？

任务五　移频表的认知和使用

一、实训目的

（1）认知移频表各部件作用。
（2）掌握移频表测量的使用方法。

二、理论链接

（一）移频表认知

移频表又称移频综合测试仪，仪表主要功能是用于 ZPW-2000 系列（含客运专线）无绝缘移频信号制式的系统调试及日常维护管理，兼容目前铁路在用的其他信号系统。移频表实物如图 2-5-1 所示。

图 2-5-1　移频表

（二）移频表使用方法

主要功能为测试 ZPW-2000 移频信号。使用流程如下：

ZPW-2000：开机→选择“ZPW2000”→确认→表笔连接。

支持自动移频搜索功能：能在 400 ~ 3 000 Hz 频段范围内，自动搜索有效的移频信号。搜索到 ZPW-2000 则同屏选频测量一组同方向的两个载频信号，包含中心频率、电压/电流、低频调制频率。操作流程为：开机→选择“移频搜索”→确认→表笔连接（红表笔接正，黑表笔接负）→测量。其他功能包括：

（1）四载频组合选项测量、双载频组合选项测量、单载频组合选项测量等。

四载频组合选项测量：同频显示 1 700/2 000/2 300/2 600 4 个载频的电压（电流）值。

双载频选项测量：同频显示中心频率、电压/电流、低频调制频率。

单载频选项测量：同频显示中心频率、上边频率、下边频率的电压/电流。

（2）补偿电容：开机→选择“补偿电容”→确认→表笔连接。

测量前需要确认测量点是否存在正常的 ZPW-2000 信号，否则无法得到正确的测量结果。

（3）双端口实时测量，电压 V 端口选择两个磁吸，分别吸附至补偿电容安装位的两轨面；电流 A 端口，接电流钳，钳口卡入补偿电容引缆。同频显示工作载频、补偿电容。

（4）25/50 周：开机→选择“25/50 周”→确认→表笔连接。

（5）电压相位差测量：将 25 周相敏轨道电路的“局部电压”信号送入仪表的左端口（V 端口），“轨道电压”信号送入仪表右端口（A 端口）。同频显示选频电压、信号频率、两路电压的相位差。

（6）交直流：开机→选择“交直流”→确认→表笔连接。

可测量交流单频信号、直流电压。同频显示频率及电压（电流）值。

三、实训要求

（一）实训时间

教学学时为 1 个课时。

（二）实训形式

学生每 5 人组成 1 个工作小组，各小组制定实施方案及工作计划。组长协助教师指导本组学生学习，检查实训作业进度和质量，制定改进措施，共同完成项目任务。

（三）安全注意事项

（1）未经教师或管理员允许不得擅自操作。

（2）使用前，请特别注意先检查仪器仪表各个端子附近的绝缘和表笔的绝缘，如有损坏或暴露的金属，请不要使用。

（3）大于 30 V 以上的交流电压，或 60 V 以上的直流电压，使用仪表测量时需特别小心，这类电压有电击伤人的危险。

（4）使用仪表时，必须正确选用端子和测项；使用连接组件连接时，手指接触部位必须放在组件的绝缘部件。

（5）长期不用，每季度进行充放电一次。

（四）工器具材料准备

（1）防护用品：防滑鞋、绝缘手套、工作服等。

（2）工具：移频表。

（3）个人用品：笔、笔记本等。

四、实训作业步骤

表 2-5-1 实训作业步骤

步骤	具体内容	工具	注意事项
1	实训人员穿戴防护用品，携带工具至现场	移频表	—
2	使用移频表测量 ZPW-2000A 移频设备衰耗器电源、轨入、轨出、GJ 等值。 （1）开机→选择“交直流”→确认→接口端：插入移频表电压 V 端口（红表笔接正，黑表笔接负）→触点端：插入衰耗器“发送电源”测试孔；移频表显示直流电压为测量电压，即发送器电压。 （2）开机→选择“ZPW-2000”→确认→载频选择→接口端：插入移频表电压 V 端口（红表笔接正，黑表笔接负）→触点端：插入衰耗器“轨入”测试孔。移频表显示对应载频电压，即为衰耗器接收轨道输入电压。 （3）同理可测量衰耗器接收电源、轨出、GJ、XGJ等值	移频表	（1）使用前，请特别注意先检查仪器仪表各个端子附近的绝缘和表笔的绝缘，如有损坏或暴露的金属，请不要使用。 （2）使用仪表时，必须正确选用端子和测项；使用连接组件连接时，手指接触部位必须放在组件的绝缘部件
3	仿照步骤 2，测量其他设备电气值	移频表	—
4	记录总结实训结果，恢复实训现场	—	—

五、实训考核标准

表 2-5-2 实训考核标准

项目	标准	配分	得分
移频表认知	能够正确认知测试插孔、功能选择键等部件	20	
能够正确使用移频表	能正确地对移频衰耗器发送电源、轨入、轨出等值	80	

六、思考题

试参照实训作业步骤 2，简述使用移频表测量 25 Hz 轨道电路相位差步骤。

项目三　信号机及其控制电路的测试、维护与故障处理实训

任务一　各类型（进站、出站、调车、通过）信号机设备认知

一、实训目的

（1）认知各类型信号机的组成及主要单项设备的作用。
（2）学习信号机控制柜组成及主要设备作用。
（3）学习各类型信号机点灯电路原理图。

二、理论链接

（一）信号机介绍

信号机是表达固定信号显示所用的机具，用来防护站内进路，防护区间，防护危险地点，具有严格的防护意义。信号机按用途的不同可分为进站、出站、调车、驼峰等信号机。

（1）进站信号机采用七灯位信号机（绿、黄、空、黄、红、空、白）或五灯位信号机（黄、绿、红、黄、白），用于防护车站，指示进站列车的运行条件，指示列车能否由区间进入车站，保证接车进路的正确和安全可靠。凡车站的列车入口处必须装设进站信号机。

（2）出站信号机采用三灯位信号机（绿、红、白）或双机构五灯位信号机（靠近线路侧为红、白两灯位，外侧为绿、空、黄三灯位），用于防护区间，作为列车占用区间的凭证，指示列车能否进入区间。

（3）调车信号机采用两显示机构（白、蓝），指示站内各种调车作业。

信号机一般由基础、机构、信号机点灯单元、信号变压器箱或电缆盒组成。

（1）基础：埋设于站场内设计规定地点，用于固定机构。

（2）机构：是信号机的主体，由灯泡、灯座、透镜组、遮檐组成，给出信号机的显示状态。

（3）信号机点灯单元：固定在机构的后门盖上，将室内送出 220 V 信号点灯电源转换为 12 V 灯泡使用的额定电压，当主灯丝断丝时自动转换至副灯丝并提供报警条件。

（4）信号变压器箱：存放保护点灯单元或信号变压器，引入电缆和箱内各种电源接线。

（5）电缆盒：连接由室内引出的电缆线和点灯变压器使用的电源线，将室内电源经电缆盒配线端子转接后送到点灯变压器一次侧。

（二）组合控制柜

组合控制柜：主要用于安装继电器，本次实训设备主要由零层、继电器组合、信号机显示盘、实训电源等组成。

零层：转接实训电源，为组合侧面端子送电。

继电器组合：完成信号机点灯等规定功能的基本电路单元，通过继电器状态改变构成不同灯位的显示电路。

信号机显示盘：显示当前信号机灯位显示。

实训电源：为相关实训设备提供电源。

（三）信号机点灯电路图

1. 进站信号机点灯电路图

信号机点灯电路室内部分由信号机电源（XJZ、XJF）、熔断器（RD）、灯丝继电器（DJ、2DJ）、信号组合内继电器（LXJ、ZXJ、TXJ、YXJ、LUXJ 等）接点和电源配线组成，如图 3-1-1 所示。

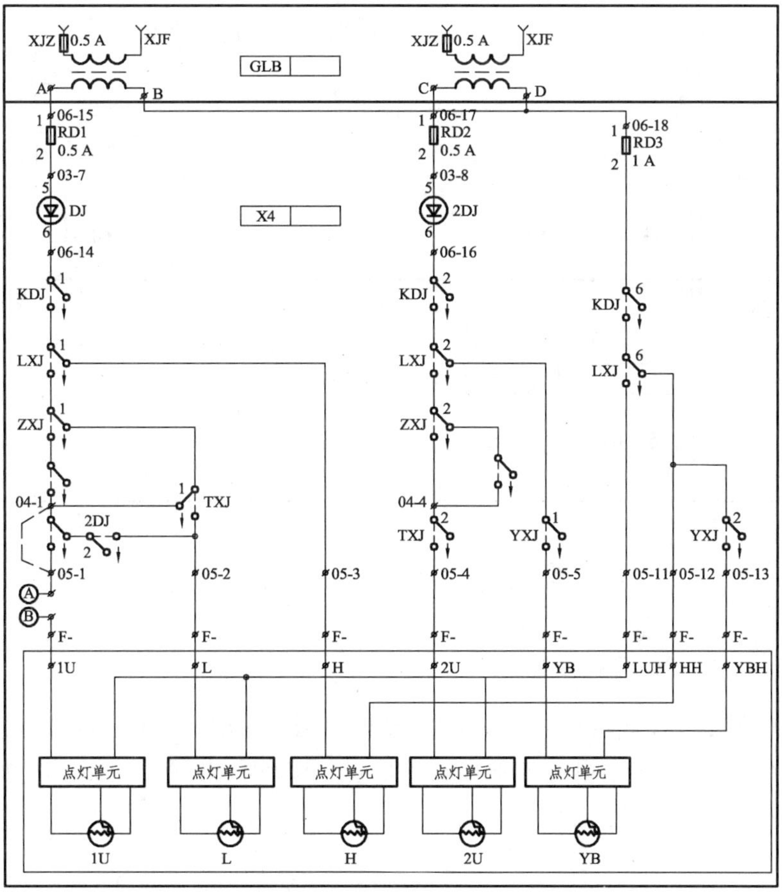

图 3-1-1 进站信号机点灯电路

2. 出站信号机点灯电路图

出站信号机点灯电路室内部分由信号机电源（XJZ、ZJF）、熔断器（RD）、灯丝继电器（DJ、2DJ）、信号组合内继电器（LXJ、DXJ 等）接点和电源配线组成，如图 3-1-2 所示。

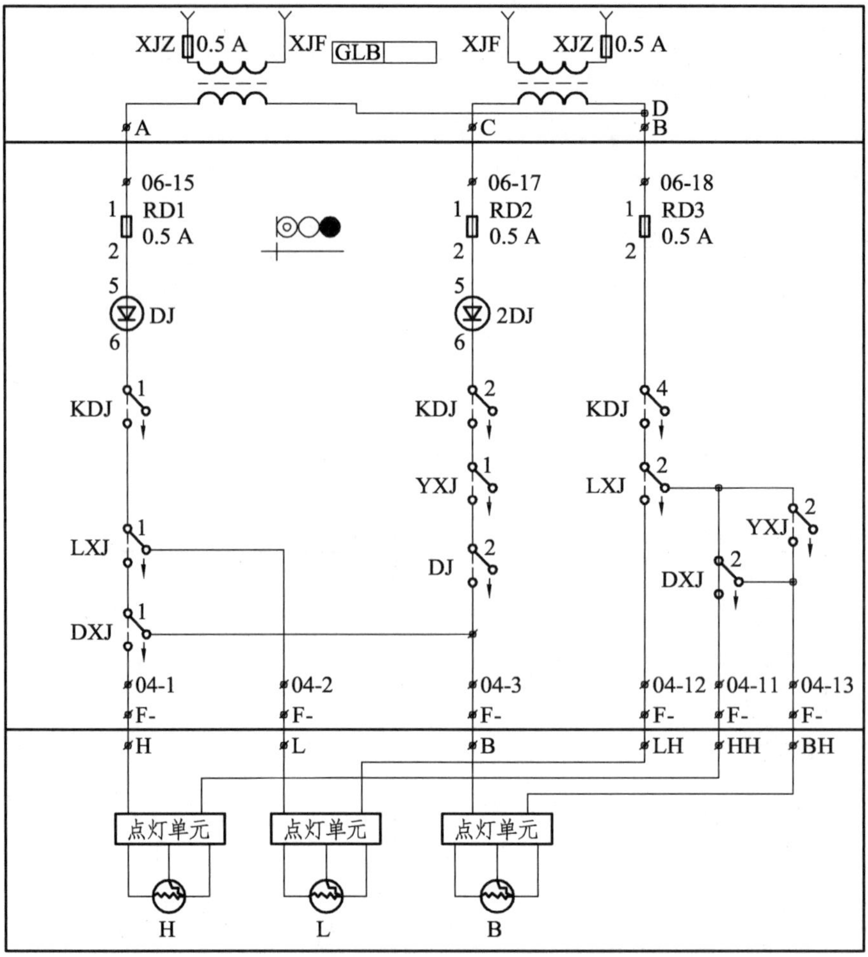

图 3-1-2　出站信号机点灯电路

3. 调车信号机点灯电路图

调车信号机点灯电路室内部分由信号机电源（XJZ、ZJF）、熔断器（RD）、灯丝继电器（DJ）、信号组合内继电器（DXJ）接点和电源配线组成，如图 3-1-3 所示。

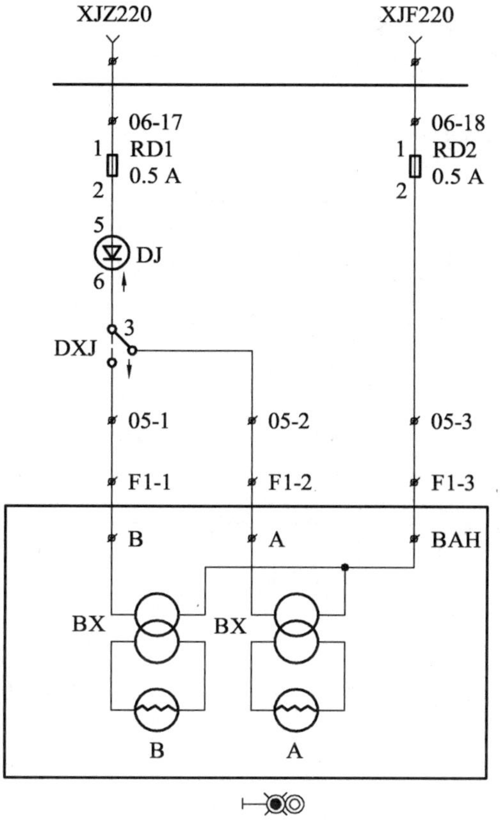

图 3-1-3　调车信号机点灯电路

三、实训要求

（一）实训时间

教学学时为 2 个课时。

（二）实训形式

学生每 5 人组成 1 个工作小组，各小组制定实施方案及工作计划。组长协助教师指导本组学生学习，检查实训作业进度和质量，制定改进措施，共同完成项目任务。

（三）安全注意事项

（1）未经教师或管理员允许不得擅自操作。

（2）为防止触电，不得触碰组合架上除断路器开关、控制盘以外的任何位置。

（3）信号机点灯操作时，要在点灯完成后才可进行下一步操作。

（4）须严格按照上电顺序进行上电。

（四）工器具材料准备

（1）防护用品：防滑鞋、绝缘手套、工作服等。

（2）工具：套筒、万用表等。

（3）个人用品：笔、笔记本等。

四、实训作业步骤

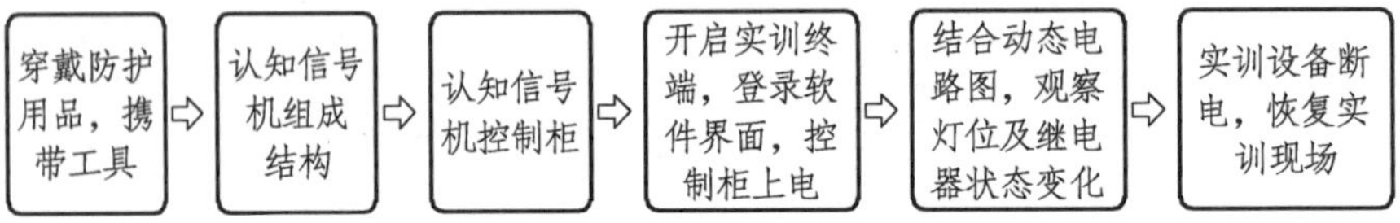

图 3-1-4　实训流程

表 3-1-1　实训作业步骤

步骤	具体内容	工具	注意事项	配图
1	实训人员穿戴防护用品，携带套筒、笔记本等工具至现场	套筒、万用表、笔记本	—	—
2	认知现场信号机组成结构； （1）进站信号机：对照现场进站信号机，分别认知信号机基础、机构、信号机点灯单元和信号变压器箱。 （2）出站信号机：对照现场出站信号机，分别认知信号机基础、机构、信号机点灯单元和电缆盒。 （3）调车信号机：对照现场调车信号机，分别认知信号机基础、机构、信号机点灯单元和电缆盒	—	—	 图 3-1-5　点灯单元 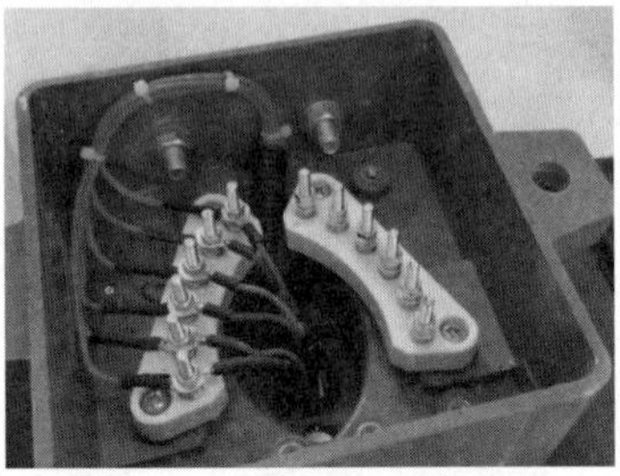 图 3-1-6　电缆盒
3	认知信号机控制柜。 （1）认知控制柜中零层、控制组合、控制显示盘、信号电源等相关设备。 （2）参照点灯电路原理图，对应控制柜中设备	—	为防止触电，不得触碰组合架上除断路器开关、控制盘以外的任何位置	 图 3-1-7　控制柜

续表

步骤	具体内容	工具	注意事项	配图
4	开启实训终端，登录软件界面，按照上电顺序将组合柜上电	—	须严格按照上电顺序进行上电	—
5	观察此时信号机灯位显示及对应的继电器状态，同时结合实训软件→知识学习→动态电路图，观察此时电路图电流路径走向	—	信号机点灯操作时，要在点灯完成后才可进行下一步操作	—
6	点击软件页面左侧不同灯位显示按钮，控制信号机灯显变化，观察此时信号机灯位显示及对应的继电器状态变化，同时结合动态电路图，观察电路图电流路径走向	—	—	—
7	按照断电顺序关闭实训设备，恢复实训现场	—	—	—

五、实训考核标准

表 3-1-2　实训考核标准

内容	标准	配分	得分
信号机组成	能够简述信号机组成及主要单项设备作用	30	
信号机控制柜	能够简述信号机控制柜组成及各项设备作用	30	
信号机点灯电路图	能够将信号机点灯电路图中设备与现场设备一一对应	20	
	能够掌握信号机在不同灯位显示时各继电器状态	20	

六、思考题

（1）运营现场除进站、出站、调车信号机外还有哪些常见信号机种类？它们的作用是什么？

（2）进站信号机有哪几种信号显示，对应的显示意义是什么？

任务二　信号机构外观及内部维护

一、实训目的

（1）掌握信号机构外观及内部日常维护的作业程序、标准。

（2）掌握信号机构外观及内部集中检修的作业程序、标准。

二、理论链接

铁路信号设备维护工作由维修、中修、大修三部分组成。信号设备维修是对信号设备进行的日常养护和集中检修。通过维修，保持设备性能，预防设备故障，使设备经常处于良好运行状态。

作业目的：通过设备维修，克服设备缺点，消除设备隐患，确保设备运用质量符合维护标准。

作业流程：作业前准备工作→登记联系→集中检修→复查试验→销记→总结。

维修作业程序及质量标准如表 3-2-1 所示。

表 3-2-1　维修作业程序及质量标准

修程	工作步骤	工作内容及质量标准
日常维护	设备外观及信号机显示检查	（1）设备外界无干扰。 （2）基础、机柱、梯子安装稳固。 （3）水泥机柱不得有裂通圆周的裂纹，超过半周的应采取加固措施，纵向裂纹钢筋不得外漏；任何部位不得侵入接近限界；机柱倾斜度不得超过 36 mm，机柱顶部不漏水；基础倾斜限度不超过 10 mm。 （4）梯子不弯曲，支架水平，梯子中心线与机柱中心线一致。 （5）箱盒、机构、梯子、蛇管无损伤，开口销齐全、螺丝紧固，各部位加锁装置良好。 （6）设备名称清晰正确。 （7）硬化面整洁无杂物。 （8）信号显示距离符合《技规》规定。 （9）梯子（电气化区段）接地线符合标准
集中检修	机构及箱盒内部检修	（1）内部清洁，防尘、防水设施良好。 （2）透镜安装牢固，且无裂纹、破损和漏水可能。 （3）灯座、灯口安装牢固不活动，弹片压力适当，接触良好。 （4）各部位螺丝紧固，螺帽垫片齐全。 （5）器材类型正确不超期，固定良好。 （6）铭牌齐全、正确，字迹清楚。 （7）图纸、资料保存完好，与实物相符，无涂改。 （8）备用灯泡有老化标记

三、实训要求

（一）实训时间

1 个课时。

（二）实训形式

学生每 5 人组成 1 个工作小组，各小组制定实施方案及工作计划。组长协助教师指导本组学生学习，检查实训作业进度和质量，制定改进措施，共同完成项目任务。

（三）安全注意事项

（1）未经教师或管理员允许不得擅自操作。

（2）为防止触电，此次实训任务无须上电检修。

（四）工器具材料准备

（1）防护用品：防滑鞋、绝缘手套、工作服等。
（2）工具：套筒、万用表、手锤、油壶、扳手等。
（3）个人用品：笔、笔记本等。

四、实训作业步骤

表 3-2-2　实训作业步骤

步骤	具体内容	工具	注意事项
1	实训人员穿戴防护用品，携带套筒、万用表、手锤等工具至现场	套筒、万用表、手锤、油壶	—
2	对信号机构外方进行维护作业： （1）设备外界无干扰。 （2）基础、机柱、梯子安装稳固。 （3）水泥机柱不得有裂通圆周的裂纹，当超过半周应采取加固措施，纵向裂纹，钢筋不得外漏；任何部位不得侵入接近限界；机柱倾斜限度不得超过 36 mm，机柱顶部不漏水；基础倾斜限度不超过 10 mm。 （4）箱盒、机构、蛇管无损伤，开口销齐全、螺丝紧固，各部位加锁装置良好。 （5）设备名称清晰正确。 （6）硬化面整洁无杂物	套筒、万用表、手锤、油壶	为防止触电，此次实训任务无须上电检修
3	对信号机构机箱盒内部维护： （1）内部清洁，防尘、防水设施良好。 （2）透镜安装牢固，且无裂纹、破损和漏水可能。 （3）灯座、灯口安装牢固不活动，弹片压力适当，接触良好。 （4）各部位螺丝紧固，螺帽垫片齐全。 （5）器材类型正确不超期，固定良好。 （6）铭牌齐全、正确，字迹清楚。 （7）图纸、资料保存完好，与实物相符，无涂改	套筒、万用表、手锤、油壶、扳手	—
4	恢复实训现场	—	—

五、实训考核标准

表 3-2-3　实训考核标准

内容	标准	配分	得分
信号机构外方维护	按照规定实训步骤进行信号机构外方维护作业	50	
信号机构机箱盒内部维护	按照规定实训步骤进行信号机构机箱盒维护作业	50	

六、思考题

思考铁路信号设备维修中日常养护和集中检修的目的和意义，二者有何区别?

任务三　点灯单元信号机点灯电压测试、调整及维护

一、实训目的

掌握信号机点灯电压测试、调整及维护方法。

二、理论链接

按照《铁路信号维护规则》规定：灯丝继电器型号采用 JZXC-18 型 DJ 交流电流≥100 mA；JZXC-H18F、JZXC-16/16（16F）型 DJ 交流电流≥140 mA。如测试不达标需通过室外调整灯端电压，室内调整点灯隔离变压器输出电压的方式进行调整，使之达标。

调整基本原则：室外通过调整变压器抽头，升高灯端电压来使点灯电流提高，当灯端电压超标时，就需要室内配合调整点灯变压器抽头降低输出电压来使灯端电压降低以达到标准。一般室内调整点灯变压器抽头对点灯电流影响不大，点灯电流的调整主要还是通过调整室外变压器抽头来实现。

（1）室内测试点灯电流。用钳形表测试调整前的点灯电流。

（2）室外测试灯端电压。

（3）根据测出的点灯电流、灯端电压情况确定是否需要调整。点灯电流、灯端电压任何一项不达标进行调整后都要对另一项进行再测试。

（4）点灯电流不达标（过低）时室外通过调整变压器抽头先提高灯端电压（一般不超过 12 V，因超过 12 V 有可能会导致灯泡断丝，否则需要先由室内降低输出电压，室外再提高灯端电压），使点灯电流达标，然后室内调整点灯变压器抽头降低输出电压，直至灯端电压达标。

（5）降低室内输出电压方法：先是二次侧不动（大多数站开通时 2 次侧使用 220 V 挡，已是最低），调整一次侧抽头，提高一挡，如由原来的 220 V 挡调整为 230 V 挡，使变压器使用端子变比由原来的 220：220 变为 230：220，从而降低室内输出电压。当二次侧调到最低挡、一次侧调到最高挡极限而点灯电流也无法满足标准时，可通过一、二次侧互换使用来进行调整（因二次侧的调整范围比一次侧大）。

（6）调整后再次对灯端电压、点灯电流进行测试，确认两者都达标：

色灯信号机灯泡的端子电压为灯泡额定值（AC 12 V）的 85%~95%（10.2~11.4 V）；

调车信号为 75%~95%（9.0~11.4 V）；

容许信号为 65%~85%（7.8~10.2 V）；

JZXC-H18F、JZXC-16/16（16F）型 DJ 交流电流≥140 mA。

经过调整仍不能达标的上报车间、段试验室进行备案。

三、实训要求

（一）实训时间

2 个课时。

（二）实训形式

学生每 5 人组成 1 个工作小组，各小组制定实施方案及工作计划。组长协助教师指导本组学生学习，检查实训作业进度和质量，制定改进措施，共同完成项目任务。

（三）安全注意事项

（1）未经教师或管理员允许不得擅自操作。

（2）在万用表使用过程中，注意万用表挡位的调节，同时避免用手触碰表笔的金属部分。

（3）需严格按照上电顺序进行上电。

（四）工器具材料准备

（1）防护用品：防滑鞋、绝缘手套、工作服等。

（2）工具：套筒、万用表、钳形表等。

（3）个人用品：笔、笔记本等。

四、实训作业步骤

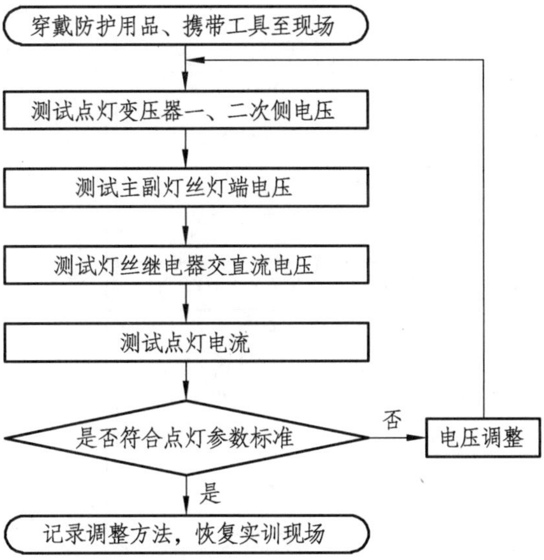

图 3-3-1　实训流程

表 3-3-1　实训作业步骤

<table>
<tr><th>步骤</th><th>具体内容</th><th>工具</th><th>注意事项</th></tr>
<tr><td>1</td><td>实训人员穿戴防护用品，携带套筒、万用表、手锤等工具至现场</td><td>套筒、万用表、手锤</td><td>—</td></tr>
<tr><td>2</td><td>测试点灯变压器一、二次侧电压：
（1）一次侧电压：用万用表交流 250 V 挡，将两表笔分别与变压器一次使用端子接触，读数记录。
（2）二次侧电压：用万用表交流 25 V，将两表笔分别与二次侧使用端子接触，读数记录</td><td>万用表</td><td>在万用表使用过程中，注意万用表挡位的调节，同时避免用手触碰表笔的金属部分</td></tr>
<tr><td>3</td><td>测试主副灯丝灯端电压：
（1）主灯丝：用万用表交流 25 V 挡，将两表笔分别与灯端接触，读数并记录。
（2）副灯丝：用万用表交流 25 V 挡，断开主灯丝，将两表笔分别与灯端接触，读数并记录</td><td>万用表</td><td>在万用表使用过程中，注意万用表挡位的调节，同时避免用手触碰表笔的金属部分</td></tr>
<tr><td>4</td><td>测试灯丝继电器交直流电压：
（1）交流电压：用万用表交流 10 V 挡，将两表笔分别与信号组合 DJ 插座的 53、63 端子接触，读数并记录。
（2）直流电压：用万用表直流 2.5 V 挡。将两表笔分别与信号组合 DJ 插座 2（－）、3（+）端子接触，读数并记录</td><td>万用表</td><td>在万用表使用过程中，注意万用表挡位的调节，同时避免用手触碰表笔的金属部分</td></tr>
<tr><td>5</td><td>对照点灯电压标准：
<table>
<tr><th>测试项目</th><th>标准范围</th></tr>
<tr><td>点灯变压器一次侧电压</td><td>220 V 左右</td></tr>
<tr><td>点灯变压器二次侧电压</td><td>12 V 左右</td></tr>
<tr><td>列车信号主灯丝灯端电压</td><td>10.2 ~ 11.4 V</td></tr>
<tr><td>调车信号主灯丝电压</td><td>9 ~ 11.4 V</td></tr>
<tr><td>容许信号主灯丝电压</td><td>7.8 ~ 10.2 V</td></tr>
<tr><td>灯丝继电器电压</td><td>交流电压：
3.8 ~ 4.4 V；
直流电压：
1.9 ~ 2.2 V</td></tr>
</table></td><td>—</td><td>—</td></tr>
<tr><td>6</td><td>测试点灯电流。将钳形表量程旋钮旋至合适挡位，扣动钳形表扳机，打开钳形表的钳口，使其钳住 XJZ 断路器的相应导线，拉开断路器后，测试点灯电流</td><td>钳形表</td><td>在钳形表使用过程中，应检查钳口的开合情况，选择合适的量程，将被测导线置于钳口内中心处</td></tr>
</table>

续表

步骤	具体内容	工具	注意事项
7	对于不符合标准项目，进行电压调整： （1）点灯电流不达标（过低）时室外通过调整变压器抽头先提高灯端电压（一般不超过 12 V，因为超过 12 V 有可能会使灯泡断丝，否则需要先由室内降低输出电压，再由室外提高灯端电压），使点灯电流达标，然后室内调整点灯变压器抽头降低输出电压，直至灯端电压达标。 （2）降低室内输出电压方法：先是二次侧不动（大多数站开通时二次侧使用为 220 V 挡，已是最低），调整一次侧抽头，提高一挡，如由原来的 220 V 挡调整为 230 V 挡，使变压器使用端子变比由原来的 220∶220 变为 230∶220，从而降低室内输出电压。当二次侧调到最低挡、一次侧调到最高挡极限而点灯电流也无法满足标准时，可通过一、二次侧互换来进行调整(因二次侧的调整范围比一次侧大)。 （3）调整后再次对灯端电压进行测试，确认达标	万用表	在万用表使用过程中，注意万用表挡位的调节，同时避免用手触碰表笔的金属部分
8	记录总结调整方法，恢复实训现场	—	—

五、实训考核标准

表 3-3-2　实训考核标准

内容	标准	配分	得分
电灯变压器测试	能够按照标准测试点灯变压器一、二次侧电压	20	
主副灯丝灯端电压	能够按照标准测试主副灯丝灯端电压	20	
灯丝继电器电压	能够按照标准测试主副灯丝灯端电压	20	
电压调整	能够对不符合标准的进行电压调整，达到标准值	40	

六、思考题

（1）信号机点灯单元的作用是什么？

（2）列车信号机灯端电压的调整范围是多少？

任务四　信号机点灯电路测试及故障处理

一、实训目的

（1）学会分析常见故障现象中可能出现的故障点。

（2）掌握故障处理流程及方法。

二、理论链接

在处理信号点灯电路故障时，可以在分线盘上快速区分故障的范围及性质，方法如下。

（1）将万用表置于交流 250 V 挡位，在分线盘上测量（重复开放信号时），有电压则为室外故障，无电压则为室内故障。以图 3-4-1 出站信号机分线盘配线图为例，红灯时，红黑表笔分别测量 C1-04-1、C1-04-11 端子。

C1-04-1	1	H
C1-04-2	2	L
C1-04-3	3	B
C1-04-11	4	HH
C1-04-12	5	LH
C1-04-13	6	BH

图 3-4-1　出站信号机分线盘配线图

（2）若是室内电压已经送出，则故障在室外，可以将万用表置于“R×1”挡位，在分线盘测量。

① 若存在阻值（电缆阻值），说明分线盘至信号机变压器正常，信号机内部故障；

② 若阻值在 0 Ω左右，说明分线盘至信号机处的电缆短路，此故障使熔断器熔断；

③ 若阻值为∞，说明电缆断路。

（3）若是室内电压未送出，则故障在室内。

① 禁止灯光故障。禁止灯光灭灯，平时室内点灯电源始终处在输出状态。使用“电压法”，将万用表设为交流电压 250 V 挡，一只表笔放在 XJF 端子点，另一只表笔顺序从 XJZ→分线盘路径依次测量（红灯时测量顺序分别为 04-1、DXJ13、DXJ11、LXJ13、LXJ11、KDJ12、KDJ11、DJ6、DJ5、RD12、RD11、06-15），如图 3-4-2 所示。当测量值从有电压变为无电压时，就是该点灯电路的故障点。

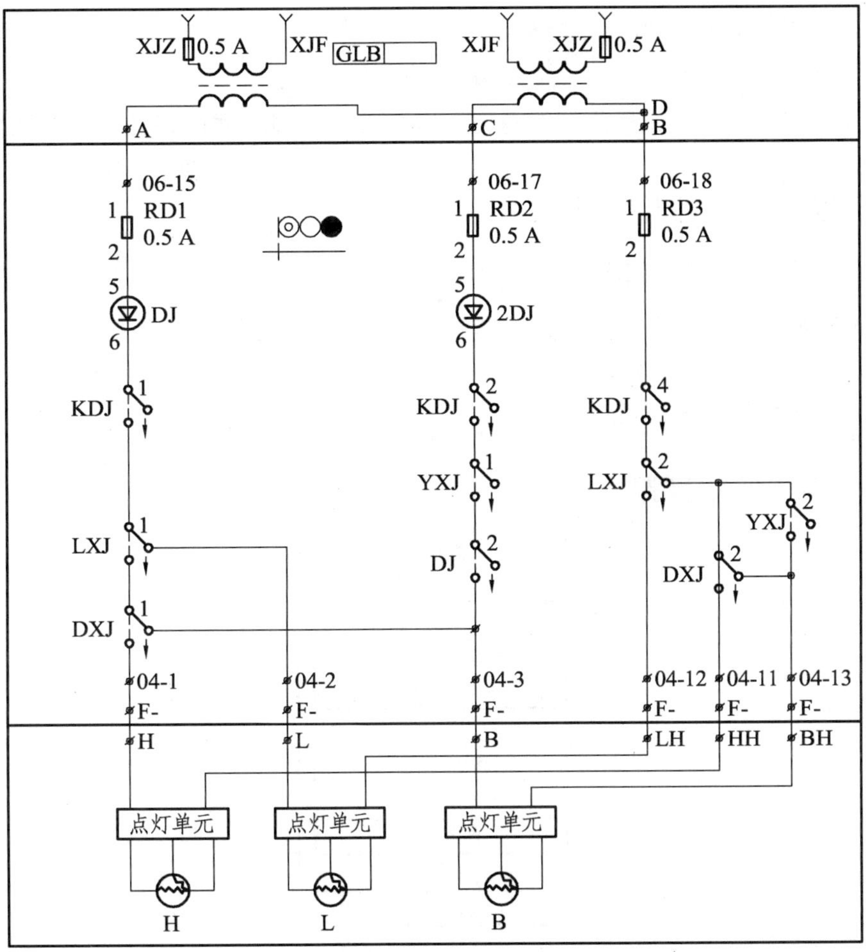

图 3-4-2　出站信号机原理

② 允许灯光故障。根据“故障—安全”原则，允许灯光点灯电路故障时自动点亮禁止灯光，所以点灯电路故障输出电压是瞬间的。

使用“电压法”依次测量点灯路径瞬时电压值，确定故障点。

观察集中监测界面可确认瞬时状态，判断继电器设备是否故障。

采用“导通法”，使用万用表二极管挡位，测量线路间是否导通，判断线路开路故障。

三、实训要求

（一）实训时间

4 个课时。

（二）实训形式

学生每 5 人组成 1 个工作小组，各小组制定实施方案及工作计划。组长协助教师指导本组学生学习，检查实训作业进度和质量，制定改进措施，共同完成项目任务。

（三）安全注意事项

（1）未经教师或管理员允许不得擅自操作。

（2）在万用表使用过程中，注意万用表挡位的调节，同时避免用手触碰表笔的金属部分。

（3）需严格按照上电顺序进行上电。

（四）工器具材料准备

（1）防护用品：防滑鞋、绝缘手套、工作服等。

（2）工具：套筒、万用表等。

（3）个人用品：笔、笔记本等。

四、实训作业步骤

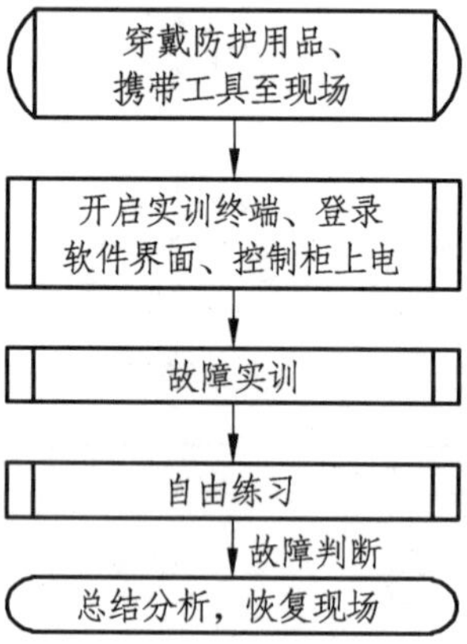

图 3-4-3　实训流程

表 3-4-1　实训作业步骤

步骤	具体内容	工具	注意事项
1	实训人员穿戴防护用品，携带套筒、万用表、手锤等工具至现场	套筒、万用表、手锤	—
2	开启实训终端，登录软件界面，按照上电顺序将组合柜上电	—	需严格按照上电顺序进行上电
3	点击故障实训→点击故障点→观察信号机灯位变化→点击不同灯位显示按钮→观察信号机状态变化	—	—
4	集中监测→查看实时值、实时曲线变化，使用“电压法”依次测量点灯路径各端子点的电气参数值。 电压法：用万用表交流电压 250 V 挡，一个表笔放在 XJF 端子点，另一只表笔以顺序 XJZ→分线盘路径依次测量，当从有电压变为无电压时，就是该点灯电路的故障点	万用表	在万用表使用过程中，注意万用表挡位的调节，同时避免用手触碰表笔的金属部分

续表

步骤	具体内容	工具	注意事项
5	按照顺序依次练习查找各故障点，观察故障现象，思考讨论故障点导致故障现象的原因	—	—
6	点击故障实训→自由练习→开始练习→填写练习时长、一次设置故障数、故障数目→确定	万用表	在万用表使用过程中,注意万用表挡位的调节,同时避免用手触碰表笔的金属部分
7	转换信号机灯位显示，根据信号机灯位变化及集中监测参数的变化，区分故障类型： （1）未开放信号，信号点灯熔断器烧坏——禁止灯光短路故障。 （2）原禁止灯光完好，开放信号后自动关闭——允许灯光短路故障	万用表	在万用表使用过程中,注意万用表挡位的调节,同时避免用手触碰表笔的金属部分
8	在分线盘测试电压，区分室内外故障： （1）信号点灯熔断器完好，有 AC 220 V 电压——室外点灯电路断路故障。 （2）信号点灯熔断器完好，无 AC 220 V 电压——室内点灯电路断路故障。 （3）若是短路故障，在分线盘甩开电缆，更换熔断器后，有 220 V 电压——室外点灯电路短路故障。 （4）在分线盘甩开电缆、更换熔断器后仍烧坏，无电压 220 V——室内点灯电路短路故障	万用表	在万用表使用过程中,注意万用表挡位的调节,同时避免用手触碰表笔的金属部分
9	根据故障现象，结合点灯电路图，集中监测参数变化，推断具体故障点。点击对应故障点→确认故障→结束练习→查看考试详情	—	—
10	对答错故障点，重新设置故障，重复练习加深记忆	—	—
11	讨论、总结信号机可能出现的故障现象，恢复实训现场	—	—

五、实训考核标准

表 3-4-2　实训考核标准

内容	标准	配分	得分
故障类型判断	能够准确判断故障类型	20	
室内外故障区分	能够正确区分室内外故障	20	
故障点判断	能够准确推断出故障点	30	
综合测验达标	教师发布一场考试后，能够通过测试	30	

六、思考题

如何使用“电压法”确认室外故障点？信号机内部故障、信号机到 XB 箱电缆短路、断路时对应的电压值分别是多少？

项目四　轨道电路测试、维护与故障处理实训

任务一　50 Hz 微电子轨道电路设备认知、测试、故障处理

一、实训目的

（1）认知 50 Hz 微电子轨道电路的组成及主要单项设备的作用。
（2）学习 50 Hz 微电子轨道电路原理图。
（3）掌握 50 Hz 微电子轨道电路日常维护的作业程序、标准。
（4）掌握 50 Hz 微电子轨道电路常见故障处理流程。

二、理论链接

（一）设备组成结构

50 Hz 微电子轨道电路室外箱盒配线结构如图 4-1-1 所示，电路原理如图 4-1-2 所示。

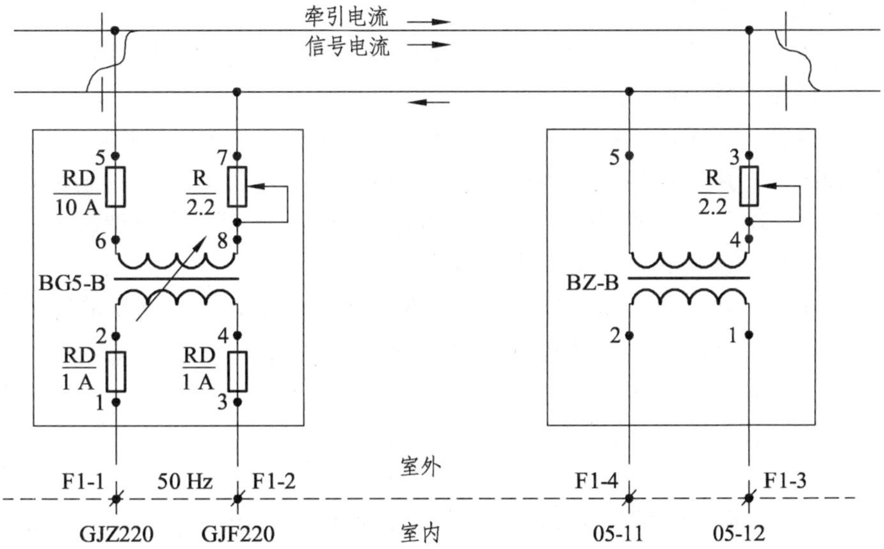

图 4-1-1　50 Hz 微电子轨道电路室外箱盒配线

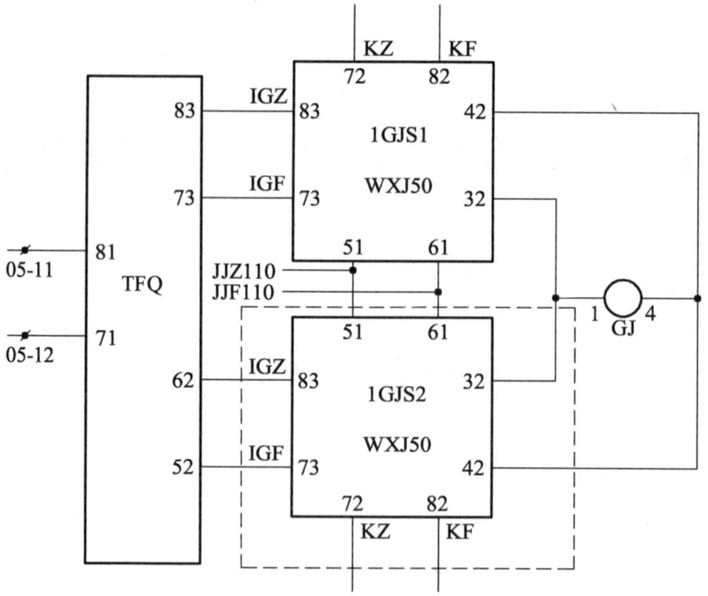

图 4-1-2　50 Hz 微电子轨道电路原理

50 Hz 微电子轨道电路的设备组成主要由以下部分构成：

BG5-B：送电端轨道变压器，用于轨道电路供电，可通过改变变压器Ⅱ次侧的端子连接，获得不同的输出电压，具有降压、保证人身安全的作用。

BZ-B：受电端中继变压器，用于轨道电路受电端，具有使钢轨阻抗与轨道变压器相匹配、升压的作用。

送电端变阻器：当轨道电路被车辆轮对分路时，用于承载送电端电流，保护设备不损坏，微调轨面电压。

钢轨绝缘：将轨道区段划分为不同的区段，以保证相邻轨道电路间可靠的电气绝缘，使它们不互相影响。

钢轨引接线：用于轨道电路送受端变压器箱或电缆盒与钢轨连接。

钢轨接续线：用于连接两钢轨轨端，降低接触电阻，有塞钉式、焊接式。

TFQ（调相防雷器）：外形采用安全型继电器结构，内部由隔离变压器、硒堆、电容组成。其作用包含轨道调相和轨道防雷。

轨道调相：室内送出的轨道电源与局部电源是同相的，但经钢轨的传输后，由于道床的泄漏、分布电容、轨道电路室内外设备等因素的存在，造成相位的偏移，这样就需要对相位调整。

轨道防雷：横向防雷用硒堆，纵向防雷用隔离变压器。

WXJ50：50 Hz 微电子相敏接收器，其表示灯意义如下：

红灯为直流 24 V 电源表示灯，红灯亮表示直流 24 V 电源工作正常，红灯灭表示直流 24 V 电源断电。

绿灯亮表示对应的轨道区段无车占用；绿灯灭表示对应的轨道区段有车占用；红灯、绿灯交替闪光表示电子接收器局部断电。

（二）电路原理图

1. 送电端

（1）GJZ 220 V/GJF 220 V 电压分为两路，分别经过 RD2 对 220 V 电压进行分压。

（2）接入Ⅰ侧经过轨道变压器进行隔离、降压从Ⅱ侧输出（电压由变比决定，一般为 3～7 V）。

（3）一路经过 RD1，一路经过抽头式电阻，进行分压后送往轨面（轨面电压一般在 1～3 V）。

2. 受电端

（1）接收端从轨面接受电压后，一路经过 RD1，一路经过抽头电阻，进行隔离、降压从 I 侧输出（电压一般为 0.2～0.4 V）。

（2）中继变压器升压后从Ⅱ侧输出（一般电压为 15～22 V）。

（3）输出的电压经过分线盘送到调相防雷器，经过调相防雷器处理后，输往本区段 2 个相敏接收器。

（4）2 个相敏接收器各自判断轨面电压值是否超过调整值下限（12 V 左右），并与局部电源相位对比，只有同时满足电压高于 12 V 下限值、相位角偏差不超过 30° 方认定区段空闲，接收器输出直流 24 V 电源使对应的轨道继电器励磁吸起。其他情况均按占用处理，停止输出直流 24 V，使轨道继电器落下。两个相敏接收器的输入和输出都是并联关系，因此只要有一个能正常工作，就能正常驱动轨道继电器。联锁设备通过采集轨道继电器状态来区分区段占用或是空闲。

（5）相敏接收器的电压 GKZ/GKF 来自电源屏 24 V 电压，主要给相敏接收器供电。JJZ110 V/JJF110 V 来自电源屏，满足相敏接收器内局部电压工作。

（6）只有两个相敏接收器同时不能正常工作，GJ 才会显示为落下状态。

（三）轨道电路故障处理

轨道电路的两种常见故障现象为：有车占用无红光带显示和无车占用显示红光带。

1. 有车占用无红光带显示的故障分析

（1）室外发生混线、有其他电源混入、牵引电流干扰等导致 GJ 仍处于吸起状态。

（2）钢轨生锈、车轴较轻、轮对电阻过大等导致轨道电路分路不良。

（3）由于轨面电压调整过高而造成的轨道电路分路不良。

（4）在道岔区段，由于岔后跳线开路等因素出现轨道电路死区段。

2. 无车占用显示红光带

1）分线盘有电压，室内故障

（1）TFQ（调相防雷器）无输出：TFQ 故障。

（2）TFQ 有输出：

红绿灯均熄灭：无 KZ 24 V；

红灯亮、绿灯闪烁：无局部 110 V；

红灯亮、绿灯灭：相位不符或相敏接收器损坏；

红、绿灯均亮：GJ 故障。

2）分线盘甩线后无压，室外故障

（1）测试送电端变阻器电压值，测得比正常值低或为零，则为断线故障；当测得数值比正常值高可判断为短路故障。

（2）断路故障时，故障点前的电压升高，断路点后电压降低或为零。测量轨面电压，若送电端轨面为零，则送电端及电源开路故障；若比正常值高，可再测受电端处轨面电压，若还高，则可判断受电端部分及电缆线开路，若电压很低或为零则为通道部分开路，此时可分段查找。

（3）若为短路故障，轨面电压会大幅下降甚至微量，而送电端限流电阻电压显著升高。此时，测量轨面有无电流：有电流，则可判断送电端部分良好，为通道及受电端部分短路；无电流，可判断为送电部分有开路故障。

三、实训要求

（一）实训时间

4 个课时。

（二）实训形式

学生每 5 人组成 1 个工作小组，各小组制定实施方案及工作计划。组长协助教师指导本组学生学习，检查实训作业进度和质量，制定改进措施，共同完成项目任务。

（三）安全注意事项

（1）未经教师或管理员允许不得擅自操作。

（2）在万用表使用过程中，注意万用表挡位的调节，同时避免用手触碰表笔的金属部分。

（3）须严格按照上电顺序进行上电。

（四）工器具材料准备

（1）防护用品：防滑鞋、绝缘手套、工作服等。

（2）工具：套筒、万用表等。

（3）个人用品：笔、笔记本等。

四、实训作业步骤

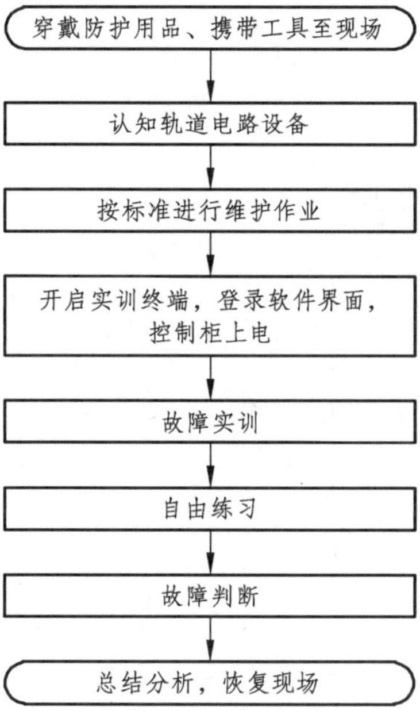

图 4-1-3　实训流程

表 4-1-1　实训作业步骤

步骤	具体内容	工具	注意事项	配图
1	实训人员穿戴防护用品，携带套筒、万用表等工具至现场	套筒、万用表	—	—
2	对照现场轨道电路设备，分别认知 XB 箱、轨道变压器、限流电阻	—	—	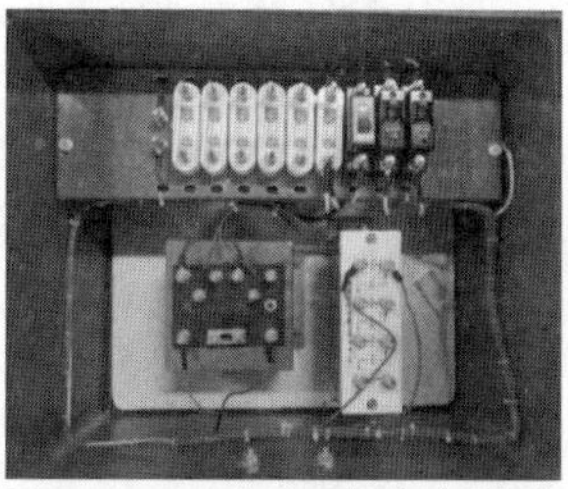 图 4-1-4　送电端轨旁设备  图 4-1-5　受电端轨旁设备

续表

步骤	具体内容	工具	注意事项	配图
3	对轨道电路设备按标准进行维护作业	手锤、钢卷尺、套筒	—	—
4	开启实训终端，登录软件界面，按照上电顺序将组合柜上电	—	组合柜上电后注意安全	—
5	改变轨道电路状态，观察继电器的状态改变，同时结合实训软件→知识学习→动态电路图，观察此时电路图电流路径走向	—	注意观察继电器的瞬时动作	—
6	故障实训： （1）点击故障实训→右键点击故障点→观察 GJ 继电器变化→点击右侧不同状态按钮→观察 GJ 继电器变化。 （2）集中监测→查看实时值、实时曲线变化，使用“电压法”依次测量点灯路径各端子点的电气参数值。 （3）按照顺序依次练习查找各故障点，观察故障现象，思考讨论故障点导致故障现象的原因	万用表	注意万用表挡位的调节，同时避免用手触碰表笔的金属部分	—
7	故障练习： （1）点击故障实训→自由练习→开始练习→填写练习时长、一次设置故障数、故障数目→确定。 （2）转换轨道电路状态，根据 GJ 变化及集中监测参数的变化，区分故障类型。 （3）在分线盘测试电压，区分室内外故障。 （4）根据故障现象，参考点灯电路图，集中监测参数变化，结合“电压法”“导通法”，推断具体故障点。 （5）点击对应故障点→确认故障→结束练习→查看考试详情。 （6）对答错故障点，重新设置故障，重复练习加深记忆	万用表	注意万用表挡位的调节，同时避免用手触碰表笔的金属部分	—
8	讨论、总结轨道电路可能出现的故障现象，恢复实训现场	—	—	—

五、实训考核标准

表 4-1-2　实训考核标准

内容	标准	配分	得分
设备构成	能够说明 50 Hz 相敏轨道电路构成及主要部件作用	15	
维护作业	能够按照规定标准进行设备维护	25	
电路原理图	能够跑通在不同状态下的轨道电路	25	
故障处理	能够正确判断故障类型及故障位置	35	

六、思考题

50 Hz 相敏轨道电路与 25 Hz 相敏轨道电路的主要应用场所分别是哪些?

任务二　25 Hz 相敏轨道电路设备认知、测试、故障处理

一、实训目的

（1）认知 25 Hz 相敏轨道电路的组成及主要单项设备的作用。

（2）学习 25 Hz 相敏轨道电路原理图。

（3）掌握 25 Hz 相敏轨道电路日常维护的作业程序、标准。

（4）掌握 25 Hz 相敏轨道电路常见故障处理流程。

二、理论链接

（一）设备组成结构

25 Hz 相敏轨道电路由电源变压器、送电端限流电阻、断路器、送电端扼流变压器、扼流引接线、钢轨绝缘、钢轨线路、受电端轨道变压器、受电端扼流变压器、25 Hz 防护盒、防雷补偿器、交流二元轨道继电器组成。

变压器箱（XB 箱）：存放并保护轨道变压器、限流电阻、断路器、引入线缆、箱内各种电源连接线。

BG25 轨道变压器：通过调整其二次端子，保证轨道电路正常工作。

扼流变压器：一是将绝缘两侧扼流变压器中极板连接，构通机车牵引电流；二是防止两条钢轨上流经的牵引电流进入送、受电设备，导致其烧毁。

限流电阻：确保轨道电路分路灵敏。在送电端分路时，防止变压器和变频器过载。

继电器包含：FB-1（防雷补偿器）、GJ、HF-25（防护盒）、GJR（交流二元二位继电器）。

（二）25 Hz 轨道电路原理图

25 Hz 轨道电路原理如图 4-2-1 所示。设备正常工作情况下，其电路走向为：轨

道电源（GJZ 220、GJF 220）→送电端轨道箱内断路器→轨道变压器→断路器、限流电阻→扼流变压器→引接线→钢轨绝缘→钢轨→受电端扼流变压器→断路器、平衡电阻→轨道变压器→交流二元二位继电器、防护盒、防雷补偿器→局部电源（JJG 220、JJG 110）。

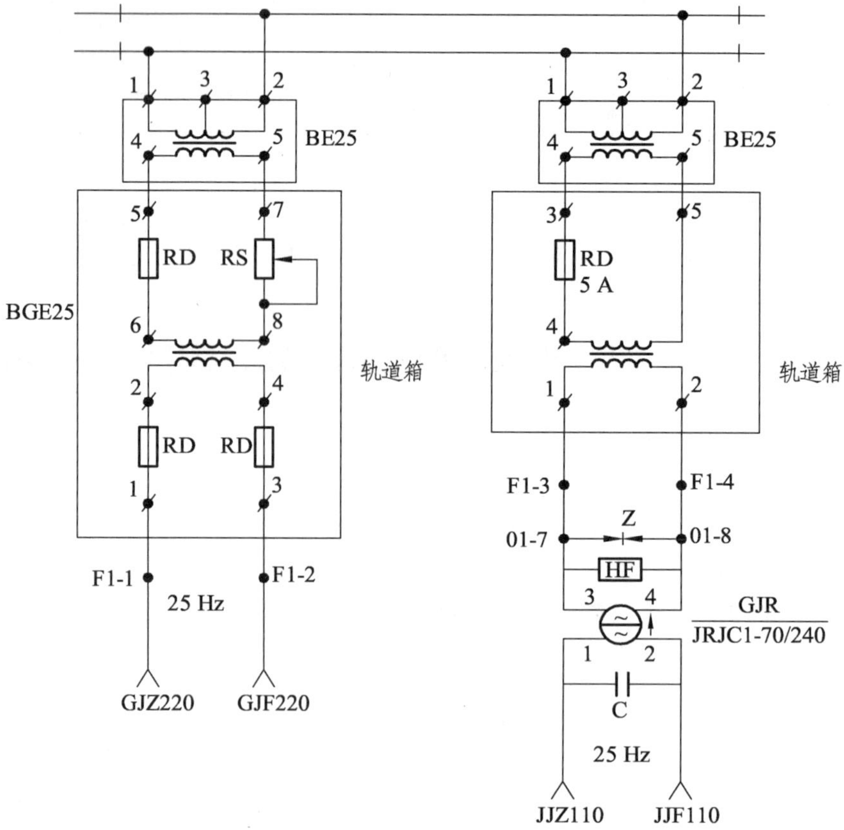

图 4-2-1　25 Hz 轨道电路原理

（三）设备检修、测试标准作业流程

1. 送（受）电端箱盒外部检修

（1）变压器箱盒安装牢固，箱盒无破损，加锁装置良好，开启灵活，号码清楚、正确。

（2）基础倾斜度不超过 10 mm，箱盒底距地面不少于 150 mm，周围无杂物，排水良好。

（3）各螺栓油润、紧固、满帽。

（4）硬化面整洁无杂物。

2. 送电端引接线检修

（1）引接线双套化，固定在枕木或其他专用设备上，油润不锈蚀，断股不得超过 1/5。

（2）各塞钉孔不锈蚀，塞钉打入深度最少与轨腰齐平，露出不超过 5 mm，塞钉与塞钉孔要全面紧密接触，并涂漆封闭。

（3）引接线穿越钢轨处距轨底不应小于 30 mm，并进行绝缘防护。引接线处不得设有防爬器和轨距杆等可能造成短路的金属部件。

（4）引接线与箱、盒间绝缘良好。

（5）扼流变压器引接线、中心连接板（线）、吸上线固定螺母检查紧固，防混线措施良好。

3. 箱盒内部检修、测试、调整

（1）箱盒内部清洁，防尘防潮设施良好，电缆引入密封良好，铭牌齐全、正确，字迹清晰。

（2）箱盒内部螺丝紧固、备帽齐全，配线良好、整洁、无破皮及混线可能，焊接点焊接良好，端子座安装牢固，号码正确完整。箱盒内部接线图、配线表整洁正确，与实物相符无涂改。

（3）器材类型正确，固定良好，无噪声过大或局部过热、变色等现象，不超期，印封完整，安装牢固。

（4）测试极性交叉正确。

（5）限流电阻辅助线、片作用良好，端子螺丝紧固良好，25 Hz 相敏轨道电路符合调整表规定。

（6）贯通地线接地良好，端子紧固、接触良好。

（7）断路器符合规定接触良好。

（8）25 Hz 相敏轨道电路送、受电端轨道变压器变比均应参考调整表中的给出值选取，不允许随意调整，轨道继电器轨道线圈上的有效电压不小于 15 V，且不大于调整表规定的最大值。调整状态下残压不得超标。

（9）用 0.06 Ω标准分路线在轨道电路最不利处所（无岔区段两头、道岔区段受电端末端，以及没有受电端的末端分支或钢轨生锈处）分路时，室内测试继电器交流残压不大于 7.4 V。

（10）进行Ⅰ级测试并记录。

测试 BG1-130/25 型变压器Ⅰ、Ⅱ次侧电压。将移频表调到 25 Hz 电压挡位；测试变压器Ⅰ次侧连接线两端子，所测的电压即为变压器Ⅰ次侧电压；将万用表旋至交流 10 V 挡位，测试变压器的Ⅱ次侧连接线两端子，所测的电压即为变压器Ⅱ次侧电压。

测试限流电阻电压。将移频表调到 25 Hz 电压挡位，测试限流电阻连接线端子，所测的电压即为限流电阻电压。

测试扼流变压器Ⅰ、Ⅱ次侧电压。将移频表调到 25 Hz 电压挡位，测试扼流变压器Ⅰ次侧连接线两端子，所测的电压即为扼流变压器Ⅰ次侧电压；将万用表旋至交流 2.5 V 挡位，测试扼流变压器Ⅱ次侧连接线两端子，所测的电压即为扼流变压器Ⅱ次侧电压。

测试轨面电压，将移频表调到 25 Hz 电压挡位，两表笔分别测量两根钢轨，所测得电压即为轨面电压。

（四）轨道电路故障处理

1. 区分室内外故障

在分线盘接收端上测量有无电压，若电压正常或较高，则为室内故障；若无电压或电压低，则应甩开电缆，测试电缆上的电压，若无电压或电压低，则为室外故障；若电压正常或稍高，则为室内故障且多为短路故障。

2. 故障性质判断方法

（1）断路与短路故障区分。测试送电端限流电阻电压值，测得比正常值低或为零，则为断线故障；当测得数值比正常值高可判断为短路故障。

（2）断路故障时，断路点前的电压升高，断路点后电压降低或为零。测量轨面电压，若送电端轨面为零，则送电端及电源开路故障。若比正常值高，可再测受电端处轨面电压，若还高，则可判断受电端部分及电缆线开路，若电压很低或为零则为通道部分开路，此时可分段查找。

（3）若为短路故障，轨面电压会大幅下降甚至为零，而送电端限流电阻电压显著升高。此时，测量轨面电压有无电流：有电流，则可判断送电端部分良好，为通道及受电端部分短路；无电流，可判断为送电部分有开路故障。

三、实训要求

（一）实训时间

4 个课时。

（二）实训形式

学生每 5 人组成 1 个工作小组，各小组制定实施方案及工作计划。组长协助教师指导本组学生学习，检查实训作业进度和质量，制定改进措施，共同完成项目任务。

（三）安全注意事项

（1）未经教师或管理员允许不得擅自操作。

（2）在移频表使用过程中，注意移频表挡位的调节，同时避免用手触碰表笔的金属部分。

（3）须严格按照上电顺序进行上电。

（四）工器具材料准备

（1）防护用品：防滑鞋、绝缘手套、工作服等。

（2）工具：套筒、万用表、移频表等。

（3）个人用品：笔、笔记本等。

四、实训作业步骤

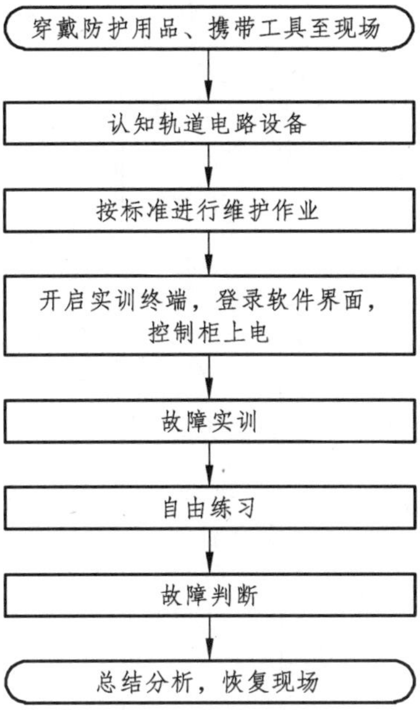

图 4-2-2 实训流程

表 4-2-1 实训作业步骤

步骤	具体内容	工具	注意事项	配图
1	实训人员穿戴防护用品，携带套筒、移频表、万用表等工具至现场	套筒、移频表、万用表	—	—
2	对照现场轨道电路设备，分别认知 XB 箱、扼流变压器、轨道变压器、限流电阻	—	—	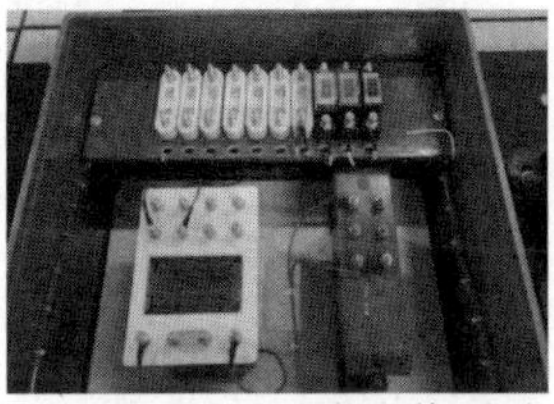 图 4-2-3 XB 箱、轨道变压器、限流电阻  图 4-2-4 扼流变压器
3	对轨道电路设备按标准进行维护作业	手锤、钢卷尺、套筒	—	—
4	开启实训终端，登录软件界面，按照上电顺序将组合柜上电	—	—	—

续表

步骤	具体内容	工具	注意事项	配图
5	改变轨道电路状态，观察继电器的状态改变，同时结合实训软件→知识学习→动态电路图，观察此时电路图电流路径走向	—	注意观察继电器的瞬时动作	—
6	故障实训： （1）点击故障实训→右键点击故障点→观察GJ继电器变化→点击右侧不同状态按钮→观察GJ继电器变化。 （2）集中监测→查看实时值、实时曲线变化，使用“电压法”依次测量点灯路径各端子点的电气参数值。 （3）按照顺序依次练习查找各故障点，观察故障现象，思考讨论故障点导致故障现象的原因	万用表	注意万用表挡位的调节，同时避免用手触碰表笔的金属部分	—
7	故障练习： （1）点击故障实训→自由练习→开始练习→填写练习时长、一次设置故障数、故障数目→确定。 （2）转换轨道电路状态，根据GJ变化及集中监测参数的变化，区分故障类型。 （3）在分线盘测试电压，区分室内外故障。 （4）根据故障现象，参考点灯电路图、集中监测参数变化，结合“电压法”“导通法”，推断具体故障点。 （5）点击对应故障点→确认故障→结束练习→查看考试详情。 （6）对答错故障点重新设置故障，重复练习加深记忆	万用表	注意万用表挡位的调节，同时避免用手触碰表笔的金属部分	—
8	讨论、总结轨道电路可能出现的故障现象，恢复实训现场	—	—	—

五、实训考核标准

表 4-2-2　实训考核标准

项目	标准	配分	得分
设备构成	能够说明25 Hz相敏轨道电路构成及主要部件作用	15	
维护作业	能够按照规定标准进行设备维护	25	
电路原理图	能够在不同状态下跑通轨道电路	25	
故障处理	能够正确判断故障类型及故障位置	35	

六、思考题

分线盘测量 25 Hz 轨道电路送电端和受电端均有电，试说明如何确定故障所在?

任务三　ZPW2000A 轨道电路设备认知、测试、故障处理

一、实训目的

（1）认知 ZPW2000A 移频轨道电路的组成及主要单项设备的作用。
（2）掌握 ZPW2000A 移频轨道电路日常维护的作业程序、标准。
（3）掌握 ZPW2000A 移频轨道电路常见故障处理流程。

二、理论链接

（一）设备组成结构

ZPW2000A 型无绝缘轨道电路包含室内设备和室外设备。室内设备包含：发送器、接收器、衰耗器、电缆模拟网络等；室外设备包含：调谐单元、空心线圈、匹配变压器、补偿电容等。

发送器：用于产生高精度、高稳定性的 18 种低频信号调制的 8 种移频信号，采用“N+1”冗余，故障时通过“FBJ”接至“+1”FS，如图 4-3-1 所示。

图 4-3-1　发送器

接收器：接收本区段主轨信号，同时检查本轨道所属小轨信号后，提供 GJ 的工作电源；接收与受电端相邻区段的小轨信号，向相邻区段接收器提供小轨条件（XGJ）；检查轨道电路状态，如图 4-3-2 所示。

图 4-3-2　接收器

衰耗器：用于实现主轨道电路、小轨道电路的调整如图 4-3-3，图 4-3-4 所示。给出发送、接收故障、轨道占用表示及发送、接收用+24 V 电源电压、发送功出电压、接收相邻区段 GJ、XGJ 检查条件。

图 4-3-3　衰耗器

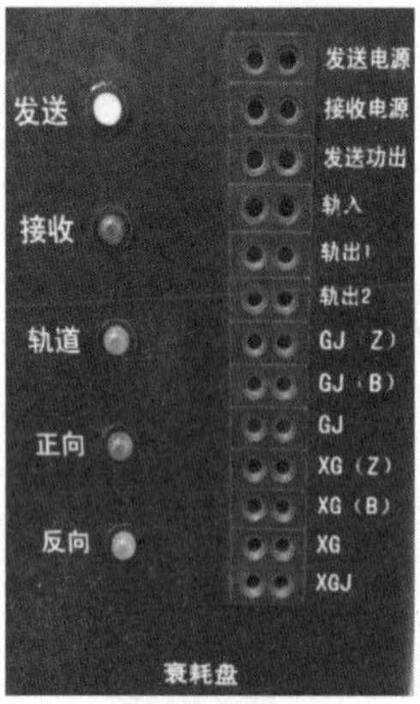

图 4-3-4　衰耗器面板

衰耗器面板上有表示灯和测试塞孔。

表示灯有发送工作灯（绿色）、接收工作灯（绿色）、轨道占用灯（红色）。

测试塞孔有：

① 发送电源：发送器工作电源；测试范围：23.5 ~ 24.5 V。

② 接收电源：接收器工作电源；测试范围：23.5 ~ 24.5 V。

③ 发送功出：发送器输出电压；测试范围：32 ~ 178 V。

④ 轨入：衰耗器接收轨道输入电压；测试范围：主轨道输入电压、小轨道输入电压。

⑤ 轨出 1：衰耗器输出主轨道电压，一般大于 240 mV。

⑥ 轨出 2：衰耗器输出小轨道电压；测试范围：125 ~ 145 mV。

⑦ GJ（Z）：主机输出的主轨道电压；测试范围：>20 V。

⑧ GJ（B）：并机输出的主轨道电压；测试范围：>20 V。

⑨ GJ：轨道继电器电压；测试范围：>20 V。

⑩ XGJ(Z)：主机输出的相邻小轨道继电器的执行条件电压；测试范围：>20 V。

⑪ XGJ(B)：并机输出的相邻小轨道继电器的执行条件电压；测试范围：>20 V。

⑫ XG：接收器接收到的小轨道电压。

⑬ XGJ：相邻小轨道继电器的执行条件电压；测试范围：> 20 V，开路 > 30 V（并机时高）。

电缆模拟网络：通过 0.5 km、0.5 km、1 km、2 km、2 km、2 × 2 km 六节电缆模拟网络，补偿实际 SPT 数字信号电缆，使补偿电缆和实际电缆总距离为 10 km，如图 4-3-5 所示。

图 4-3-5　电缆防雷模拟网络

调谐单元（BA）：减少本区段信号的衰减，阻止邻区段信号干扰本区段。其与空心线圈、设备引接线、29 m 钢轨构成电气绝缘节，实现相邻轨道间的电气隔离，如图 4-3-6 所示。

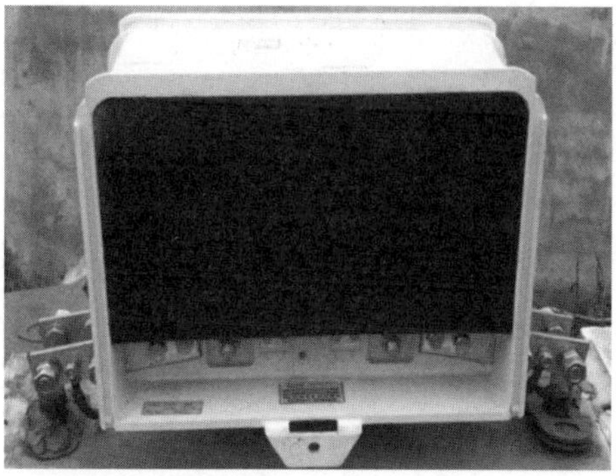

图 4-3-6　调谐单元

匹配变压器（TAD）：实现轨道电路与传输电缆的匹配连接，如图 4-3-7 所示。

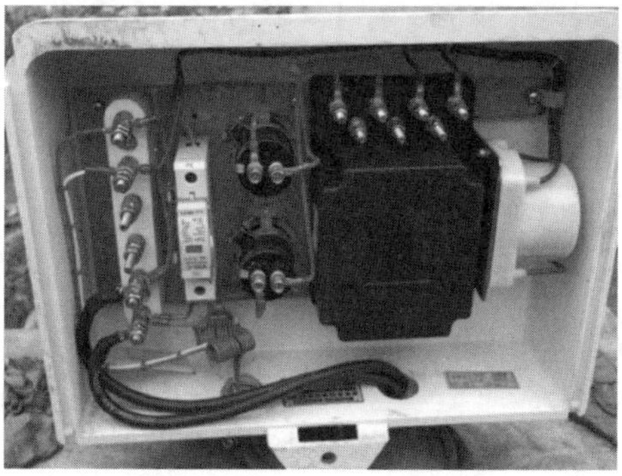

图 4-3-7　匹配变压器

补偿电容：根据通道参数兼顾低道砟电阻道床传输，采用分段加装补偿电容方法，在一定程度上减少钢轨电感对移频信号传输的影响，延长（或保证）轨道电路长度，保证轨道电路的传输性能。

传输电缆：ZPW-2000A 采用铁路内屏蔽数字信号电缆，其电缆芯线直径为 ϕ1.0 mm，一般条件下，电缆长度按 10 km 考虑。

设备引接线：用 3 600 mm、1 600 mm 钢包铜注油线，用于调谐单元、空心线圈、匹配变压器等设备与钢轨间的连接。

（二）设备测试标准流程

测试匹配变压器 E1-E2 电压：将移频表选择主轨频率挡位，两表笔分别测量匹配变压器 E1-E2 端子，所测的电压即为发送端匹配变压器 E1-E2 电压。

测试匹配变压器 V1-V2 电压：将移频表选择主轨频率挡位，两表笔分别测量匹配变压器 V1-V2 端子，所测的电压即为发送端匹配变压器 V1-V2 电压。

测试轨面电压：将移频表选择主轨频率挡位，两表笔分别测试两钢轨，所测得的电压就是轨面电压。

测试入口电：使用移频表，将移频表两表笔分别插在电流测试表笔插孔内，将卡钳卡在分路线上，所测的电流即为入口电流。

（三）轨道电路故障处理

（1）判断故障点位置在室内还是室外，如图 4-3-8 所示。

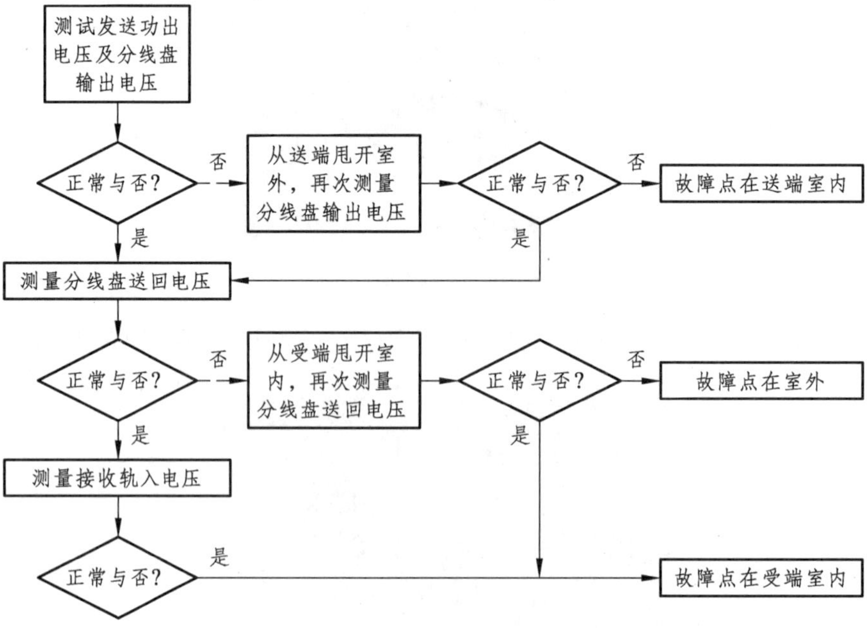

图 4-3-8　室内/室外故障判断流程

（2）若故障点在送端室内，如图 4-3-9 所示。

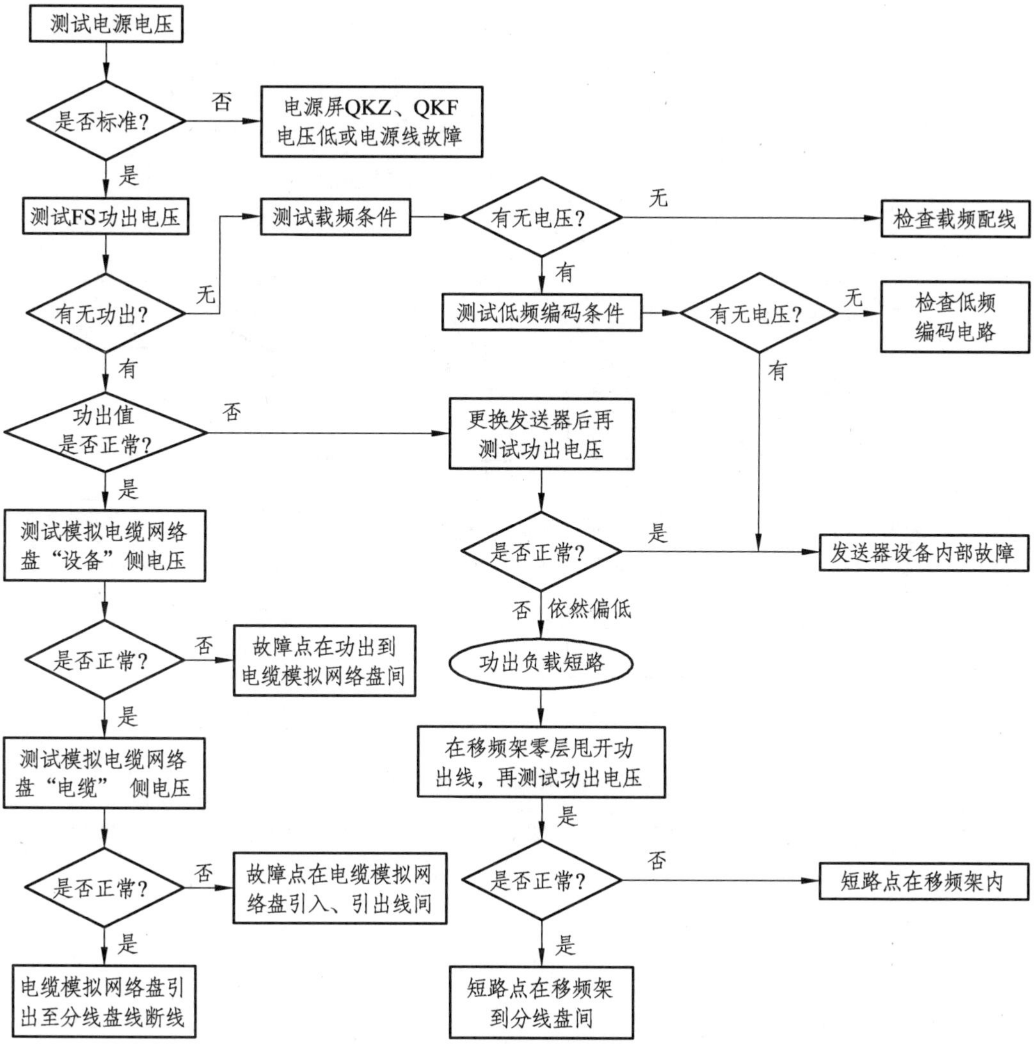

图 4-3-9　送端室内故障判断流程

（3）故障点在受端室内，如图 4-3-10、图 4-3-11 所示。

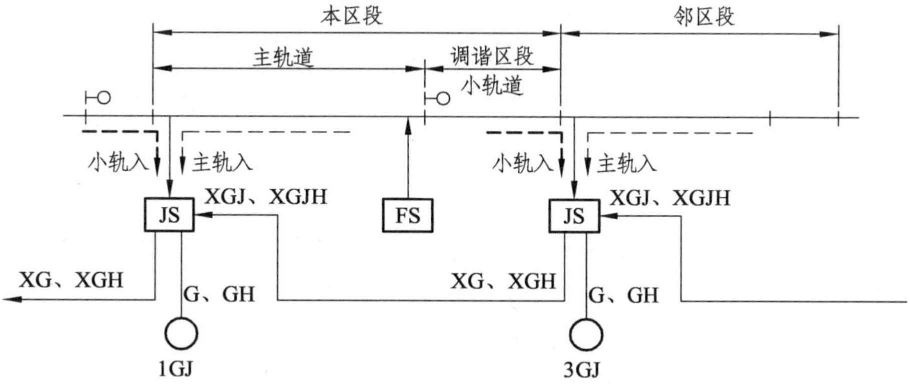

图 4-3-10　主轨道和小轨道检查原理

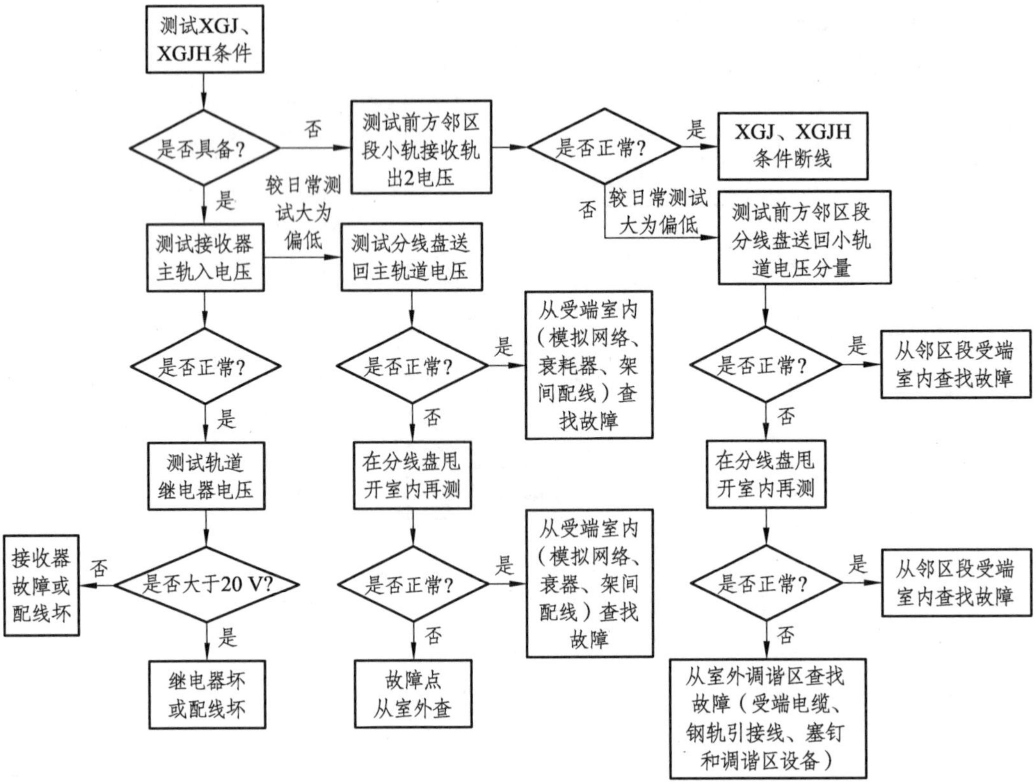

图 4-3-11　受端室内故障流程

接收故障是系统故障的综合体现，理清接收主轨道、小轨道逻辑关系是系统故障判断、定位的重要前提。

三、实训要求

（一）实训时间

4 个课时。

（二）实训形式

学生每 5 人组成 1 个工作小组，各小组制定实施方案及工作计划。组长协助教师指导本组学生学习，检查实训作业进度和质量，制定改进措施，共同完成项目任务。

（三）安全注意事项

（1）未经教师或管理员允许不得擅自操作。

（2）在万用表使用过程中，注意万用表挡位的调节，同时避免用手触碰表笔的金属部分。

（3）须严格按照上电顺序进行上电。

（四）工器具材料准备

（1）防护用品：防滑鞋、绝缘手套、工作服等。

（2）工具：套筒、移频表等。

（3）个人用品：笔、笔记本等。

四、实训作业步骤

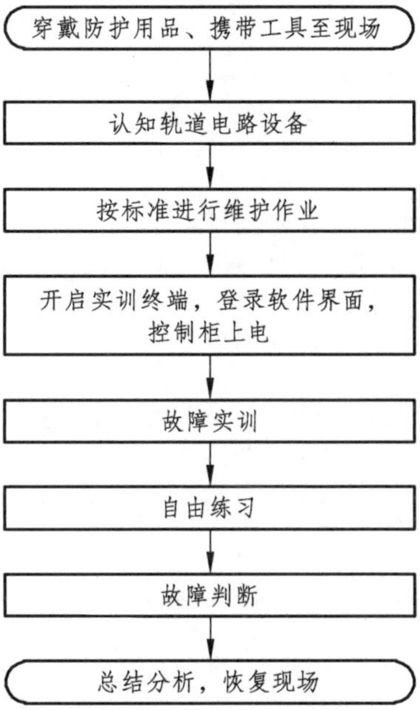

图 4-3-12　实训流程

表 4-3-1　实训作业步骤

步骤	具体内容	工具	注意事项
1	实训人员穿戴防护用品，携带套筒、移频表等工具至现场	套筒、移频表	—
2	对照现场轨道电路设备，分别认知发送器、接收器、衰耗器、匹配变压器、调谐单元等	—	—
3	对轨道电路设备按标准进行维护作业，填写 I 级测试记录表	手锤、钢卷尺、套筒	—
4	开启实训终端，登录软件界面，按照上电顺序将组合柜上电	—	组合柜上电后注意安全
5	改变轨道电路状态，观察继电器的状态改变，同时结合实训软件→知识学习→动态电路图，观察此时电路图电流路径走向	—	注意观察继电器的瞬时动作

续表

步骤	具体内容	工具	注意事项
6	故障实训： （1）点击故障实训→右键点击故障点→观察继电器变化→点击右侧不同状态按钮→观察继电器变化。 （2）集中监测→查看实时值、实时曲线变化，使用“电压法”依次测量点灯路径各端子点的电气参数值。 （3）按照顺序依次练习查找各故障点，观察故障现象，思考讨论故障点导致故障现象的原因	万用表	注意万用表挡位的调节，同时避免用手触碰表笔的金属部分
7	故障练习： （1）点击故障实训→自由练习→开始练习→填写练习时长、一次设置故障数、故障数目→确定。 （2）转换轨道电路状态，根据继电器变化及集中监测参数的变化，区分故障类型。 （3）在分线盘测试电压，区分室内外故障。 （4）根据故障现象，参考点灯电路图、集中监测参数变化，结合“电压法”“导通法”，推断具体故障点。 （5）点击对应故障点→确认故障→结束练习→查看考试详情。 （6）对答错故障点重新设置故障，重复练习加深记忆	万用表	注意万用表挡位的调节，同时避免用手触碰表笔的金属部分
8	讨论、总结轨道电路可能出现的故障现象，恢复实训现场	—	—

表 4-3-2　Ⅰ级测试记录表

ZPW2000A 型无绝缘轨道电路室外设备Ⅰ级测试记录表									
日期	区段名称	发送端匹配变压器/V			接收端匹配变压器/V			入口电流/mA	空心线圈检查
		E1-E2	V1-V2	轨面	轨面	V1-V2	E1-E2		
8.12	13579G	60.5	1.7	1.6	1.35	1.3	13.6	3 400	良好

五、实训考核标准

表 4-3-3　实训考核标准

项目	标准	配分	得分
设备构成	能够说明 ZPW2000A 轨道电路构成及主要部件作用	40	
维护作业	能够按照规定标准进行设备维护	30	
故障处理	能够正确判断故障类型及故障位置	30	

六、思考题

区间某一区段出现红光带，在送电端防雷模拟网络盘测试无输入电压，试判断故障位置。

任务四　ZPW2000K 轨道电路设备认知、测试、故障处理

一、实训目的

（1）认知 ZPW2000K 轨道电路的组成及主要单项设备的作用。
（2）掌握 ZPW2000K 轨道电路日常维护的作业程序、标准。
（3）掌握 ZPW2000K 轨道电路常见故障处理流程。

二、理论链接

ZPW2000K 轨道电路设备与 ZPW2000A 设备构成基本一致。但在以下几个方面多了升级和改造：

（1）高铁 ZPW2000K 轨道电路系统取消了既有线 ZPW2000A 轨道电路系统中大量的继电器逻辑编码方式，采用计算机编码方式。

（2）发送器由 ZPW2000A 的“N+1”冗余方式改为“1+1”的冗余方式，最大限度地降低了因设备故障而影响行车的情况。

（3）将既有 ZPW2000A 轨道电路的调谐单元和匹配单元整合为一个调谐匹配单元，减少了系统设备数量，提高了系统的可靠性。

（4）根据高速铁路道床电阻高的特点，将既有线补偿电容按频率选择容值优化为一种容值，减少了补偿电容的种类。

（5）补偿电容采用全密封工艺，一方面增加补偿电容的容值稳定性，另一方面延长了其使用寿命，从而提高了轨道电路系统工作的稳定性。

三、实训要求

（一）实训时间

4 个课时。

（二）实训形式

学生每 5 人组成 1 个工作小组，各小组制定实施方案及工作计划。组长协助教师指导本组学成学习，检查实训作业进度和质量，制定改进措施，共同完成项目任务。

（三）实训注意事项

（1）未经教师或管理员允许不得擅自操作。

（2）在万用表使用过程中，注意万用表挡位的调节，同时避免用手触碰表笔的金属部分。

（3）须严格按照上电顺序进行上电。

（四）工器具材料准备

（1）防护用品：防滑鞋、绝缘手套、工作服等。

（2）工具：套筒、移频表等。
（3）个人用品：笔、笔记本等。

四、实训作业步骤

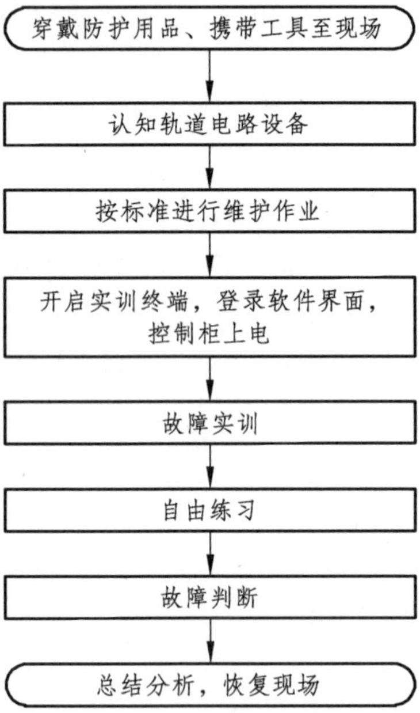

图 4-4-1　实训流程

表 4-4-1　实训作业步骤

步骤	具体内容	工具	注意事项
1	实训人员穿戴防护用品，携带套筒、移频表等工具至现场	套筒、万用表	—
2	对照现场轨道电路设备，分别认知发送器、接收器、衰耗器、匹配变压器、调谐单元等	—	—
3	对轨道电路设备按标准进行维护作业，填写Ⅰ级测试记录表	手锤、钢卷尺、套筒	—
4	开启实训终端，登录软件界面，按照上电顺序将组合柜上电	—	组合柜上电后注意安全
5	改变轨道电路状态，观察继电器的状态改变，同时结合实训软件→知识学习→动态电路图，观察此时电路图电流路径走向	—	注意观察继电器的瞬时动作
6	故障实训： （1）点击故障实训→右键点击故障点→观察继电器变化→点击右侧不同状态按钮→观察继电器变化。 （2）集中监测→查看实时值、实时曲线变化，使用“电压法”依次测量点灯路径各端子点的电气参数值。 （3）按照顺序依次练习查找各故障点，观察故障现象，思考讨论故障点导致故障现象的原因	万用表	注意万用表挡位的调节，避免用手触碰表笔金属部分

续表

步骤	具体内容	工具	注意事项
7	故障练习： （1）点击故障实训→自由练习→开始练习→填写练习时长、一次设置故障数、故障数目→确定。 （2）转换轨道电路状态，根据继电器变化及集中监测参数的变化，区分故障类型。 （3）在分线盘测试电压，区分室内外故障。 （4）根据故障现象，参考点灯电路图、集中监测参数变化，结合“电压法”“导通法”，推断具体故障点。 （5）点击对应故障点→确认故障→结束练习→查看考试详情。 （6）对答错故障点重新设置故障，重复练习加深记忆	万用表	注意万用表挡位的调节，同时避免用手触碰表笔的金属部分
8	讨论、总结轨道电路可能出现的故障现象，恢复实训现场	—	—

表 4-4-2 Ⅰ级测试记录表

ZPW2000K 型无绝缘轨道电路室外设备Ⅰ级测试记录表									
日期	区段名称	发送端匹配变压器/V			接收端匹配变压器/V			入口电流/mA	空心线圈检查
		E1-E2	V1-V2	轨面	轨面	V1-V2	E1-E2		
8.12	13579G	60.5	1.7	1.6	1.35	1.3	13.6	600	良好

五、实训考核标准

表 4-4-3 实训考核标准

项目	标准	配分	得分
设备构成	能够说明 ZPW2000K 轨道电路构成及主要部件作用	30	
维护作业	能够按照规定标准进行设备维护	30	
故障处理	能够正确判断故障类型及故障位置	40	

六、思考题

试阐述 ZPW2000A 与 ZPW2000K 轨道电路的主要区别。

项目五 转辙机及其控制电路的测试、检修与故障处理实训

任务一 ZD6、ZD（J）9 电动转辙机，ZYJ7、ZY4 电液转辙机的设备结构认知

一、实训目的

（1）认知 ZD6 电动转辙机的组成及主要单项设备的作用。
（2）认知 ZD（J）9 电动转辙机的组成及主要单项设备的作用。
（3）认知 ZYJ7 电液转辙机的组成及主要单项设备的作用。
（4）认知 ZY4 电液转辙机的组成及主要单项设备的作用。

二、理论链接

（一）ZD6 转辙机设备组成结构

ZD6 系列转辙机是我国铁路使用最广泛的电动转辙机，它用于非提速区段以及提速区段的侧线上，是在 ZD4、DFH 型等电动转辙机的基础上改进而成的，已经形成系列。ZD6 转辙机使用内锁闭方式，适用于 43 kg/m、50 kg/m、50 kg/mAT 单开道岔，43 kg/m 9 号对称道岔，不适用于提速道岔。ZD6 转辙机如图 5-1-1 所示。

ZD6 转辙机，主要由电动机、减速器、摩擦联结器、主轴、自动开闭器、动作杆、表示杆、移位接触器、外壳等组成，如图 5-1-2 所示。

图 5-1-1　ZD6 转辙机

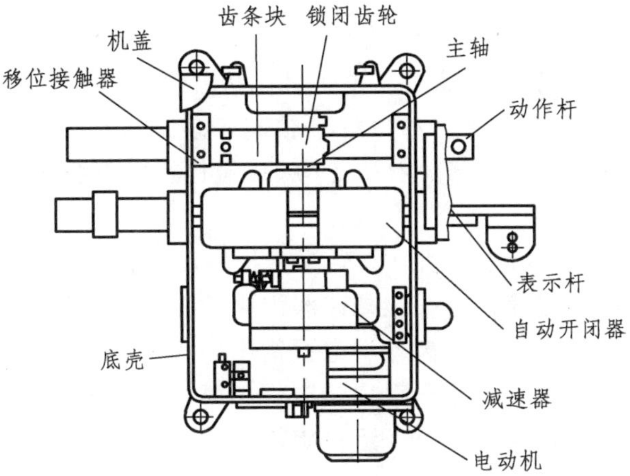

图 5-1-2　ZD6 转辙机结构

电动机：为电动转辙机提供动力，采用直流串激电动机。

减速器：用来降低转速以获得足够的转矩并完成转动。减速装置由第一级齿轮和第二级行星传动式减速器组成。两极间以输入轴联系，减速器由输出轴和主轴联系。

摩擦联结器：用弹簧和摩擦制动板组成输出轴与主轴之间的摩擦连接，防止尖轨受阻时损坏机件。

主轴：通过启动片带动旋转，其上安装有锁闭齿轮。锁闭过程由锁闭齿轮与齿条块相互作用，将运动由旋转运动变为直线运动，通过动作杆带动尖轨运动，并完成锁闭动作。

动作杆：与齿条块之间挤切削相连。正常动作时，齿条块带动动作杆；挤岔时，挤切削遮断，动作杆与齿条块分离，避免机件损坏。

表示杆：由前表示杆、后表示杆以及两个检查块组成。随着尖轨移动，只有当尖轨密贴且锁闭后，自动开闭器的检查柱才能落入表示杆的缺口之中，接通表示电路。挤岔时，表示杆被推动，顶起检查柱，从而断开表示电路。

移位接触器：监督挤切削的受损状态，道岔被挤或者挤切削折断时，断开道岔表示电路。

自动开闭器：由动静接点、速动爪、检查柱组成，用来表示道岔尖轨所在的位置。

安全接点（遮断开关）：用来保证维修安全。

外壳：固定各部件，防止器件受损坏和雨水、尘土等侵入。

ZD6 电动转辙机的传动原理如下：

当电动机通入规定方向的道岔控制电流，电动机轴按反时针方向旋转。电动机通过齿轮 1 带动减速器，减速器中的输入轴按顺时针方向转动，输出轴按逆时针方向旋转。输出轴通过启动片带动主轴，使主轴随输出轴按反时针方向旋转。锁闭齿轮在旋转的过程中完成解锁、转换、锁闭 3 个过程，拨动齿条块，使动作杆向右移带动道岔，并密贴右侧尖轨，完成锁闭。同时带动自动开闭器的动接点 1.3 排接点断开，2.4 排接点闭合。

（二）ZD（J）9 转辙机设备组成结构

ZD（J）9 转辙机主要由电动机、减速器、摩擦联结器、滚珠丝杠、推板套、动作板、锁块、锁闭铁、接点座、动作杆、锁闭（表示）杆等零部件组成，结构采用模块化设计，便于维护和维修。ZD（J）9 转辙机实物与结构如图 5-1-3 与 5-1-4 所示。

电动机：采用专用交流电动机，为转辙机提供动力。

减速器：分为两级减速，第一级减速器为齿轮减速，它以齿轮箱的形式与电动机结合在一起，齿轮箱中有摇把齿轮、电机输出小齿轮、中间齿轮，中间齿轮咬合于摩擦联接器齿轮，摇把齿轮用于手摇转辙机。第二级减速由滚珠丝杠、螺母及推板套完成。它除了具有减速作用外，还将旋转运动变为推板套的水平动作，以便间接使动作杆做水平运动。

摩擦联接器：采用片式粉末冶金摩擦方式，主动片是 4 片外摩擦片，用钢带加工，被动片为 3 片内摩擦片，用 12 个弹簧加压。在正常情况下，通过摩擦联结器中的内外摩擦片的摩擦作用，可以保证转换力能够稳定地传递到滚珠丝杠上，滚珠丝杠把传动齿轮的旋转运动转换成与丝杠联结的推板套的水平运动。当道岔受阻滚珠丝杠不能转动时，电动机将带动齿轮箱中的齿轮及摩擦联结器齿轮空转，起到保护电机的作用。

滚珠丝杠：滚珠丝杠选用国产磨削丝杠，直径ϕ32 mm，导程为 10 mm。由于导程大，滚珠也大，故可靠性高。滚珠丝杠的一端与摩擦联结器“固定”在一起，当摩擦联结器转动时，滚珠丝杠随之转动，使丝杠上的推板套做水平运动。

自动开闭器：电动转辙机里随机件动作，能自动完成开关作用的一种器件。它是一个与道岔控制电路和表示电路直接发生联系的部件，其可以及时正确地接通与断开电动转辙机的电机电路及表示电路。为了使自动开闭器能够正确地反映出道岔的定位密贴和反位密贴两种状态，使电动转辙机里和自动开闭器协同动作的表示杆与道岔尖轨连接起来，实现直接或间接地控制自动开闭器的动作。具体来说，它参与接通反向转换的电动机动作电路，在解锁过程中切断表示电路，在锁闭过程的末了，它能自动切断电动机的动作电路，并检查道岔密贴情况，接通表示电路以反映道岔所处的正确位置。

接线端子：采用德国笼式弹簧的 2 线接线端子，由于接线部分没有螺纹连接，使用中无须检查或重新拧紧，能抗振动和冲击力，是一种免维护的接线端子。

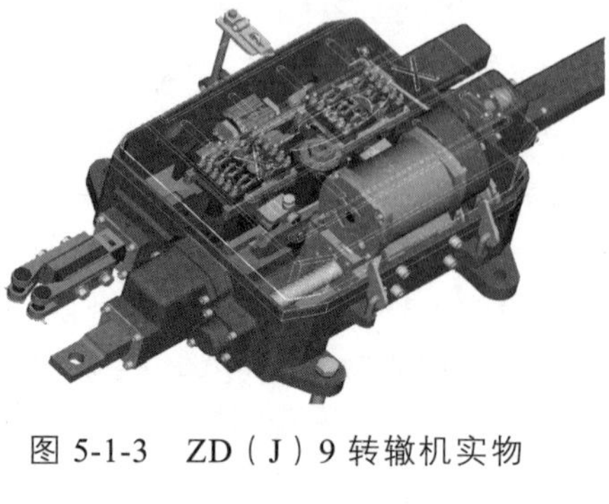

图 5-1-3　ZD（J）9 转辙机实物

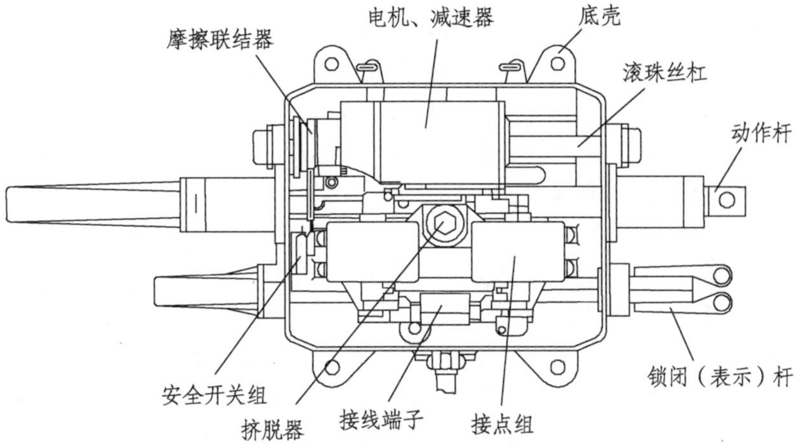

图 5-1-4　ZD（J）9 型电动转辙机结构图

ZD（J）9 转辙机传动原理：

（1）电动机接通电源后，电机上的小齿轮通过齿轮箱中的传动齿轮进行两级减速把动力传递到摩擦联结器的齿轮上。

（2）通过摩擦联结器中的内外摩擦片的摩擦作用，齿轮的旋转运动的力稳定地传递到滚珠丝杠上。滚珠丝杠把传动齿轮的旋转运动转换成与丝杠联结的推板套的水平运动。

（3）推板套水平运动，推动安装在动作杆上的锁块，在锁闭铁的辅助下使动作杆水平运动，完成道岔的锁闭功能。

（三）ZYJ7 转辙机设备组成结构

ZYJ7 型电液转辙机由主机和 SH6 型转换锁闭器两部分组成，分别用于第一牵引点和第二牵引点。

ZYJ7 型转辙机主机由电动机、油泵、油缸、启动油缸、接点系统、锁闭杆、动作杆等部分组成。SH6 型转换锁闭器（副机）主要由油缸、挤脱接点组、表示杆、动作杆组成。

电动机：采用三相异步电动机，将电能转换为机械能，为整体提供动力，该电动机增加了惯性轮，保证转辙机转换到位后开闭器接点不颤动。

油泵：油泵是系统中的动力元件，用来把机械能转换为液压能。它采用斜盘式双向柱塞泵，额定压力为 16 MPa，排油量为 2.1 mL/r。

油缸：又称液压缸，它是液压系统中的执行元件，通过动作杆将液压能转变为机械能的转换装置，用于直线的往复运动。通过动作杆的伸出和拉入带动道岔尖轨横向移动。

启动油缸：在主机体内和主油缸并联使用，它不带动执行元件工作，而是空动。在启动电路动作后，为使电动机在规定时间内达到额定转速，防止启动电流过大，烧毁启动保险，电动机必须在无压力或低力的情况下开始运转，所以必须设启动油缸。

溢流阀：溢流阀由阀体、阀座、阀芯、顶杆、密封螺母、弹簧、弹簧座、螺钉、螺母和 O 型圈等部分组成。它的作用是维持系统中压力近于恒定，同时使系统中多余的油液，通过阀体溢回油箱。液压系统过载时溢流阀起安全保护作用，所以又称安全阀。为了减少维修调整工作量，出厂时将溢流阀压力调至 10 ~ 11 MPa，现场一般不应调整溢流阀。

调节阀：设在主机机壳后部外侧立面上，用来调节副机油缸油量的大小，改善副机油缸与主机油缸在转换道岔时的同步性。

节流阀：设在主机活塞杆的两端，用来调节进入主机油缸液压油的流速。

滤油器：也称滤芯，用合金粉末压铸制成，作用是防止杂物进入溢流阀及油缸，造成油路卡阻，进而保证油路系统的可靠性。

单向阀：由阀体、空心螺栓、钢球、O 型圈和挡圈组成，它的作用相当于电路中二极管单向导电，使油路中的液体仅向一个方向流动，而不能反向流动。

推板：嵌在油缸套上的矩形钢板，其大部分嵌在缸套内，斜面凸起漏在缸套外面。凸起的斜面动作时推动锁块，从而使动作杆运动。

动作杆：方形动作杆上装有两个活动锁块，与油缸侧面的推板配合工作。

锁闭杆：主机的伸出与拉入位置各设一根锁闭杆，外端通过长、短外表示杆与尖轨相连。

表示杆：副机的伸出与拉入位置各设一根表示杆，外端通过长、短外表示杆与尖轨相连。

接点组：电液转辙机可采用普通自动开闭器，也可采用沙尔特堡 S800aW40 速动开关，同样有 4 排接点，3、4 排为静接点，1、2 排位动接点。

挤脱器：安装在 SH6 型转换锁闭器上。挤脱器与锁闭铁经定力机构与机壳连在一起。当道岔被挤锁闭铁位移，转换接点组断开表示电路，及时给出挤岔表示。

ZYJ7 转辙机动作原理：

电机经联轴器带动油泵逆时针方向旋转，由于活塞杆固定不动，而油缸左腔为高压，所以油缸向左移动。油缸侧立面固定着动作板和推板，当油缸向左移动 1.4 mm 时，动作杆的斜面开始推动接点组的滚轮；当油缸移至 17.4 mm 时，接点组转动 28° 断开原表示接点；油缸动作 25 mm 时，油缸侧面的推板开始接触反位锁块，同时推板将定位锁块解锁。

油缸走完了解锁动程，继续向前移动，推板推动反位锁块的作用面，将动作杆向反位移动。由于动作杆的移动，定位锁块被锁闭铁推进油缸侧面推板旁的空隙内，当油缸继续转换到反位锁块与锁闭铁的锁闭面将要作用时，再走 15.2 mm，将反位锁块推入锁闭铁的反位锁闭面。此时，动作杆的行程为 7.6 mm，因此，在锁块转动时，加在动作杆上的转换力可增加一倍。

当尖轨密贴基本轨时，油缸走完转换动程，推板进入反位锁块的锁闭面，此时动作杆不动作，油缸继续动作的锁闭动程为 17.4 mm。当油缸再动作至锁闭动程的 23.6 mm 时，接点组的启动片在弹簧动作下快速掉入动作板上速动片圆弧内，快速切断电动机电源，并接通反位表示。

（四）ZY4 转辙机设备组成结构

ZY4 转辙机组成结构参照 ZYJ7 转辙机设备组成结构。ZY4 转辙机实物如图 5-1-5 所示。SH5 转换锁闭器如图 5-1-6 所示。

图 5-1-5　ZY4 转辙机

图 5-1-6　SH5 转换锁闭器

三、实训要求

（一）实训时间

4 个课时。

（二）实训形式

学生每 5 人组成 1 个工作小组，各小组制定实施方案及工作计划。组长协助教师指导本组学生学习，检查实训作业进度和质量，制定改进措施，共同完成项目任务。

（三）安全注意事项

（1）未经教师或管理员允许不得擅自操作。
（2）为防止触电，不得触碰组合架上除断路器开关、控制盘以外的任何位置。

（3）转辙机动作时，为防止夹伤，不得靠近道岔区域。
（4）转辙机转换操作时，要在转换到位后才可进行下一步操作。
（5）须严格按照上电顺序进行上电。

（四）工器具材料准备

（1）防护用品：防滑鞋、绝缘手套、工作服等。
（2）工具：套筒、万用表等。
（3）个人用品：笔、笔记本等。

四、实训作业步骤

表 5-1-1　实训作业步骤

步骤	具体内容	工具	注意事项	配图
1	实训人员穿戴防护用品，携带套筒、笔记本等工具至现场	套筒、万用表、笔记本	—	—
2	认知现场转辙机组成结构； （1）ZD6 转辙机：对照现场 ZD6 转辙机，分别认知电动机、减速器、摩擦联结器、主轴、动作杆、表示杆、移位接触器、外壳等。 （2）ZD（J）9 转辙机：对照现场 ZD（J）9 转辙机，分别认知电动机、减速器、摩擦联结器、滚珠丝杠、推板套、动作板、锁块、锁闭铁、接点座、动作杆、锁闭（表示）杆等零部件。 （3）ZY4 转辙机：对照 ZY4 转辙机，分别认知主机电动机、油泵、油缸、启动油缸、接点系统、锁闭杆、动作杆等部分；SH5 型转换锁闭器（副机）油缸、挤脱节点、表示杆、动作杆等。 （4）ZYJ7 转辙机：对照 ZYJ7 转辙机，分别认知主机电动机、油泵、油缸、启动油缸、接点系统、锁闭杆、动作杆等部分，以及 SH6 型转换锁闭器（副机）油缸、挤脱节点、表示杆、动作杆等	—	—	—
3	认知转辙机控制柜： （1）认知控制柜中零层、控制组合、道岔控制盘、信号电源等相关设备。 （2）参照转辙机原理图，对应控制柜中设备	—	—	 图 5-1-7　ZD6 电动转辙机控制柜
4	开启实训终端，登录软件界面，按照上电顺序将组合柜上电	—	组合柜上电后注意安全	—

续表

步骤	具体内容	工具	注意事项	配图
5	观察此时转辙机及对应的继电器的状态，同时结合实训软件→知识学习→动态电路图，观察此时电路图电流路径走向	—	注意观察继电器的瞬时动作	—
6	操作控制柜中转辙机控制盘中按钮，控制转辙机状态转换，观察此时继电器的状态变化，同时结合动态电路图，观察电路图电流路径走向	—	注意观察继电器的瞬时动作	—
7	按照断电顺序关闭实训设备，恢复实训现场	—	—	—

五、实训考核标准

表 5-1-2　实训考核标准

项目	标准	配分	得分
转辙机组成	能够简述转辙机组成及主要单项设备作用	50	
转辙机控制柜	能够简述转辙机控制柜组成及各项设备作用	10	
转辙机电路图	能够将转辙机电路图中设备与现场设备一一对应	20	
	能够掌握转辙机在不同状态时各继电器状态	20	

六、思考题

ZD6、ZD（J）9、ZYJ7、ZY4 转辙机分别运用于哪些场所？除这些转辙机外还有哪些常见型号转辙机？

任务二　ZD6、ZD（J）9 电动转辙机，ZYJ7 电液转辙机的拆装、调试及动作测试

一、实训目的

（1）掌握 ZD6、ZD（J）9 电动转辙机，ZYJ7 电液转辙机的拆装流程。
（2）掌握 ZD6、ZD（J）9 电动转辙机，ZYJ7 电液转辙机的调试方法。
（3）掌握 ZD6、ZD（J）9 电动转辙机，ZYJ7 电液转辙机的动作测试方法。

二、理论链接

（一）拆装

ZD6 转辙机拆装流程如图 5-2-1 所示。

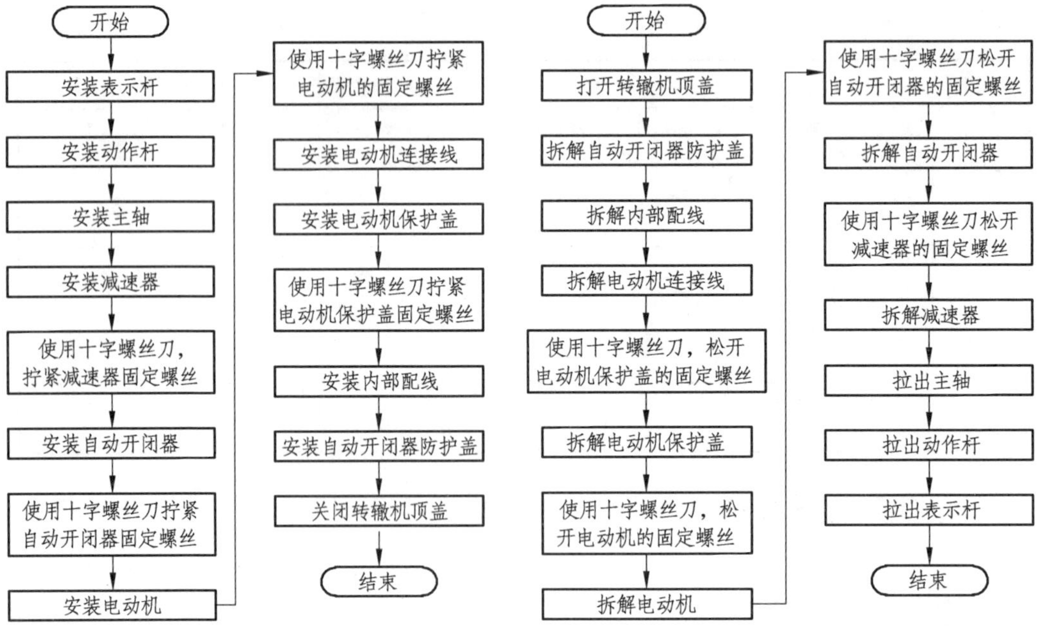

（a）ZD6 转辙机安装流程　　　　（b）ZD6 转辙机拆卸流程

图 5-2-1　ZD6 转辙机拆装流程

ZD（J）9转辙机拆装流程如图5-2-2所示。

（a）ZD（J）9 转辙机安装流程　　　　（b）ZD（J）9 转辙机拆卸流程

图 5-2-2　ZD（J）9 转辙机拆装流程

ZYJ7 转辙机拆装流程如图 5-2-3 所示。

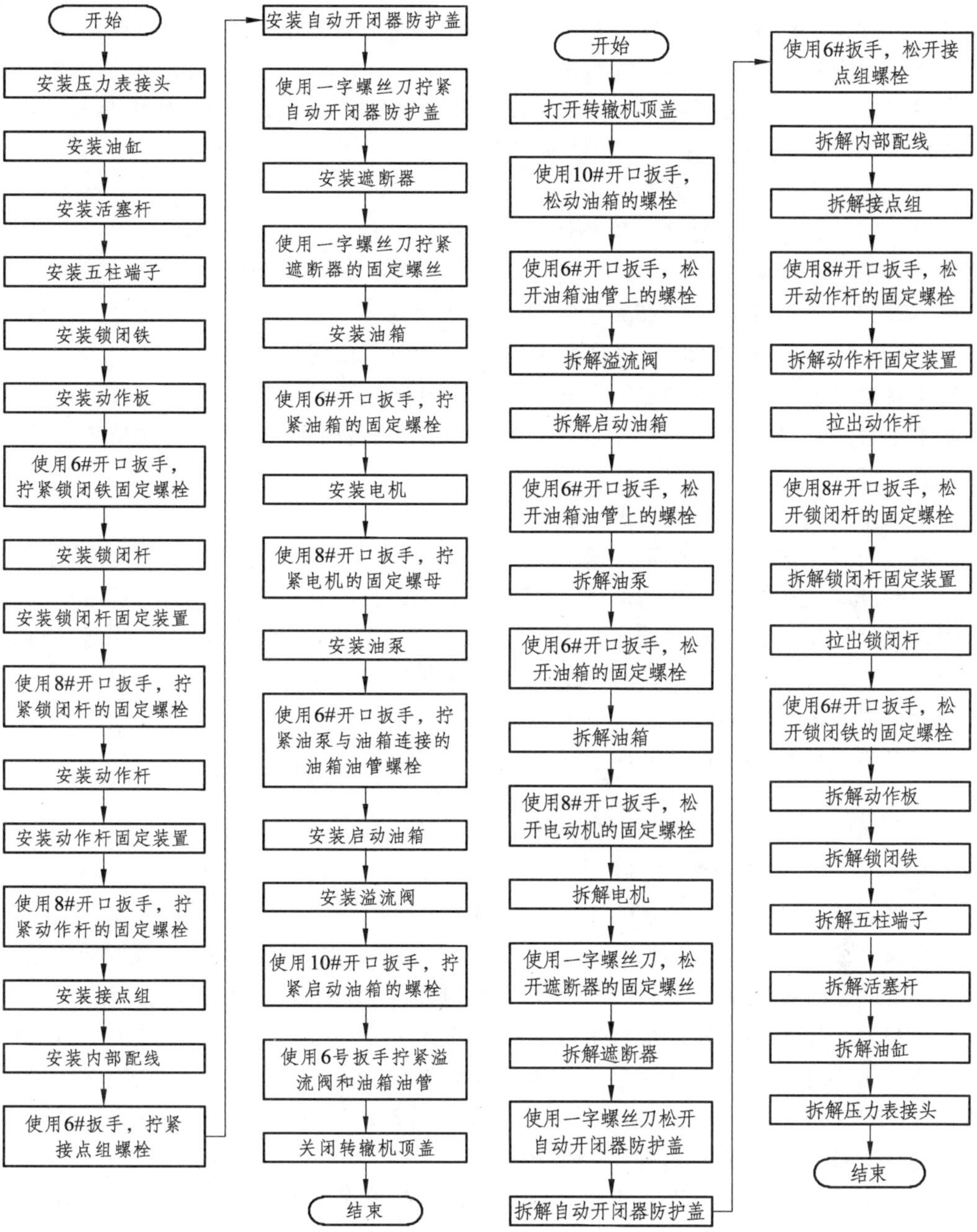

（a）ZYJ7 转辙机安装流程　　（b）ZYJ7 转辙机拆卸流程

图 5-2-3　ZYJ7 转辙机拆装流程

（二）调试

1. ZD6 转辙机调试

第一步：道岔密贴调整。

转动道岔，检查道岔定、反位是否密贴，尖轨与基本轨间是否有离隙或尖轨是否有反弹的现象。到道岔定位或反位有离缝时，调整相应位置的密贴调整杆，将密贴调整螺母按顺时针方向旋转，宏观密贴后加 2 mm 检查片锁闭、4 mm 不锁闭或不能接通表示；如道岔反弹严重，则将密贴调整螺母按逆时针方向旋转，密贴后加 2 mm 检查片锁闭、4 mm 不锁闭或不能接通表示。

第二步：道岔缺口调整。

转动道岔，检查道岔缺口是否达标，主机定、反位为 1.5 mm+0.5 mm，副机为小于 7 mm。当道岔缺口的主缺口变化或副缺口变化，应该先调整道岔的主缺口，然后再调整道岔的副缺口。调整主缺口时将道岔转到主缺口的位置（转辙机伸出位置），松开表示杆调整螺母，调整大螺母；调整副缺口时，应将道岔转到副缺口的位置（转辙机拉入位置），松开外表示杆与机内表示连接杆接头螺母，拧下表示杆的防护袖套进行调整。调整完毕后，对各部螺丝进行紧固，同时应再次检查道岔的缺口有无变化。

第三步：道岔故障电流的调整。

将万用表（电流表）旋至直流 5 A 挡位，拉开遮断器，红表笔夹在遮断器的 3 端子，黑表笔夹在遮断器的 4 端子，转动道岔。道岔的定、反位主机在夹 4mm 检查片时，道岔不锁闭，故障电流应在 2.3~2.9 A。当故障电流小或大时，应用扳手调整摩擦联结器弹簧的螺母，故障电流大时松动摩擦联结器弹簧的螺母，故障电流小时拧紧摩擦联结器弹簧的螺母，观察万用表，直到调整达标为止。

第四步：检查各部螺丝紧固。

2. ZYJ7 转辙机调整

第一步：故障油压调整。

首先调整故障油压，应该在 10~12.5 MPa，其调整点在液压调整阀门处，将六角锁芯用磁铁吸出，松动阀门根部螺母，然后进行调整，需要升高油压向反时针调整，降低油压向顺时针调整。调整完毕后，需要拧紧阀门根部螺母，然后将六角锁芯放入。

调整溢流压力时，需要检查道岔的转换油压（在 9 MPa 以下），如大于 9 MPa 应检查是否存在影响道岔正常转换的隐患，如道岔滑床板清扫不良（立即进行彻底清扫注油，保持道岔油润）、道岔不方正或固定道岔的灰枕窜动（需要联系工务人员进行方枕处理）、道岔尖轨反弹（需要联系工务人员现场共同确认尖轨是否存在病害，是否需要更换尖轨或工务进入弯轨进行处理，消除设备隐患）。

第二步：开程的调整。

通过调整转辙机动作杆与外锁闭杆之间动作连杆的长短，可调整道岔两侧的开程（相差不超过 3 mm），然后适当在尖轨连杆与尖轨间增加调整片，将开程调整在规定值。主机调整为 160 mm±3 mm，副机为 75 mm±3 mm。

第三步：调整道岔的密贴。

密贴过紧，会造成道岔不解锁或不锁闭；密贴过松，会造成道岔 4 mm（主机）或 6 mm（副机）锁闭，危及行车安全。因此，道岔密贴的调整要松紧适度，既要保证尖轨密贴，又要保证道岔锁闭及解锁正常，同时保证道岔主机 2 mm 锁闭、4 mm 不锁闭或不接通表示（副机 4 mm 锁闭、6 mm 不锁闭）。

道岔密贴的调整要通过增减锁框与锁闭铁之间密贴调整片进行。首先道岔转到另一位置，将锁闭铁固定螺丝松开，通过道岔过松增加加减片、道岔过紧减少加减片来进行调整，同时保证道岔主机 2 mm 锁闭、4 mm 不锁闭或不接通表示（副机 4 mm 锁闭、6 mm 不锁闭）。

第四步：道岔缺口调整。

道岔的缺口标准为 2 mm ± 0.5 mm，副机的缺口标准为 4 mm ± 1.5 mm。

以调整主机短杆为例，如缺口大于 2.5 mm，则应调整短表示杆的大螺母，调整道岔缺口在规定范围内；如缺口小于 1.5 mm，则应调整短表示杆的大螺母，按照顺时针旋转大螺母，调整道岔缺口至规定范围内，然后固定短表示杆的大螺母。在调整时要检查机内与机外的缺口，应保持一致。

第五步：检查各部螺丝是否紧固。

（三）测试

1. ZD6 转辙机

（1）工作电流。拉开安全接点（遮断器），用电流表直流 5 A 挡位，红表笔夹安全接点 05，黑表笔夹安全接点 06，转动道岔，所测得的电流即为道岔定位（或反位）的工作电流。

（2）检查道岔 2 mm 锁闭良好。拉开安全接点（遮断器），用万用表直流 5 A 挡位，红表笔夹安全接点 05，黑表笔夹安全接点 06，转动道岔，在定位（或反位）尖轨尖端处夹 2 mm 铁板，道岔应锁闭，动接点应到达规定位置，说明道岔 2 mm 锁闭良好。

（3）测试摩擦电流。拉开安全接点（遮断器），用万用表直流 5 A 挡位，红表笔夹安全接点 05，黑表笔夹安全接点 06，转动道岔，在定位（或反位）尖轨尖端处夹 4 mm 铁板，道岔应不锁闭或不能接通表示，所测得的电流即为道岔定位（或反位）的摩擦电流（双机牵引的道岔应测试 J 机的 4 mm 锁闭、6 mm 不锁闭电流）。

（4）测试道岔电机转子电阻。拉开安全接点（遮断器），用万用表电阻 ×1 挡位，在小电机接线柱 3、4 端子测试，慢慢转动电机的转子，所测得的电阻即为转子电阻，其阻值应在 5 Ω左右。

（5）测试工作电压。合上安全接点（遮断器），用万用表直流 250 V 挡位，在小电机的接线端子柱 1、4 端子（或 2、4 端子）测量，所测得的电压即为工作电压。

2. ZYJ7 转辙机

（1）测试工作电压。取下溢流阀的防护帽，将两块油压表分别连接在溢流阀上，转动道岔，所测的油压即为道岔定位（或反位）的工作压力，工作压力应为 5 ~ 9 Mpa。转动道岔，在定位（或反位）尖轨尖端夹 2 mm 铁板，道岔应锁闭，动接点应到达规定位置，说明道岔 2 mm 良好。

（2）测试溢流压力。转动道岔，在主机定位（或反位）尖轨尖端处夹 4 mm 铁板，道岔应不锁闭，所测得的油压即为道岔定位（或反位）的溢流压力（副机夹 4 mm 锁闭、6 mm 不锁闭）。溢流压力应调整为 10 ~ 12.5 Mpa。

（3）测试工作电压。将万用表旋至交流 500 V 挡位，道岔由反位向定位转动时，表笔分别夹在电缆盒的 2#、5#端子上，转动道岔，所测得的电压即为 BC 相间电压，电压应在 380 V 左右；表笔分别夹在电缆盒的 1#、5#端子上，转动道岔，所测得的电压即为 AC 相间电压，电压应在 380 V 左右；表笔分别夹在电缆盒的 1#、2#端子上，转动道岔，所测得的电压即为 AB 相间电压，电压应在 380V 左右。

三、实训要求

（一）实训时间

4 个课时。

（二）实训形式

学生每 5 人组成 1 个工作小组，各小组制定实施方案及工作计划。组长协助教师指导本组学生学习，检查实训作业进度和质量，制定改进措施，共同完成项目任务。

（三）安全注意事项

（1）未经教师或管理员允许不得擅自操作。

（2）为防止触电，不得触碰组合架上除断路器开关、控制盘以外的任何位置。

（3）转辙机动作时，为防止夹伤，不得靠近道岔区域。

（4）转辙机转换操作时，要在转换到位后才可进行下一步操作。

（5）须严格按照上电顺序进行上电。

（四）工器具材料准备

（1）防护用品：防滑鞋、绝缘手套、工作服等。

（2）工具：套筒，万用表扳手，手锤，专用注油器，液压专用工具，2 mm、4 mm、6 mm 密贴实验板，液压油，机油等。

（3）个人用品：笔、笔记本等。

四、实训作业步骤

表 5-2-1　实训作业步骤

步骤	具体内容	工具	注意事项
1	实训人员穿戴防护用品，携带工具至现场	—	—
2	按照拆装流程对转辙机进行拆装	套筒、万用表、扳手、螺丝刀等	须严格按照上电顺序进行上电
3	按照调试流程对转辙机进行调试	套筒，万用表，扳手，手锤，2 mm、4 mm、6 mm 实验板等	转辙机转换操作时，要在转换到位后才可进行下一步操作
4	对转辙机设备按标准进行动作测试，填写测试记录表	万用表，2 mm、4 mm、6 mm 实验板等	转辙机动作时，为防止夹伤，不得靠近道岔区域

表 5-2-2　ZD6 转辙机测试表

ZD6 电动转辙机 I 级测试记录表																
道岔号	工作电压/V		工作电流/A		摩擦电流/A		2 mm		4 mm		6 mm		转子电阻/Ω	测试人	测试日期
	定位	反位	定位	反位	定位	反位	定位	反位	定位	反位	定位	反位			
1#	220	215	0.6	0.7	2.3	2.4	√	√	√	√			4		8.17

表 5-2-3　ZYJ7 转辙机测试表

ZYJ7 电动转辙机 I 级测试记录表													
道岔号	工作电压/V			工作压力（5~9 MPa）		溢流压力（≤14 MPa）		2 mm		4 mm		测试人	测试日期
	AB	BC	CA	定位	反位	定位	反位	定位	反位	定位	反位		
	380	382	380	5	6	11.5	12	√	√	√	√		8.17

五、实训考核标准

表 5-2-4　实训考核标准

项目	标准	配分	得分
拆装流程	能够按标准对转辙机正确拆装	40	
调试流程	能够按标准流程对转辙机调试	30	
测试流程	能够按照标准流程对转辙机进行动作测试，并正确填写测试表	30	

六、思考题

转辙机自动开闭器、表示杆、动作杆的作用分别是什么？

任务三　ZD6 电动转辙机的日常养护及故障处理

一、实训目的

（1）掌握 ZD6 电动转辙机日常养护标准流程。

（2）学会分析常见故障现象以及可能出现的故障点。

（3）掌握故障处理流程及方法。

二、理论链接

（一）日常养护、集中养护

铁路信号设备维护工作由维修、中修、大修三部分组成。信号设备维修是对信号设备进行的日常养护和集中检修。通过维修，保持设备性能，预防设备故障，使设备经常处于良好运用状态。

作业目的：通过设备养护，克服设备缺点，消除设备隐患，确保设备运用质量符合标准。

作业流程：作业前准备工作→登记联系→日常养护→复查试验→销记→总结。

ZD6 系列电动转撤机检修作业程序及质量标准如表 5-3-1 所示。

表 5-3-1　ZD6 系列电动转辙机检修作业程序及质量标准

修程	工作步骤	工作内容及质量标准	工具	注意事项
日常养护	设备外观检查	（1）箱盒无破损，蛇管、加锁装置良好。 （2）基础倾斜度不超过 10 mm，箱盒底距地面不少于 150 mm，排水良好。 （3）各螺栓油润、紧固、满帽。 （4）硬面整洁无杂物	套筒、卷尺、手锤、油壶等	（1）注意箱盒、蛇管、加锁装置外观整洁良好。 （2）注意螺栓勿松动
	转辙机外部检查	（1）防护罩及各部无缺损，加锁装置良好。 （2）设备各名称及定位标志清晰正确。 （3）各部螺栓油润、紧固、满帽	套筒、手锤、油壶等	（1）注意转辙机外部各标志应显示清晰。 （2）注意螺栓勿松动
	安装装置检查	（1）安装装置的紧固件、开口销、连接销、表示杆、动作杆、螺母，应齐全、不松动，放松措施良好，开口销角度应不大于 60°，两臂劈开角度应一致。 （2）转换设备中的各种传动拉杆、表示连接杆及导管等的螺纹部分内、外调整余量应不小于 10 mm；表示杆的销孔旷量应不大于 0.5 mm；其余销孔旷量应不大于 1 mm。 （3）动作杆、表示杆及安装装置的各连接销、摩擦面应油润。 （4）密贴调整杆的空洞距离应在 5 mm 以上。 （5）穿越轨底的各种杆件，距轨底的静距离应大于 10 mm，距离石砟不少于 20 mm。 （6）安装装置绝缘完整	套筒、卷尺、量规、塞尺等	（1）注意各安装装置勿松动。 （2）注意表示杆和其余部分不同销孔旷量区分。 （3）注意调整杆密贴调整良好

续表

修程	工作步骤	工作内容及质量标准	工具	注意事项
日常养护	道岔状况检查	（1）设备无外界干扰和异状，尖轨和基本轨间无异物。 （2）道岔密贴状态良好，尖轨、基本轨飞边不得影响道岔的密贴。道岔尖轨无反弹、无弓背、划床板清洁油润。根据季节变换，道岔定期使用冬用机油、夏用机油。 （3）道岔安装方正。 ① 密贴调整杆、表示杆、尖端杆，第一连接杆与直股基本轨相垂直，各杆的两端间与直股基本轨或中心线垂直偏差均不大于 20 mm。 ② 电动机转辙机机壳纵侧面的两端间与直股基本轨或中心线垂直偏差均不大于 10 mm。 ③ 各种道岔拉杆水平方向的两端高低偏差不大于 5 mm（以两基本轨工作面为基准）	油壶、卷尺、水平仪等	（1）注意道岔密贴调整。 （2）注意防止尖轨与基本轨间有异物
集中养护	排动道岔核对位置，转辙机内部维修	（1）机件安装牢固、完整，无裂纹、无异状，机内防水、防尘良好，无锈蚀。 （2）内部螺丝紧固，配线良好、整洁、无破皮及混线可能，焊点焊接良好。 （3）安全接点接触良好，在插入手摇把或钥匙时可靠断开，非经人工恢复不得接通电路。 （4）电动机碳刷与换向器接触面积不少于碳刷面积的 3/4（同心弧面接触），碳刷长度不小于碳刷全长的 3/5；换向器表面光滑干净，换向器片间的绝缘物不得高出换向器的弧面。碳刷引线完好无损，碳刷帽不松动。 （5）摩擦带与内齿轮伸出部分保持清洁，不锈蚀、不沾油。 （6）摩擦联结器作用良好，相邻弹簧圈间隙不少于 1.5 mm，弹簧不得与夹板接触。 （7）自动开闭器弹簧弹力适当，动接点在静接点内的接触深度不少于 4 mm，动接点与静接点座间隙不少于 3 mm，速动爪落下前动接点在静接点内有窜动时，应保证接点接触深度不少于 2 mm，自动开闭器动接点的摆动量（用手扳动）不大于 3.5 mm。接点磨耗不超过厚度的 1/2，接点无氧化物、无烧损。	油壶、电烙铁、塞尺、套筒等	（1）注意内部螺丝勿松动。 （2）注意摩擦联结器相邻弹簧圈间隙。 （3）注意表示杆表示缺口要求。 （4）注意齿轮装置的齿轮啮合状态

续表

修程	工作步骤	工作内容及质量标准	工具	注意事项
集中养护	排动道岔核对位置，转辙机内部维修	（8）速动爪与速动片的间隙在解锁时不少于 0.2 mm，锁闭时为 1~3 mm；速动爪的滚轮落下后不得与启动片缺口底部相碰，应有 0.5 mm 以上间隙。 （9）表示杆定、反位缺口要求：ZD6-A、D、E、F、G 型，ZD7 型为 1.5 mm±0.5 mm；ZD6-J 型缺口间隙不大于 7 mm；用于牵引脱轨器的 ZD6 系列电动转辙机，其检查柱落入检查块缺口内两侧间隙为 3 mm±1 mm。 （10）取出主挤切销手摇道岔时，移位接触器接点应可靠断开，非经人工恢复不得接通电路，其所加外力不得引起接点簧片变形。 （11）主挤切销、连接销无伤痕、无变形、无裂纹，标记清楚正确。 （12）齿轮装置的各齿轮间啮合良好，转动时不磨卡，无过大噪声。 （13）机内重点部位清扫注油	油壶、电烙铁、塞尺、套筒等	（1）注意内部螺丝勿松动。 （2）注意摩擦联结器相邻弹簧圈间隙。 （3）注意表示杆表示缺口要求。 （4）注意齿轮装置的齿轮啮合状态
	箱盒内部检查	（1）箱盒内部清洁，防尘、防潮设施良好，铭牌齐全、正确，字迹清楚。 （2）箱盒内部螺丝紧固，配线良好、整洁、无破皮及混线可能，焊点焊接良好。 （3）器材类型正确，无过热现象，不超期，印封完整，安装牢固，防震、防脱设施良好。 （4）图纸、资料保存完好，与实物相符，无涂改	扳手、手锤等	（1）注意内部螺丝勿松动。 （2）注意防止内部配线断线
	扳动试验、Ⅰ级测试	（1）扳动道岔时各部动作灵活、稳定，无异声，无异状，碳刷无过大火花。 （2）扳动试验。 （3）冬季将道岔故障电流调至中间值，春季调到高限值，进行Ⅰ级测试并记录。 （4）道岔位置核对、销记，设备加锁	万用表等	（1）注意万用表挡位的调节，同时避免用手触碰表笔的金属部分。 （2）注意道岔动作灵活

（二）故障处理

1. 区分室内外故障

以道岔在定位，定位—反位操纵不动时为例。由定位—反位单独操纵道岔，在分线盘上测试 X2、X4（反位—定位测试 X1、X4）间有电压，说明启动电路室外故障；无电压说明室内故障。

2. 结合“电压法”推断具体故障点

万用表交流电压 250V 挡，一只表笔放在 KF 端子点，另一只表笔顺序从 KZ—分线盘路径依次测量，当从有电压变为无电压时，就是该电路的故障点。

三、实训要求

（一）实训时间

4 个课时。

（二）实训形式

学生每 5 人组成 1 个工作小组，各小组制定实施方案及工作计划。组长协助教师指导本组学生学习，检查实训作业进度和质量，制定改进措施，共同完成项目任务。

（三）安全注意事项

（1）未经教师或管理员允许不得擅自操作。

（2）在万用表使用过程中，注意万用表挡位的调节，同时避免用手触碰表笔的金属部分。

（3）须严格按照上电顺序进行上电。

（四）工器具材料准备

（1）防护用品：防滑鞋、绝缘手套、工作服等。

（2）工具：手锤、油壶、套筒、万用表等。

（3）个人用品：笔、笔记本等。

四、实训作业步骤

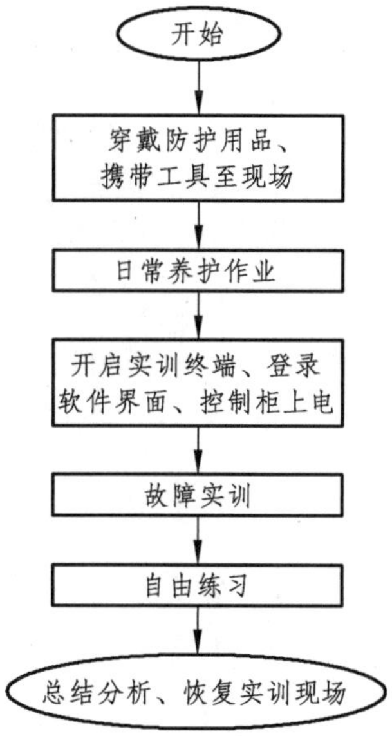

图 5-3-1　实训流程图

表 5-3-2　实训作业步骤

步骤	具体内容	工具	注意事项
1	实训人员穿戴防护用品，携带套筒、万用表等工具至现场	套筒、万用表	—
2	按照流程对转辙机设备进行标准维护作业	手锤、钢卷尺、手摇把、套筒	转辙机动作试验时，勿接触转辙机
3	开启 ZD6 转辙机实训终端，登录软件界面，如图 5-3-2 所示，按照上电顺序将组合柜上电	—	组合柜上电后注意安全
4	改变转辙机状态（定位—反位），观察各继电器的状态变化，同时结合实训软件→知识学习→动态电路图，如图 5-3-3 所示，观察此时电路图电流路径走向	—	注意观察继电器的瞬时动作
5	故障实训，如图 5-3-4 所示： （1）点击故障实训→右键点击故障点→观察相关继电器变化→点击右侧状态按钮→观察相关继电器变化。 （2）集中监测→查看实时值、实时曲线变化，使用“电压法”依次测量电路路径各端子点的电气参数值。 （3）按照顺序依次练习查找各故障点，观察故障现象，思考讨论故障点导致故障现象的原因	万用表	注意万用表挡位的调节，同时避免用手触碰表笔的金属部分
6	故障练习： （1）点击故障实训→自由练习→开始练习→填写练习时长、一次设置故障数、故障数目→确定。 （2）在分线盘测试电压，区分室内外故障。 （3）根据故障现象，参考转辙机电路图集中监测参数变化，结合“电压法”“导通法”或“电阻法”，推断具体故障点。 （4）点击对应故障点→确认故障→结束练习→查看考试详情。 （5）对答错故障点重新设置故障，重复练习加深记忆	万用表	注意万用表挡位的调节，同时避免用手触碰表笔的金属部分
7	讨论、总结转辙机可能出现的故障现象，恢复实训现场。	—	—

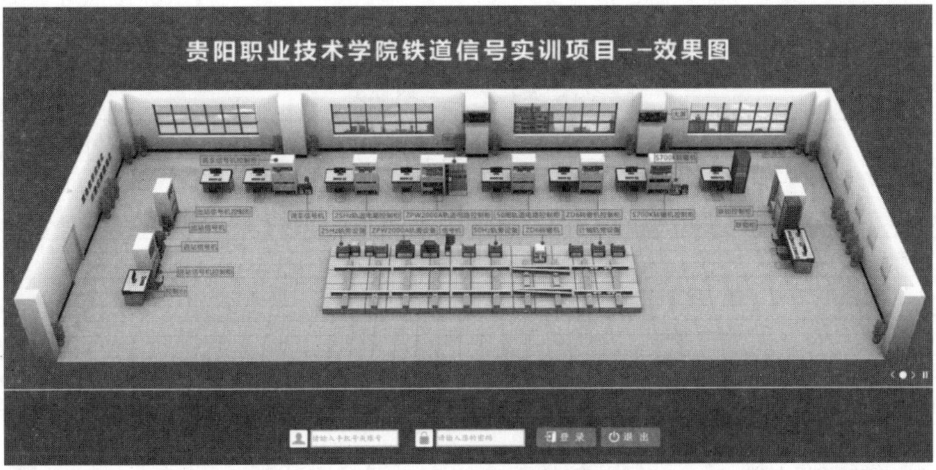

图 5-3-2　软件登录界面

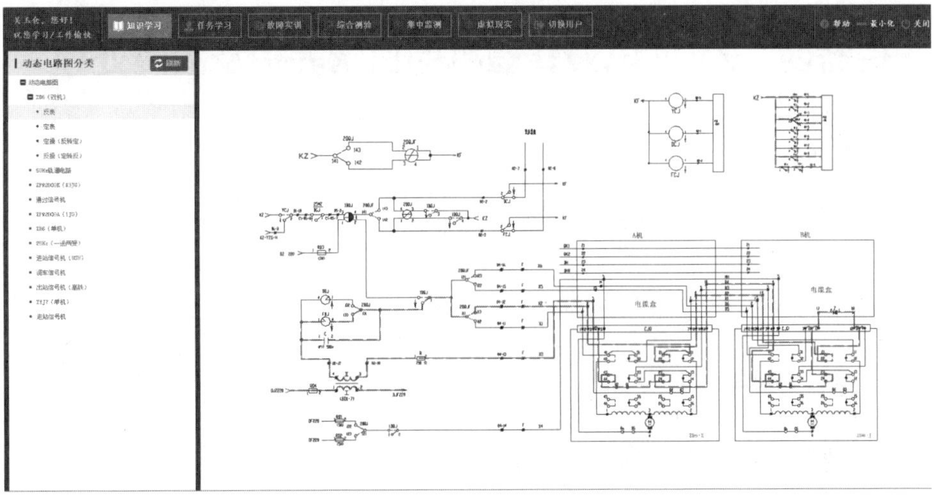

图 5-3-3　动态电路图

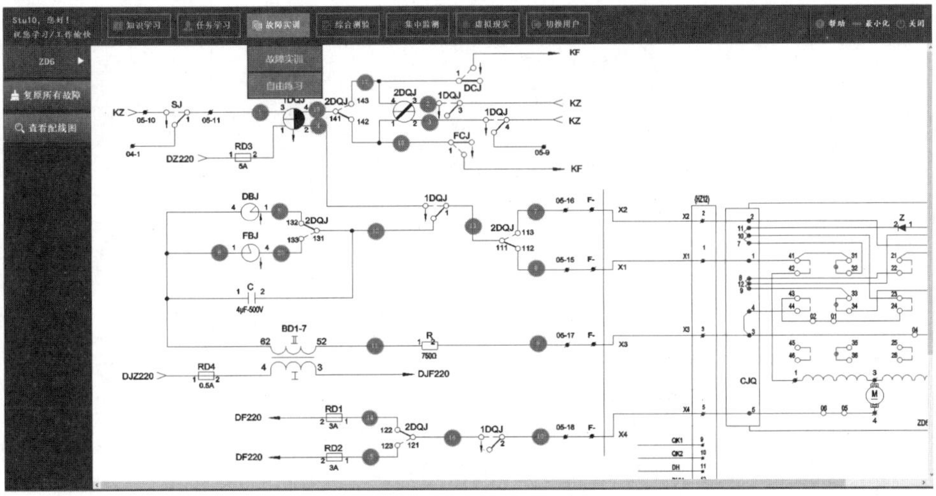

图 5-3-4　故障实训

五、实训考核标准

表 5-3-3 实训考核标准

项目	标准	配分	得分
转辙机日常养护	能够按照标准流程对转辙机进行日常养护作业	30	
故障类型判断	能够准确判断故障类型（短路、断路、混线）	15	
室内外故障区分	能够正确区分室内外故障	15	
故障点判断	能够准确推断出故障点	20	
综合测验达标	教师发布一场考试后，能够通过测试	20	

六、思考题

ZD6 转辙机故障时，如何判断故障点在室内还是室外？

任务四　ZYJ7 电液转辙机的日常养护及故障处理

一、实训目的

（1）掌握 ZYJ7 电液转辙机日常养护标准流程。
（2）学会分析常见故障现象对应故障点。
（3）掌握故障处理流程及方法。

二、理论链接

（一）日常养护、集中养护

表 5-4-1 ZYJ7 系列电液转辙机检修作业程序及质量标准

修程	工作步骤	工作内容及质量标准	工具	注意事项
日常养护	设备外观检查	（1）箱盒无破损，蛇管、加锁装置良好。 （2）基础倾斜度不超过 10 mm，箱盒底距地面不少于 150 mm，排水良好。 （3）各部螺栓油润、紧固、满帽。 （4）硬面整洁无杂物	卷尺、油壶等	（1）注意箱盒、蛇管、加锁装置外观整洁良好。 （2）注意螺栓勿松动
	转辙机外部检查	（1）防护罩及各部无缺损，加锁装置良好。 （2）设备名称及定位标志清晰正确。 （3）各部螺栓油润、紧固、满帽	手锤、油壶等	（1）注意转辙机外部各标志显示清晰。 （2）注意螺栓勿松动
	安装装置检查	（1）安装装置的紧固件、开口销、连接销、表示杆和锁闭杆螺母，应齐全、不松动，防松措施良好，开口销角度应大于 60°，两臂劈开角度应基本一致。	水平仪、油壶、套筒	（1）注意各安装装置勿松动。 （2）注意表示杆和其余部分不同销孔旷量区分。

续表

修程	工作步骤	工作内容及质量标准	工具	注意事项
日常养护	安装装置检查	（2）基础托板应安装牢固，连接轨枕的托板与两基本轨轨顶面的延长线平行，托板两端及两托板的高低偏差应不大于5 mm，固定螺栓紧固，无旧伤裂纹，铜轨内无石砟及杂物。 （3）各种杆件销孔旷动量应不大于1 mm，摩擦面应油润。 （4）安装装置各部绝缘完整、良好。道岔设备周围1m范围内无杂草、杂物	水平仪、油壶、套筒	（3）注意调整杆密贴调整良好
	外锁闭装置检查	（1）钩式外锁闭锁钩与锁闭杆接触的摩擦面及运动范围内无砂石、异物等，运动灵活，无卡阻。 （2）钩式外锁闭表示拉杆的接头与尖端铁的连接应紧固、不松动。 （3）钩式外锁闭锁钩、锁闭杆及锁闭铁应保持清洁、油润、无锈蚀。根据季节变换，道岔定期使用冬用机油、夏季机油。锁钩横向轴串效果良好，能自动调节锁钩转角。 （4）尖轨及心轨的锁闭量符合要求：尖轨、心轨第一牵引点锁闭量均≥35 mm，第二、三牵引点锁闭量均≥20 mm；锁闭量定、反位应均匀，其误差不大于2 mm	塞尺、油壶、套筒	（1）注意钩式外锁闭表示拉杆各部分连接勿松动。 （2）注意尖轨和心轨的锁闭量
	道岔状况检查	（1）设备无外界干扰和异状，尖轨和基本轨间无异物，槽钢内无杂物。 （2）道岔密贴状态良好，尖轨、基本轨飞边不得影响道岔密贴。 （3）道岔安装方正： ① 锁闭杆、表示杆与直股基本轨相垂直，各杆的两端间与直股基本轨或中心线垂直偏差均不大于10 mm。 ② 电转机机壳纵侧面的两端与直股基本轨或中心线垂直距离的偏差不大于5 mm。 ③ 各种道岔拉杆，其水平方向的两端高低偏差不大于5 mm（以两基本轨工作面为基准）。 （4）胶管总成外露部分及与槽钢进出口处防护设施齐全，转角处弯曲半径应不小于150 mm，进出口端应留有足够余量以避免列车震动受力，防护管槽钢固定牢固。胶管总成外层橡胶无较大龟裂	手锤、量规、卷尺、套筒	（1）注意道岔密贴调整。 （2）注意防止尖轨与基本轨间有异物。 （3）注意胶管总成外层橡胶状况良好

续表

修程	工作步骤	工作内容及质量标准	工具	注意事项
集中养护	排动道岔核对位置，转辙机内部检修	（1）机件安装牢固、完整，无裂纹、无异状。机内防水、防尘良好，无锈蚀，内部螺丝紧固，配线良好、整洁、无破皮及混线可能。 （2）遮断器的常闭接点应接触良好，在插入手摇把时，常闭接点应能可靠断开。手摇把取出后，非经人工恢复不得接通常闭接点。 （3）动接点与静接点接触良好，接触深度不小于 4 mm，用手扳动接点，其摆动量不大于 2 mm。动接点打入静接点时，与静接点座应保持 3 mm 以上间隙；启动片落下前，动接点在静接点内窜动时，应保证接点接触深度不小于 2 mm。 （4）当滚轮在动作板上滚动时，启动片尖与速动片的间隙为 0.3~1.3 mm。 （5）启动片不得与动作板或动作板上的盖板相磨卡。当转辙机转换终了，启动片尖端离开速动片时，应快速切断动作接点。 （6）锁闭杆与锁闭杆缺口两侧的间隙：外锁闭为 2 mm ± 0.5 mm；内锁闭为 1.5 mm ± 0.5 mm；检查柱与表示杆检查块缺口为 4 mm ± 1.5 mm。 （7）滚轮在动作板上应滚动灵活，落下时滚轮与动作板底部不受力，并与动作板斜面有 0.5 mm 以上间隙。 （8）在动作杆、表示杆、锁闭杆正常伸出或拉入过程中，拉簧弹力适当，作用良好，保证动接点迅速转接并带动锁闭柱、检查柱上升和下落。 （9）当锁闭（检查）柱因故落在锁闭（表示）杆上平面时，动接点环的断电距离应不小于 2.5 mm，与另一侧接点距离不小于 2.0 mm。 （10）检查油缸及各密封部位是否漏油，油量应在游标上下限之间，不足时，用专用注油器由注油孔将 YH-10 航空液压油注入油箱，使油面至油标上限，注油时防止杂物进入油箱	量规、塞尺、扳手	（1）注意内部螺丝勿松动。 （2）注意动接点与静接点接触深度。 （3）注意启动片尖端与速动片的间隙。 （4）注意遮断器的常闭接点接触状态。 （5）注意防止油缸及各密封部位漏油

续表

修程	工作步骤	工作内容及质量标准	工具	注意事项
集中养护	箱盒内部检修	（1）箱盒内部清洁，防尘、防潮设施良好，铭牌齐全、正确，字迹清楚。 （2）箱盒内部螺丝紧固，配线良好、整洁、无破皮及混线可能，焊点焊接良好。 （3）器材类型正确，无过热现象，不超期，印封完整，安装牢固，防震、防脱设施良好。 （4）图纸、资料保存完好，与实物相符，无涂改	油壶、电烙铁、扳手	（1）注意内部螺丝勿松动。 （2）注意防止内部配线断线
	扳动试验，I级测试	（1）扳动道岔时各部动作灵活、稳定，无异声，无异状。 （2）扳动试验 2 mm 应能锁闭，4 mm 不得锁闭或不得接通表示。具有两个及以上牵引点的分动外锁闭道岔，其尖轨竖切部分任意两牵引点间，尖轨与基本轨间有 10 mm 或以上间隙时，道岔表示电路不得接通（列车运行速度小于 160 km/h）。 （3）进行I级测试并记录。 （4）道岔位置核对、销记，设备加锁	万用表、塞尺、手锤、油壶	（1）注意万用表挡位的调节，同时避免用手触碰表笔的金属部分。 （2）注意道岔动作灵活

（二）故障处理

1. 启动电路开路故障处理

假设道岔由定位向反位不能启动，在分线盘分别测量 X1、X3、X4 之间的电压，如果电压分别是 380 V 左右，则故障在室外。到室外电缆盒测量 1、3、4 端子之间电压，如果电压分别都是 380 V 左右，则故障在转辙机内部。此时，将 X1 电缆甩开，用电阻挡进行查找即可。在分线盘分别测量 X1、X3、X4 之间的电压，如果 X1、X4 电压是 380 V 左右，X1、X3 电压是 200 V 左右，则故障在室内。

2. 表示电路开路故障

以道岔定位为例进行说明：道岔定位表示电路有 X1、X2、X4，其中 X1、X2 为二极管支路，X1、X4 为继电器支路。如果分线盘 X1、X2 间电压为 110 V，说明室外开路，按电路顺序进行查找即可。如果分线盘 X1、X2 间电压为 0 V，说明室内断线，按电路顺序查找即可。如果分线盘 X1、X2 之间的电压在 0 ~ 110 V，则继电器支路断线，按电路顺序查找即可。

三、实训要求

（一）实训时间

4 个课时。

（二）实训形式

学生每 5 人组成 1 个工作小组，各小组制定实施方案及工作计划。组长协助教师指导本组学生学习，检查实训作业进度和质量，制定改进措施，共同完成项目任务。

（三）安全注意事项

（1）未经教师或管理员允许不得擅自操作。

（2）在万用表使用中，注意万用表挡位的调节，同时避免用手触碰表笔的金属部分。

（3）需严格按照上电顺序进行上电。

（四）工器具材料准备

（1）防护用品：防滑鞋，绝缘手套，工作服等。

（2）工具：套筒、万用表等。

（3）个人用品：笔、笔记本等。

四、实训作业步骤

表 5-4-2　实训作业步骤

步骤	具体内容	工具	注意事项
1	实训人员穿戴防护用品，携带套筒、万用表等工具至现场	套筒、万用表	—
2	对转辙机设备按标准进行维护作业	手锤、手摇把、套筒	转辙机动作试验时，勿接触转辙机
3	开启实训终端，登录软件界面，按照上电顺序将组合柜上电	—	组合柜上电后注意安全
4	改变转辙机状态，观察各继电器的状态变化，同时结合实训软件→知识学习→动态电路图，观察此时电路图电流路径走向	—	注意观察继电器的瞬时动作
5	故障实训： （1）点击故障实训→右键点击故障点→观察相关继电器变化→点击右侧不同状态按钮→观察相关继电器变化。 （2）集中监测→查看实时值、实时曲线变化，使用“电压法”依次测量电路路径各端子点的电气参数值。 （3）按照顺序依次练习查找各故障点，观察故障现象，思考讨论故障点导致故障现象的原因	万用表	注意万用表挡位的调节，同时避免用手触碰表笔的金属部分
6	故障练习： （1）点击故障实训→自由练习→开始练习→填写练习时长、一次设置故障数、故障数目→确定。 （2）在分线盘测试电压，区分室内外故障。 （3）根据故障现象，参考转辙机电路图、集中监测参数变化，结合“电压法”“导通法”或“电阻法”，推断具体故障点。	万用表	注意万用表挡位的调节，同时避免用手触碰表笔的金属部分

续表

步骤	具体内容	工具	注意事项
6	（4）点击对应故障点→确认故障→结束练习→查看考试详情。 （5）对答错故障点重新设置故障，重复练习加深记忆	万用表	注意万用表挡位的调节，同时避免用手触碰表笔的金属部分
7	讨论、总结转辙机可能出现的故障现象，恢复实训现场	—	—

五、实训考核标准

表 5-4-3 实训考核步骤

项目	标准	配分	得分
转辙机日常养护	能够按照标准流程对转辙机进行日常养护作业	30	
故障类型判断	能够准确判断故障类型（短路、断路、混线）	15	
室内外故障区分	能够正确区分室内外故障	15	
故障点判断	能够准确推断出故障点	20	
综合测验达标	教师发布一场考试后，能够通过测试	20	

六、思考题

ZYJ7 转辙机故障时，如何判断故障点在室内还是室外？

任务五　S700K 电动转辙机的日常养护及故障处理

一、实训目的

（1）掌握 S700K 电动转辙机日常养护标准流程。

（2）学会分析常见故障现象以及可能出现的故障点。

（3）掌握故障处理流程及方法。

二、理论链接

（一）日常养护

表 5-5-1　S700K 电动转辙机检修作业程序及质量标准

工作步骤	工作内容及质量标准	工具	注意事项
设备外观检查	（1）箱盒无破损，蛇管、加锁装置良好。 （2）基础倾斜度不超过 10 mm，箱盒底距地面不少于 150 mm，排水良好。 （3）各螺栓油润、紧固、满帽。 （4）硬面整洁无杂物	套筒、卷尺、手锤、油壶等	（1）注意箱盒、蛇管、加锁装置外观整洁良好。 （2）注意螺栓勿松动

续表

工作步骤	工作内容及质量标准	工具	注意事项
转辙机外部检查	（1）防护罩及各部无缺损，加锁装置良好。 （2）设备各名称及定位标志清晰正确。 （3）各部螺栓油润、紧固、满帽	套筒、油壶等	（1）注意转辙机外部各标志显示清晰。 （2）注意螺栓勿松动
转辙机内部检修	（1）机件安装牢固、完整、无裂纹、无异状。机内防水、防尘良好，无锈蚀。 （2）内部螺丝紧固，配线良好、整洁、无破皮及混线可能。 （3）遮断开关通断性能良好。接通时，摇把挡板能有效阻挡摇把插入摇把齿轮；断开时摇把能顺利插入摇把齿轮。摇把齿轮的轴用挡圈无脱落现象。 （4）滑动或转动部分（滚珠丝杠、动作杆、检测杆、齿轮组、锁闭块、操纵板、开关锁）适当注油或涂规定的润滑油。滚珠丝杠与轴套旷动量不大于 0.5 mm。 （5）定、反位表示缺口指示标对中，左右两侧为 1.5 mm ± 0.5 mm。内外表示缺口指示标基本一致	塞尺、套筒、油壶等	（1）注意内部螺丝勿松动。 （2）注意内外表示缺口指示标需一致。 （3）注意转辙机内部滑动或转动部分需润滑
外锁闭及安装装置检修	（1）各种杆件销孔旷动量应不大于 1 mm，摩擦面应油润。 （2）尖轨尖端铁与燕尾锁块处的联结铁间应保持 3 mm 以上间隙。 （3）外锁闭装置的燕尾锁块，锁闭铁及锁闭杆应保持清洁、油润、无锈蚀、无砂尘。 （4）燕尾锁块上与锁闭杆保持距离的距离保持钩应焊接牢固，无脱焊和折断现象。 （5）钩式外锁闭锁钩与锁闭杆接触的摩擦面及运动范围内无砂石、异物等，运动灵活，无卡阻。 （6）钩式外锁闭表示拉杆接头铁应紧固、不松动。 （7）钩式外锁闭锁钩、锁闭杆及锁闭铁应保持清洁、油润、无锈蚀。锁钩横向轴串效果良好，能自动调节锁钩转角。 （8）尖轨及心轨的锁闭量符合要求：尖轨、心轨第一牵引点锁闭量均≥35 mm；第二、三牵引点锁闭量均≥20 mm；30 号道岔尖轨第一、二、三、四牵引点，心轨第一牵引点锁闭量均≥35 mm；尖轨第五、六牵引点及心轨的二、三牵引点锁闭量均>25 mm；锁闭量定、反位应均匀，其误差不大于 2 mm	电烙铁、量规、套筒、卷尺、油壶等	（1）注意尖轨尖端铁与燕尾锁块处的联结铁间隙。 （2）注意尖轨及心轨的锁闭量。 （3）注意钩式外锁闭表示拉杆接头铁勿松动。 （4）注意钩式外锁闭锁钩与锁闭杆接触的摩擦面应干净整洁

续表

工作步骤	工作内容及质量标准	工具	注意事项
道岔状况动态检查	（1）设备无外界干扰和异状，尖轨和基本轨间无异物，槽钢内无杂物。 （2）道岔密贴状态良好，尖轨、基本轨飞边不得影响道岔密贴。 （3）道岔安装方正： ① 锁闭杆、表示杆与直股基本轨相垂直，各杆的两端间与直股基本轨垂直线的偏差均不大于 10 mm。 ② 电动转辙机机壳纵侧面的两端与直股基本轨垂直距离的偏差不大于 5 mm。 ③ 各种道岔拉杆，其水平方向两端高低偏差不大于 5 mm（以两基本轨工作面为基准）	量规、卷尺、水平仪	（1）注意道岔密贴调整。 （2）注意防止尖轨与基本轨间有异物。 （3）注意道岔安装状况
箱盒内部检修	（1）箱盒内部清洁，防尘、防潮设施良好，铭牌齐全、正确，字迹清楚。 （2）箱盒内部螺丝紧固，配线良好、整洁、无破皮及混线可能，焊点焊接良好。 （3）图纸类型正确，无过热现象，安装牢固	油壶、电烙铁、套筒	（1）注意内部螺丝勿松动。 （2）注意防止内部配线断线
扳动试验	（1）扳动道岔时各部动作灵活、稳定，无异声、无异状。 （2）扳动试验 2 mm 应能锁闭，4 mm 不得锁闭或不得接通表示。具有两个及以上的牵引点的分动外锁闭道岔，其尖轨竖切部分任意两牵引点间，尖轨与基本轨间有 10 mm 及以上间隙时，道岔表示电路不得接通。 （3）道岔位置核对、销记，设备加锁	塞尺、油壶等	（1）注意道岔动作灵活。 （2）注意道岔尖轨与基本轨间隙

（二）故障处理

1. 启动电路开路故障处理

假设道岔由定位向反位不能启动，在分线盘分别测量 X1、X3、X4 之间的电压，如果电压是 380 V 左右，则故障在室外。到室外电缆盒测量 1、3、4 端子之间电压，如果电压是 380 V 左右，则故障在转辙机内部。此时，将 X1 电缆甩开，用电阻挡进行查找即可。在分线盘分别测量 X1、X3、X4 之间的电压，如果 X1、X4 电压是 380 V 左右，X1、X3 电压是 200 V 左右，则故障在室内，可配合“电压法”“导通法”确定故障点位置。

2. 表示电路开路故障处理

以道岔定位为例进行说明：道岔定位表示电路有 X1、X2、X4，如果分线盘 X1、X2 间电压为 110 V，说明室外开路，按电路顺序进行查找，配合“电压法”“导通法”

确定故障点位置。如果分线盘 X1、X2 间电压为 0 V，说明室内断线，按电路顺序查找，可配合“电压法”“导通法”确定故障点位置。

三、实训要求

（一）实训时间

4 个课时。

（二）实训形式

学生每 5 人组成 1 个工作小组，各小组制定实施方案及工作计划。组长协助教师指导本组学生学习，检查实训作业进度和质量，制定改进措施，共同完成项目任务。

（三）安全注意事项

（1）未经教师或管理员允许不得擅自操作。

（2）在万用表使用过程中，注意万用表挡位的调节，同时避免用手触碰表笔的金属部分。

（3）须严格按照上电顺序进行上电。

（四）工器具材料准备

（1）防护用品：防滑鞋、绝缘手套、工作服等。

（2）工具：套筒、万用表等。

（3）个人用品：笔、笔记本等。

四、实训作业步骤

表 5-5-2　实训作业步骤

步骤	具体内容	工具	注意事项
1	实训人员穿戴防护用品，携带套筒、万用表等工具至现场	套筒、万用表	—
2	对转辙机设备按标准进行维护作业	手锤、钢卷尺、手摇把、套筒	转辙机动作试验时，勿接触转辙机
3	开启实训终端，登录软件界面，按照上电顺序将组合柜上电	—	组合柜上电后注意安全
4	改变转辙机状态，观察各继电器的状态变化，同时结合实训软件→知识学习→动态电路图，观察此时电路图电流路径走向	—	注意观察继电器的瞬时动作

续表

步骤	具体内容	工具	注意事项
5	故障实训： （1）点击故障实训→右键点击故障点→观察相关继电器变化→点击右侧不同状态按钮→观察相关继电器变化。 （2）集中监测→查看实时值、实时曲线变化，使用“电压法”依次测量电路路径各端子点的电气参数值。 （3）按照顺序依次练习查找各故障点，观察故障现象，思考讨论故障点导致故障现象的原因	万用表	注意万用表挡位的调节，同时避免用手触碰表笔的金属部分
6	故障练习： （1）点击故障实训→自由练习→开始练习→填写练习时长、一次设置故障数、故障数目→点击确定。 （2）在分线盘测试电压，区分室内外故障。 （3）根据故障现象，参考转辙机电路图，集中监测参数变化，结合“电压法”“导通法”或“电阻法”，推断具体故障点。 （4）点击对应故障点→确认故障→结束练习→查看考试详情 （5）对答错故障点，重新设置故障，重复练习加深记忆	万用表	注意万用表挡位的调节，同时避免用手触碰表笔的金属部分。
7	讨论、总结转辙机可能出现的故障现象，恢复实训现场	—	—

五、实训考核标准

表 5-5-3　实训考核标准

项目	标准	配分	得分
转辙机日常养护	能够简述转辙机组成及主要单项设备作用	30	
故障类型判断	能够准确判断故障类型（短路、断路、混线）	15	
室内外故障区分	能够正确区分室内外故障	15	
故障点判断	能够准确推断出故障点	20	
综合测验达标	教师发布一场考试后，能够通过测试	20	

六、思考题

试从多角度阐述 S700K 转辙机、ZD6 转辙机、ZYJ7 转辙机的不同点。

轨道交通实训课新理念新形态活页式教材

铁道信号自动控制实训指导

（二）系统设备

主　编 / 龚俊维　陈　果　金玉婷

西南交通大学出版社
·成　都·

图书在版编目（ＣＩＰ）数据

铁道信号自动控制实训指导. 二，系统设备 / 龚俊维，陈果，金玉婷主编. --成都：西南交通大学出版社，2023.6
ISBN 978-7-5643-9325-0

Ⅰ. ①铁… Ⅱ. ①龚… ②陈… ③金… Ⅲ. ①铁路信号－自动控制－高等职业教育－教学参考资料 Ⅳ. ①U284.3

中国国家版本馆 CIP 数据核字（2023）第101214 号

前言
PREFACE

本书是为了适应高等职业教育的发展及高职院校教学改革的需要，根据铁道信号自动控制专业的培养目标和特点，在参考了现场信号工对检修信号设备所需的知识和技能的基础上，结合教学模式改革的需要，落实“课堂如职场，上课如上岗”的要求编写而成。本书采用了新的教学模式，紧密联系铁路现场实际需求，切实提高培训的质量和效果，具有一定的实用性和可操作性，旨在提高学生的综合职业能力。

本书在已有产品的基础上，参考了国内外铁路信号系统方面的大量相关文献。全书共分为五个项目，每个项目设置不同的任务点。项目六是计算机联锁系统和集中监测系统的认知、操作及故障处理，项目七是铁路信号施工实训，介绍了信号系统工程图、各信号电缆盒和变压器箱施工、信号电缆施工，项目八是继电器组合焊接及配线实训，介绍了继电器组合配线表的认知、焊接、功能验证及导通实训，项目九是高铁信号综合检修和维护实训，介绍了高铁信号室外设备、轨道电路、高铁计算机联锁、高铁信号集中监测设备以及高铁信号设备综合检修、维护和故障处理，项目十是城轨信号设备检修实训，介绍了LED三显示信号机、计轴设备、站台门设备，ZD（J）9电动转辙机的施工配线、智能电源屏的认知和操作等。

该书在编写的过程中，参考了许多相关文献，得到了郑州捷安高科股份有限司大力支持，在此表示衷心感谢！由于编写水平有限，书中难免会出现疏漏和不足之处，恳请广大读者提出宝贵意见，便于我们以后改正。

编　者

2022 年 7 月

目录
CONTENTS

项目六　计算机联锁系统和集中监测系统的认知、操作及故障处理 …… 095
任务一　各版本联锁软件实训 …… 095
任务二　K5B计算机联锁业务正常流程操作实训 …… 112
任务三　计算机联锁故障处理 …… 126

项目七　铁路信号施工实训 …… 131
任务一　信号系统工程图识图 …… 131
任务二　各型号电缆盒、变压器箱施工配线认知 …… 137
任务三　信号电缆施工认知 …… 139

项目八　继电器组合焊接及配线实训 …… 142
任务一　继电器组合配线表认知 …… 142
任务二　继电器组合焊接实训 …… 149
任务三　继电器组合功能验证及导通实训 …… 152

项目九　高铁信号综合检修和维护实训 …… 155
任务一　高铁信号室外设备认知 …… 155
任务二　ZPW2000K移频轨道电路认知 …… 157
任务三　高铁计算机联锁认知 …… 159
任务四　高铁信号集中监测设备认知 …… 161
任务五　高铁信号设备综合检修 …… 163
任务六　高铁信号设备综合维护及故障处理 …… 165

项目十　城轨信号设备检修实训 …… 167
任务一　LED三显示信号机认知 …… 167
任务二　计轴设备认知 …… 169
任务三　站台门设备认知 …… 173
任务四　ZDJ9电动转辙机的施工配线 …… 176

任务五　智能电源屏的认知 …………………………………………………………………… 178
任务六　智能电源屏的测试与检修…………………………………………………………… 182
任务七　信号设备故障认知与排故…………………………………………………………… 184

参考文献………………………………………………………………………………………… 211

项目六　计算机联锁系统和集中监测系统的认知、操作及故障处理

任务一　各版本联锁软件实训

一、实训目的

（1）掌握 DS6-K5B 型计算机联锁软件操作方法。
（2）掌握 TYJL-ADX 型计算机联锁软件操作方法。
（3）掌握 CBI-2016 计算机联锁软件操作方法。

二、理论链接

（一）DS6-K5B 型计算机联锁

1. 站场图显示

DS6-KSB站场图显示如图6-1-1所示。

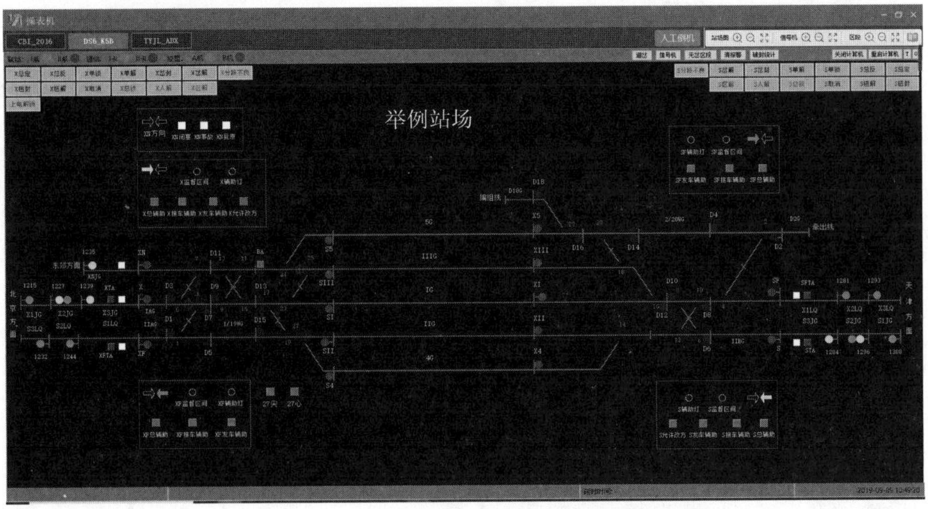

图 6-1-1　DS6-K5B 站场图

1）信号机显示

列车信号机关闭状态显示红色图形，开放时显示与室外一致的颜色。调车信号机

关闭状态显示蓝色图形(特殊场所的调车信号机为红色图形),开放时显示白色图形。信号机的名称用大写拼音字母+下标数字(侧线出发信号机和调车信号机为阿拉伯数字，正线出发信号机用罗马数字)表示。信号机名称是否显示受“显示信号名”按钮控制。信号机在开放或断丝状态时或其对应的按钮为封闭状态时其名称始终显示，不受该按钮控制。信号机发生主副丝同时断丝时，除有灯丝断丝报警外，相应信号机灯禁止信号灯光闪光，信号机名称也要显示。

排列进路时，点击信号按钮，显示按钮名称并闪光，进路锁闭后按钮名称消失。

2）轨道区段显示

轨道区段解锁状态显示为蓝色光带，区段锁闭显示白色光带，区段占用显示红色光带，无岔区段和股道名称固定显示在对应轨道区段附近。

3）道岔表示

道岔用与所在轨道区段颜色相同并连通的线段表示当前开通位置。

道岔名称用道岔号数字表示，可重复点击“道岔名”按钮调出显示或消除显示。道岔在定位时，道岔名显示绿色；道岔在反位时，道岔名显示黄色。

道岔发生挤岔故障时，道岔名显示为红色并闪光。

道岔锁闭时，在道岔岔尖处显示一个圆圈，单独解锁后圆圈消失。道岔锁闭在定位，圆圈为绿色；道岔锁闭在反位，圆圈为黄色。

道岔封闭时，道岔名称上显示一个红框；道岔解封后，红框消失。

4）按钮封闭显示

列车按钮封闭后，其信号机红灯外方显示一个黄色方框；调车按钮封闭后，其调车信号名称外方显示一个黄色方框。

对于出站信号机，无论封闭列车按钮还是封闭调车按钮，其信号机红灯外方及调车信号按钮外方均显示一个黄色方框。

5）铅封按钮的计数显示

铅封按钮的操作次数由控显机自动累计，计数值不能被维护人员消除或修改。计数值平时不显示。重复点击计数器按钮，可在屏幕上按页一次显示所有铅封按钮的计数。

2. 按钮设置

1）信号按钮

列车信号按钮用信号禁止灯光的图形表示，调车信号按钮用信号机名称的汉语拼音字母表示。没有对应信号机的终端按钮、通过按钮、变更按钮用画在轨道线旁的方框图形表示。

2）道岔按钮

道岔按钮用道岔号数字表示。

3）区段按钮

区段按钮用轨道区段的名称表示。

4）功能按钮

总定、总反：用于单独操纵道岔；

单锁、单解：用于对道岔进行单独锁闭和单独解锁操作。道岔单独锁闭后可以排列经过该道岔当前位置的进路，但不能单操道岔。

岔封、岔解：在施工、维修等情况下对道岔进行单独封锁/解封操作。道岔封锁后不能再排列经过此道岔所在位置的进路，但是可以单操道岔。

钮封、钮解：用于对信号按钮进行封闭/解封操作。信号按钮闭锁后不能排列以此信号为始终端的进路。

取消、人解：用于取消进路和人工解锁进路。

总锁：用于引导总锁闭操作。

区解：用于区段故障解锁。

3. 操作方式

排列基本进路：顺序点击进路的始端信号按钮和终端信号按钮。

排列变更进路：顺序点击始端信号按钮、变更按钮和终端信号按钮。

排列延续进路：顺序点击接车进路的始端信号按钮、终端信号按钮和延续进路终端按钮。

1）总取消、总人解

办理取消进路的操作，先使用鼠标点击总取消按钮，总取消按钮保持按下状态10 s，在此时间内点击进路的始端按钮，即完成取消进路操作。总取消按钮在点击进路始端信号按钮的同时恢复抬起状态。因此，点击一次总取消按钮只能取消一条进路。

若点击总取消按钮后 10 s 之内，没有点击进路的始端信号按钮，总取消按钮自动恢复抬起状态。此后再点击进路的始端信号按钮无效，必须重新按下总取消按钮后再点击进路始端按钮。

办理人工解锁进路操作与取消进路相同。先用鼠标点击总人解按钮，输入密码后再点击确认按钮；在 10 s 倒计时内点击进路的始端信号按钮，进路即进入人工解锁延时状态，屏幕下方出现进路延时解锁时间的倒计时。

在总人解按钮按下后 10 s 之内，没有点击进路的始端信号按钮，总人解按钮自动恢复抬起状态。

本系统同一咽喉可同时进行多条进路的人工解锁操作，但进路延时解锁时间的倒计时显示只有一个。因此，当同一咽喉多条进路同时进行人工解锁时，屏幕上显示的人工解锁延时倒计时为当前倒计时时间最长的那条进路的人工解锁延时倒计时。

2）道岔总定、道岔总反、道岔单锁、道岔单解、道岔封闭、道岔解封操作

道岔单独操纵：先点击道岔总定或道岔总反按钮，在其 10 s 倒计时内点击需要操纵的道岔按钮，完成道岔单操定位或反位的操作。在 10 s 倒计时内点击道岔按钮后，命令生效，道岔单操按钮随之抬起；超过 10 s 不点击道岔按钮，道岔单操按钮自动抬起，再点击道岔按钮无效。因此，点击一次道岔单操按钮只能操纵一个道岔。

道岔单独锁闭或单独解锁：先点击道岔单锁或道岔单解按钮，在 10 s 倒计时内点击道岔按钮，完成道岔单锁或单解的操作。在 10 s 倒计时内点击道岔按钮后，命令生效，道岔单锁或道岔单解按钮随之抬起；超过 10 s 不点击道岔按钮，道岔单锁

或道岔单解按钮自动抬起，再点击道岔按钮无效。因此，点击一次道岔单锁或道岔单解按钮只能单锁或单解一个道岔。

道岔封闭或解封：先点击道岔封闭或道岔解封按钮，在 10 s 倒计时内点击道岔按钮，完成道岔封闭或解封的操作。在 10 s 倒计时内点击道岔按钮后，命令生效，道岔封闭或道岔解封按钮随之抬起；超过 10 s 不点击道岔按钮，道岔封闭或道岔解封按钮自动抬起，再点击道岔按钮无效。因此，点击一次道岔封闭或道岔解封按钮只能封闭或解封一个道岔。

钮封、钮解：先点击按钮封闭或按钮解封按钮，在 10 s 倒计时内点击信号按钮，完成按钮封闭或解封的操作。在 10 s 倒计时内点击信号按钮后，命令生效，按钮封闭或按钮解封按钮随之抬起；超过 10 s 不点击信号按钮，信号封闭或信号解封按钮自动抬起，再点击信号按钮无效。因此，点击一次信号封闭或信号解封按钮只能封闭或解封一架信号机的信号按钮。

在进站信号机内方第一区段故障情况下办理进路引导时，先点击引导按钮，输入密码后点击确认按钮，引导信号开放，引导按钮倒计时开始，保持按下状态 15 s。在此倒计时内必须重复点击引导按钮，使引导按钮状态保持，引导信号保持开放，直到列车进入进站信号机内方；否则，倒计时结束引导按钮自动抬起，引导信号随之关闭。

在进站信号机内方第一区段正常情况下办理进路引导时，先点击引导按钮，输入密码后点击确认按钮，引导信号即可开放。引导按钮自动抬起，引导信号保持开放。列车进入信号机内方后，引导信号随之关闭。

取消引导进路，需先点击总人解按钮，输入密码后再点击确认按钮，在总人解的倒计时结束之前点击要人解的信号引导按钮，输入密码后再点击确认按钮。

（二）TYJL-ADX 型计算机联锁

1. TYJL-ADX 站场图显示

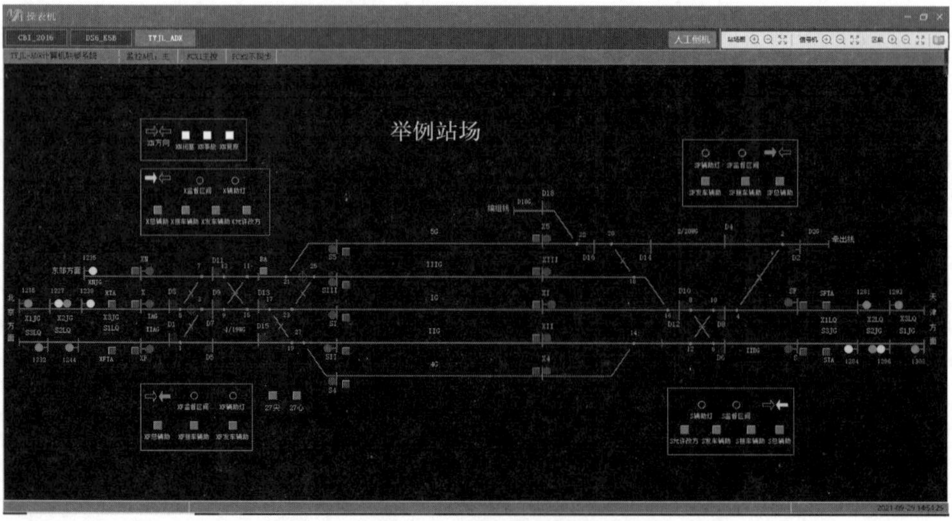

图 6-1-2　TYJL-ADX 站场图

TYJL-ADX 站场图如图 6-1-2 所示。

1）区段显示

灰色光带：表示区段为空闲解锁状态。

白色光带：表示区段为空闲锁闭状态，且所在进路正常，此区段没有占用过。

绿色光带：表示区段为空闲锁闭状态，表示该区段因占用、超限区段占用、道岔断表示、防护道岔不到位或办理区段故障解锁等原因使该区段的区段检查继电器落下，用绿色光带做标记。

红色光带：表示区段为占用状态或区段轨道电路故障。

青色光带：表示区段“接通光带”或“引导总锁闭状态”。

蓝色光带：表示区段为正在选路还未锁闭状态。

光带表虚线：表示区段被人工设置为轨道分路不良标记。

2）信号显示

（1）信号机的显示含义。

黄色稳定显示：表示信号在显示“信号名称”状态或是进路始端。

信号名称位置倒计时：表示此信号为始端或终端的进路人工解锁正在延时所剩余的时间。

信号名称位置灰色倒计时数字：表示坡道延续进路延时解锁剩余的时间（秒），或表示中道岔延时锁剩余的时间。

信号表示器应能指示室外信号机状态，进路表示器在控制台上不显示。

（2）包围信号机复示器的方框颜色的显示含义。

白色闪烁显示：表示此信号的调车按钮刚按下。

白色稳定显示：表示此信号为调车进路始端，且进路未接近锁闭。

绿色稳定显示：表示此信号为列车进路始端，且进路未接近锁闭。

紫色稳定显示：表示以此信号为始端的进路已接近锁闭。

黄色稳定显示：表示此信号为进路终端，如果此信号为调车进路的终端，则表示调车终端，如为列车进路的终端则表示列车终端。

红色稳定显示：调车信号机用，表示信号被人工加封。

灭灯：当进出站信号机处于灭灯状态时，在原信号机图像上增加显示“X”。

（3）列车信号按钮的颜色显示意义。

绿色闪烁显示：表示刚按下列车信号按钮。

绿色稳定显示：与包围信号的黄色方框结合表示为列车终端。

红色和白色交替闪烁：表示为引导进路始端。

红色稳定显示：此列车信号被人工加封，除非解封否则对其进行任何操作都不起作用。

3）道岔显示

道岔显示包括道岔现在所处状态和道岔区段的状态。

（1）岔根部的小圆点显示含义。

绿色稳定显示：表示道岔此时处于定位状态。

黄色稳定显示：表示道岔此时处于反位状态。

白色闪烁显示：表示道岔刚断表示，断表示时间未超过允许断表示时间（非特殊道岔一般为 13 s）。

红色闪烁显示：表示道岔已断表示超过规定时间，此道岔属于挤岔报警状态，需要进行故障处理。

（2）道岔光带显示含义。

灰色光带：道岔所在的轨道区段处于空闲状态。

蓝色光带：在选路过程中，表明进路经过道岔的位置。

白色光带：道岔所在的轨道区段处于空闲锁闭状态。

绿色光带：道岔所在的轨道区段处于空闲锁闭状态，且所在进路故障后恢复或此区段曾经占用过（包括区段的轨道电路故障后恢复的情况），当进路的始终端都解锁后可故障解锁。

红色光带：道岔所在的轨道区段处于占用或轨道电路故障。

青色光带：道岔所在的轨道区段处于接通光带或引导总锁闭状态。

光带变虚线：表示所在区段被人工设置了轨道电路分路不良标记，此标记仅为人工显示的标记，不含任何联锁关系。

（3）道岔名称显示含义。

黑底黄字显示：表示道岔在显示道岔名称或断表示状态。

红底白字显示：表示道岔在封闭状态。

白底红字显示：表示道岔在单锁状态。

黑底红字显示：表示道岔在防护锁闭状态或者是该道岔处于引导总锁状态。

（4）静态图形显示。

在与光带垂直方向的轨道电路的绝缘节有以下两种显示：

灰色线段：表示普通绝缘节。

红色线段：加红色圆，表示该绝缘节为超限绝缘节。

2. 操作方式

操作控制的主要工具为鼠标，鼠标的结构包括左键和右键。在计算机屏幕上平时以一个箭头出现，当鼠标从箭头形状变为小手形状时，这时按下鼠标键有效。

1）信号操作

总取消：当进路已办理但未接近锁闭时可以使用“总取消”命令取消已经排列的进路，将鼠标移动至进路始端信号的位置（根据进路性质选择相应的列车或调车信号按钮位置），当鼠标变为小手状后再点压鼠标右键，再在弹出的菜单中，选择其中的“总取消”命令即可。

始端总人解：当进路已处于接近锁闭状态时，如果需要取消进路，则需要使用“总人解”命令。将鼠标移动至进路始端信号的位置（根据进路性质选择相应的列车或调车信号按钮位置），鼠标变为小手状后再点压鼠标右键，在弹出的菜单中选择“总人解”命令，此时会弹出口令确认窗口，用鼠标左键点击相应的数字按钮，输入口令，如果输入错误可以按压退格按钮删除以前的输入，然后重新输入，然后按压确认按钮，命令操作窗口提示口令正确与否，如口令正确，总人解命令执行。当信号关闭后，根据进路性质延时解锁。接车进路及正线发车进路延时为 3 min，其他进路延时为 30 s。如果进入口令确认窗口状态后发现操作错误，可以通过按压取消按钮取消本次操作。

终端总人解：当进路上轨道电路故障导致列车走过后，从故障区段到进路终端的进路不能正常解锁时，将鼠标移动至进路的终端信号的位置（根据进路性质选择相应的列车或调车按钮位置，此信号机上应该有黄色框标识），鼠标变为小手状后再点压鼠标右键，在弹出的菜单中选择“总人解”命令，经过口令确认后进入终端总人解状态。

开放引导信号：当接车进路的区段轨道电路故障并且道岔表示正常时，不能排列接车进路，需要办理引导接车时，先将进路中所有道岔单操到要求位置，然后用鼠标右键单击进站信号列车按钮，在弹出的菜单中选择“开放引导信号”，经过口令确认后引导信号开放。若引导进路进站信号机内方第一区段轨道电路故障时，需要在 15 s 之内反复按压引导进路始端的进站信号按钮，方能保证引导信号的正常开放，否则引导信号将关闭，这种情况下有 15 s 倒计时显示。

办理引导总锁：当接车进路中的道岔失去表示，不能排列接车进路与引导进路时，需要办理引导总锁进行接车作业。将鼠标移动至相应咽喉的进站信号机列车按钮处，按压鼠标右键在弹出的菜单中选择“办理引导总锁闭”命令，并输入相应口令，本咽喉中所有道岔将被锁闭，再办理引导进路。当引导总锁使用完毕，人工确认车列完全进入股道后，再次弹出此项菜单，原来位置会变为取消引导总锁闭，选择此命令，并输入相应口令，即可取消引导总锁闭状态。

加封：为了防止误碰按钮而取消某列车进路，对所有的列车信号均可设置封锁标记。将鼠标移到相应的列车按钮处，鼠标变为小手状后点击鼠标右键弹出菜单，选择“加封”命令，此时相应的按钮由绿色变成红色，表示信号加封成功。这时就不能通过此按钮办理列车进路。

调车按钮加封与列车按钮加封后的显示略有不同，调车按钮加封后是在相应的调车按钮上加一个红框。

解封：当信号加封后，必须解封才能对其办理作业。解封的操作同样是对准相应的按钮，弹出菜单，选择“解封”命令，当按钮从红色变为绿色，表示解封成功。调车按钮解封后相应的调车按钮上的红框消失。

2）道岔操作

总定：单操道岔至定位。

总反：单操道岔至反位。

单锁：单独将道岔锁在当前位置。单锁后，相应的道岔名称由一个白色的方框框住，变为白底红字。此时道岔单操和进路操作均无效，但可排列道岔单锁位置的进路。

单解：解除对道岔的单独锁闭。

封闭：封闭道岔。道岔封闭后，相应的道岔名称由一个红色的方框框住，变为红底白字。此时不能排列通过本道岔的任何进路（包括列车进路、引导进路和调车进路），但可进行单操。

解封：解除对道岔的封闭。

设置分路不良标记：经人工确认轨道电路分路不良后，可以设置轨道电路分路不良标记。分路不良标记设置后，相应轨道区段的光带将变为虚线，以此来区分轨道电路分路不良，但它不影响行车作业办理。如果要取消轨道电路分路不良标记，则重新弹出菜单，选择“清除分路不良标记”命令，命令生效后，轨道电路的光带显示将恢复正常，此操作需要电务人员操作。

区段故障解锁：人工方式解锁进路是解锁区段的一种手段。当进路的始端已经解锁，并且确认车已经不在进路上时，可以对进路上的区段逐个办理“区段故障解锁”；当进路的始终端均已解锁，可以对无车占用的区段办理“区段故障解锁”；当进路完好信号开放时，区段故障解锁只能关闭信号，区段不解锁。对准区段，弹出菜单，选择“区段故障解锁”命令，输入口令，命令执行。在信号开放的进路中的任何一个轨道区段进行区段故障解锁，信号都会关闭（包括引导信号），利用区段故障解锁也是紧急关闭信号的一种办法。

无岔区段的故障解锁：当进路的始端终端均不存在时，将鼠标移动至无岔区段上，按压鼠标的右键会弹出相应的操作菜单，选择“区段故障解锁”，正确输入口令后命令生效。

3）进路办理

（1）列车进路办理。

接车进路：车务操作时，信号员使用鼠标左键顺序点压进站信号按钮、变更按钮（若有变更）、相应股道反方向出站信号按钮即可。

发车进路：车务操作时，信号员使用鼠标左键顺序点压股道出站信号按钮、变更按钮（若有变更）、同咽喉进站信号按钮即可。

通过进路：

有通过按钮时：车务操作时，信号员使用鼠标左键顺序点压进站信号通过按钮、对方咽喉反方向进站信号按钮即可（两个按钮按下的间隔要求大于 1 s）。

注：当进站信号机有通过按钮时，此信号机的通过按钮和列车按钮在按压右键后出现的功能菜单相同。

无通过按钮时：车务操作时，信号员使用鼠标左键顺序点压进站信号按钮、通过股道反方向出站信号按钮、通过股道同方向出站信号按钮、对方咽喉反方向进站信号按钮即可。

（2）调车进路办理。

短调车进路：车务操作时，信号员使用鼠标左键顺序点压调车进路始端信号机机构、调车进路终端信号机机构即可。

长调车进路：车务操作时，信号员使用鼠标左键顺序点压长调车进路始端信号机机构按钮、长调车进路终端信号机机构按钮即可，但取消时须分段办理。

4）列车/调车进路的故障解锁

在进路不能正常解锁的情况下，值班员根据进路的情况可以采用以下三种故障解锁办法解锁进路：

方式 1：总人解始端信号机。

进路已处于接近锁闭状态，如果需要取消进路时，或者是列车驶过以后从进路始端第一区段开始就没有解锁时，这时要用总人解命令解锁始端信号，解锁该进路。接车进路及正线发车进路延时为 3 min，其他进路延时为 30 s。

方式 2：总人解终端信号机。

当进路轨道电路故障导致列车走过后，从故障区段到进路终端的进路不能正常解锁时，这时要用总人解命令解锁终端信号，解锁从故障点到终端的进路（根据进路性质，相应的列车或调车信号机按钮位置上应该有黄色框标识），终端人解要延时 30 s。

如果终端信号机上无黄色框标识，先用总人解解锁始端信号机，之后再执行上述操作解锁终端。

方式 3：区段故障解锁。

当进路的始终端均不存在，或进路始端已经不存在（已经解锁）且进路上没有解锁区段全部被占用过并且全部出清后，沿进路方向依次选择区段的“区段故障解锁”命令解锁锁闭的区段。

注：进行总人解和总取消操作时一定要先区分是对列车进路进行操作，还是对调车进路进行操作，然后选择正确的按钮进行操作。

5）引导接车进路的解锁

引导接车进路的解锁和列车进路的故障解锁略有不同。在引导接车进路不能正常解锁的情况下，可以采用以下三种故障解锁办法解锁引导接车进路。

方式 1：总人解始端信号机。

当引导接车进路使用完毕，人工确认列车完全进入股道后，在接车信号的列车始端按钮位置办理总人解，即可人工解锁引导进路。

未曾使用的引导接车进路要取消时，在接车信号的列车始端按钮位置办理总人解，即可人工解锁引导进路。

方式 2：总人解终端信号机。

当轨道电路故障，引导接车，列车完全进入股道后，进路上仍留有红光带，这时用“总人解”命令解锁始端信号后，进路解锁到故障区段。从故障点到终端的进路需要用总人解终端信号机的方式解锁（根据进路性质，相应的列车或调车信号机按钮位置上应该有黄色框标识），终端人解要延时 30 s。

方式 3：区段故障解锁。

当进路的始终端均不存在，选择区段的区段故障解锁命令解锁锁闭的区段。

在进路终端存在的情况下，事故解锁按钮解锁无效。

6）引导发车

适用于客运专线，根据设计需要可以设置出站引导。

开放出站信号机的引导信号时，检查第一离去区段无车占用。信号开放，控制台表示器显示 X 红白灯（关灯状态）或红白灯（开灯状态）。

（三）CBI-2016 计算机联锁

1. 站场图显示

CBI-2016计算机联锁站场图如图6-1-3所示。

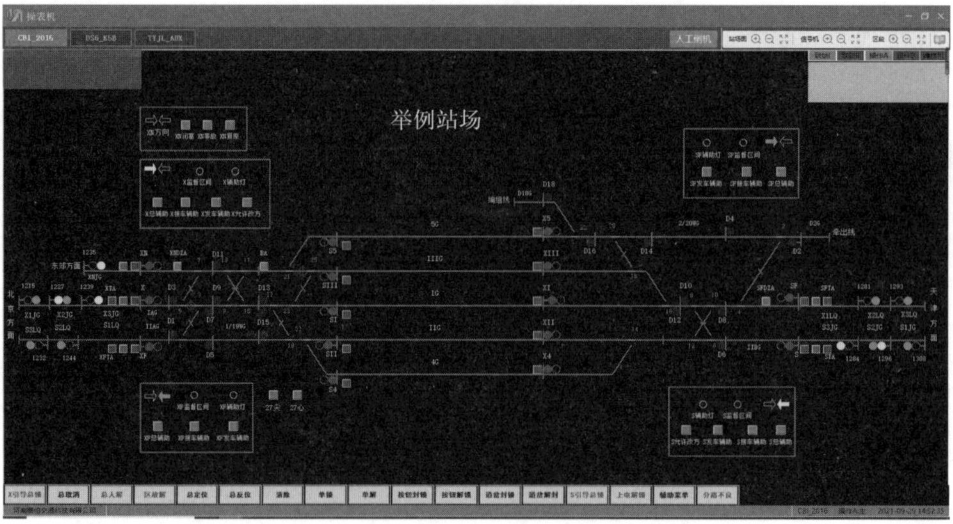

图 6-1-3　CBI-2016 计算机站场图

主界面分为站场图区、报警信息窗、预警信息窗、设备状态信息窗、常用功能按钮区、提示信息窗等 6 部分。

站场图区：显示道岔、轨道区段、按钮、信号机、绝缘节、脱轨器、表示灯等。

常用功能按钮区：显示常用功能按钮，例如 X 引导总锁、总取消、总人解、辅助菜单等，铅封按钮文字为红色，其余为黑色。

报警信息窗：左上角的红色窗体，利用文字颜色区别显示报警信息和恢复报警信息以及它们发生的时间，报警信息文字为黑色，恢复报警信息文字为绿色。

预警信息窗：右上角灰色窗体，利用文字颜色区别显示预警信息和恢复预警信息以及它们发生的时间，预警信息文字为黄色，恢复预警信息的颜色为黑色。

设备状态信息区：显示联锁Ⅰ、联锁Ⅱ、操作 A、操作 B、维修机 5 个状态，工作状态为绿色，备用状态为黄色，故障状态为红色。

2. 操作方式

进路办理：顺序按下进路的始端信号按钮和终端信号按钮。

变通进路办理：顺序按下进路的始端信号按钮、变通按钮和终端信号按钮。

一次办理进路：顺序按下进站信号机旁的通过按钮和另一咽喉发车进路的终端信号按钮。通过进路也可按照发车、接车进路分别办理，接发车进路办理和基本进路办理基本相同，具备条件时，通过进路应先办理发车进路，后办理接车进路。

带有坡道延续进路的接车进路办理的操作流程：顺序按下进路的始端信号按钮、终端信号按钮和坡道延续进路终端信号按钮。发车进路已经建立时，顺序按下接车进路的始端信号按钮、终端信号按钮，可建立带有坡道延续进路的接车进路。

长调车进路一次办理的操作流程：顺序按下第一段进路的始端调车信号按钮和最后一段进路的终端调车信号按钮。

取消进路的操作流程：顺序按下“总取消”按钮和进路始端按钮。通过进路和延续进路，则需顺序完成接、发车进路的取消和延续进路的取消，其中延续进路的取消是通过顺序按下“总取消”按钮和延续进路的始端按钮实现的。

人工解锁进路的操作流程：按下“总人解”按钮，弹出口令输入对话框，输入口令并确认后，再按下进路的始端信号按钮。

区段故障解锁的操作流程：按下“区故解”按钮，弹出口令输入对话框，输入口令并确认后，再按下相应的区段按钮。按下一次“区故解”按钮，仅对一个区段的一次解锁有效。

重开信号的办理操作流程：按下进路的始端信号按钮。

单独操作道岔定位办理的操作流程：顺序按下“总定位”按钮和被操作的道岔按钮。

单独操作道岔反位办理的操作流程：顺序按下“总反位”按钮和被操作的道岔按钮。

引导进路的办理的操作流程：在进路上的道岔处于正确位置条件下，按下对应信号机的引导按钮，输入口令并按下“确认”按钮。

列车进路转为引导进路的办理的操作流程：列车进路建立后，如果列车进路未能开放或因故关闭，在引导信号开放条件具备后，可按下对应信号机的引导按钮，输入口令并按下“确认”按钮。

重新开放引导信号的操作流程：按下“引导”按钮，输入口令并按下“确认”按钮。

信号机内方第一区段故障时引导信号维持开放的操作流程：以小于 15 s 的间隔按下引导按钮维持引导信号，办理时不需要输入口令。

取消引导进路的操作流程：按下“总人解”按钮，输入口令并按下“确认”按钮，再按下进路始端信号按钮。

办理引导总锁闭的操作流程：操作人员确认进路上道岔处于正确位置，按下“引导总锁闭”按钮、输入口令并按下“确认”按钮。

引导总锁闭情况下开放引导信号的办理的操作流程：按下引导按钮，输入口令并按下“确认”按钮。

解除引导总锁闭的操作流程：点击已按下的“引导总锁闭”按钮，输入口令并按下“确认”按钮。

坡道解锁办理流程：按下“坡道解锁”按钮，输入口令并按下“确认”按钮后，按下延续进路始端信号按钮。

正常改方，由接车改发车的正常办理流程：先按下“允许改方”按钮（非自复式按钮），输入口令并按下“确认”按钮，再办理反向发车进路，反方向行车结束后人工弹出该按钮。

恢复正方向，由接车改发车的正常办理流程：办理发车进路。

办理辅助改方流程：双方操作人员确认区间空闲，经协商后先按规定手续登记。双方车站按下“总辅助”按钮，输入口令并按下“确认”按钮，使其变为按下状态。此后拟改为发车站的车站先按下“发车辅助”按钮，输入口令并按下“确认”按钮；拟改为接车站的车站后按下“接车辅助”按钮，输入口令并按下“确认”按钮。辅助改方在拟改为接车站的“接车辅助”和拟改为发车站的“发车辅助”按钮均处于按下状态时，若条件具备则完成双方运行方向的改变。此后，双方站应适时点击已按下的“总辅助”按钮，输入口令并按下确认按钮，完成本次辅助改方作业。

3. 信号机的点灯和灭灯

办理信号机点灯流程：顺序按下“点灯”按钮和对应的信号按钮。

办理信号机灭灯的流程：按下“灭灯”按钮、输入口令并按下确认按钮后，再按下对应的信号按钮。

办理道岔单锁的流程：顺序按下“单锁”按钮和被操作的道岔按钮。

办理道岔单解的流程：顺序按下“单解”按钮和被操作的道岔按钮。

办理道岔封锁的流程：顺序按下“道岔封锁”按钮和被操作的道岔按钮。

办理道岔解封的流程：顺序按下“道岔解封”按钮和被操作的道岔按钮。

4. 信号按钮的封锁和解封

办理信号按钮封锁的流程：顺序按下“按钮封锁”按钮和信号按钮（有列车按钮的信号采用列车按钮，没有列车按钮的信号采用直接按下信号机的方式）。

办理信号按钮解封流程：顺序按下“按钮解封”按钮和信号按钮。

5. 区段分路不良设置

无岔区段分路不良设置流程：按下“分路不良”按钮，输入口令并按下“确认”按钮后，点击区段按钮（或位于道岔位置的道岔按钮），弹出菜单后，勾选“岔前分路不良”“定位分路不良”和“反位分路不良”中的一项或多项，按下“确认”按钮。

无岔区段分路不良的取消流程：按下“分路不良”按钮，输入口令并按下“确认”按钮后，点击“区段”按钮，弹出菜单后，取消已勾选的“分路不良”选项，按下“确认”按钮。

道岔区段分路不良的取消流程：按下“分路不良”按钮，输入口令并按下“确认”按钮后，点击“区段”按钮（或位于道岔位置的“道岔”按钮），弹出菜单后，取消已勾选的“岔前分路不良”“定位分路不良”和“反位分路不良”的菜单项，并按下“确认”按钮。

上电解锁操作：按下“上电解锁”按钮，输入口令并按下“确认”按钮。

三、实训要求

（一）实训时间

4 个课时。

（二）实训形式

学生每 5 人组成 1 个工作小组，各小组制定实施方案及工作计划。组长协助教师指导本组学生学习，检查实训作业进度和质量，制定改进措施，共同完成项目任务。

（三）安全注意事项

（1）未经教师或管理员允许不得擅自操作。

（2）严禁对计算机进行非法关机。

（3）应在退出软件、关闭操作系统后，确认显示器黑屏的情况下再依次进行空开的断开工作。

（4）严禁私自拖拽、更改设备配线，实训室内设备不得挪作他用。

（四）工器具材料准备：

（1）防护用品：防滑鞋、绝缘手套、工作服等。

（2）个人用品：笔、笔记本等。

四、实训作业步骤

步骤 1：实训人员穿戴防护用品，携带相关工具至现场。

步骤 2：按照系统开机步骤，依次对实训设备上电、开机。

步骤 3：打开联锁软件，切换到“控显机”子系统，同时通过厂家切换按钮，可切换到不同厂家的控显机界面，如图 6-1-4 所示。

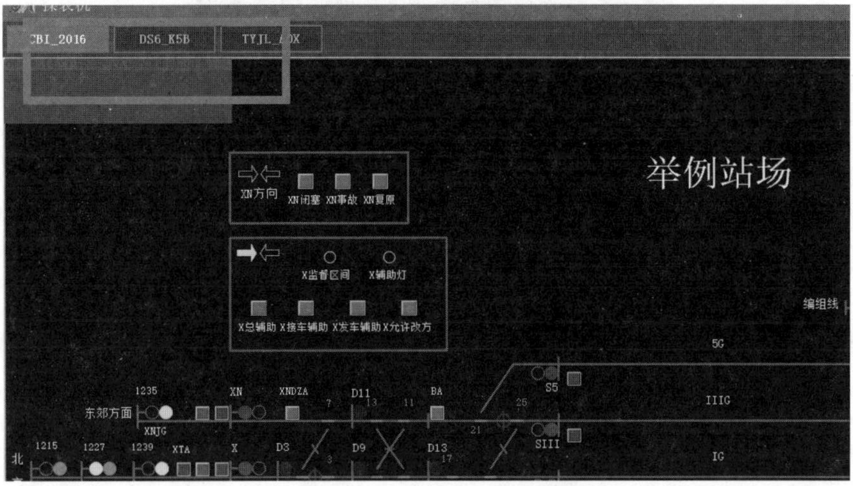

图 6-1-4　厂家切换按钮

步骤 4：依次对不同厂家型号联锁软件进行联锁业务操作，包含道岔操作、列车作业等，如图 6-1-5 所示。

1. 道岔操作

1）道岔反操[27#道岔]

打开联锁软件，切换到“控显机”子系统。

点击站场图空白处，在站场图上方显示操作按钮列表。

点击“X 总反”按钮，左下方出现 15 s 倒计时，然后将鼠标移动到站场图上 27#道岔，当出现黄色方框或 27 号道岔提示时点击鼠标，如图 6-1-5 所示。

等待 1～3 s 后道岔即转换到反位，至此完成道岔反操业务。

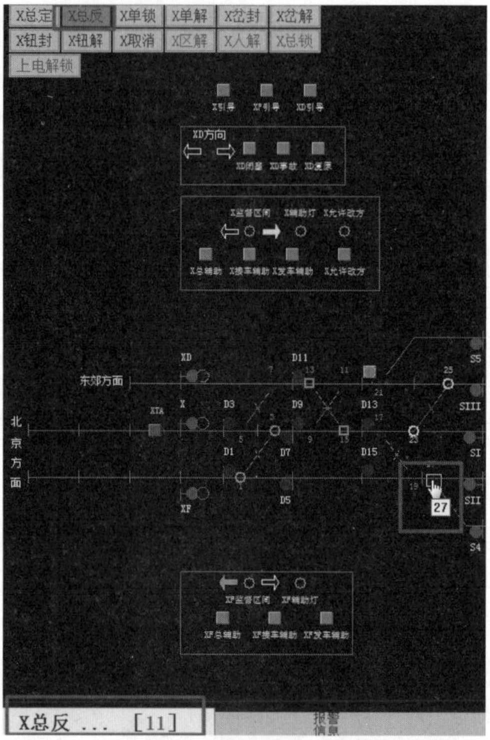

图 6-1-5　道岔操作界面

2）道岔定操[27#道岔]

打开联锁软件，切换到“控显机”子系统。

点击站场图空白处，在站场图上方显示操作按钮列表。

点击“X 总定”按钮，左下方出现 15 s 倒计时，然后将鼠标移动到站场图上 27#道岔，当出现黄色方框或 27 号道岔提示时点击鼠标。

等待 1～3 s 后道岔即转换到定位，至此完成道岔定操业务。

3）道岔单锁[27#道岔]

打开联锁软件，切换到“控显机”子系统。

点击站场图空白处，在站场图上方显示操作按钮列表。

点击“X 单锁”按钮，左下方出现 15 s 倒计时，然后将鼠标移动到站场图上 27#道岔，当出现黄色方框或 27 号道岔提示时点击鼠标，如图 6-1-6 所示。

等待 1～3 s 后道岔被锁定，至此完成道岔单锁业务。

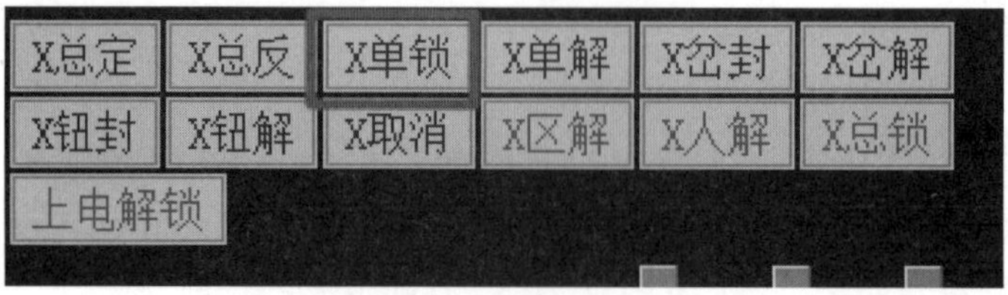

图 6-1-6　道岔单锁

4）道岔单解[27#道岔]

打开联锁软件，切换到“控显机”子系统。

点击站场图空白处，在站场图上方显示操作按钮列表。

点击“X单解”按钮，左下方出现15 s倒计时，然后将鼠标移动到站场图上27#道岔，当出现黄色方框或27号道岔提示时点击鼠标，如图6-1-7所示。

等待1～3 s后道岔解锁，至此完成道岔单解业务。

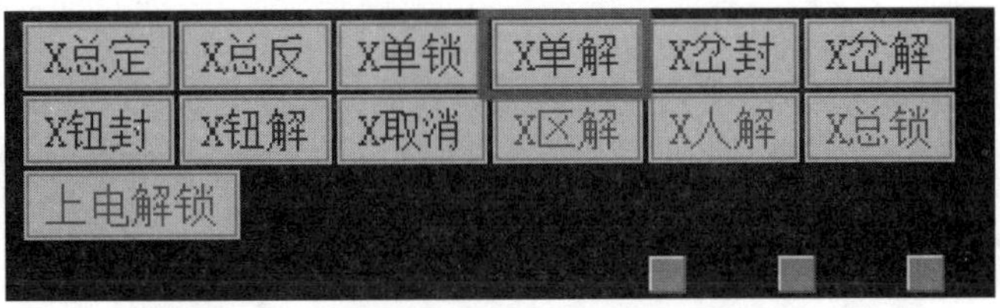

图6-1-7　道岔单解

5）道岔岔封[27#道岔]

打开联锁软件，切换到“控显机”子系统。

点击站场图空白处，在站场图上方显示操作按钮列表。

点击“X岔封”按钮，左下方出现15s倒计时，然后将鼠标移动到站场图上27#道岔，当出现黄色方框或27号道岔提示时点击鼠标，如图6-1-8所示。

等待1～3 s后道岔被封锁，至此完成道岔岔封业务。

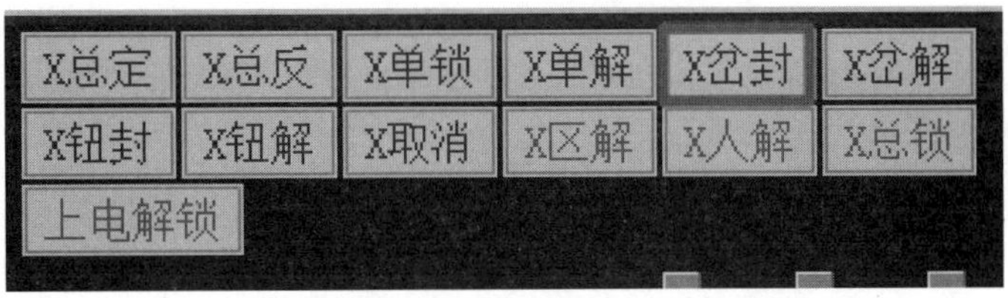

图6-1-8　道岔岔封

6）道岔岔解[27#道岔]

打开联锁软件，切换到“控显机”子系统。

点击站场图空白处，在站场图上方显示操作按钮列表。

点击“X岔解”按钮，左下方出现15s倒计时，然后鼠标移动到站场图上27#道岔，当出现黄色方框或27号道岔提示时点击鼠标，如图6-1-9所示。

等待1～3 s后道岔解封，至此完成道岔岔解业务。

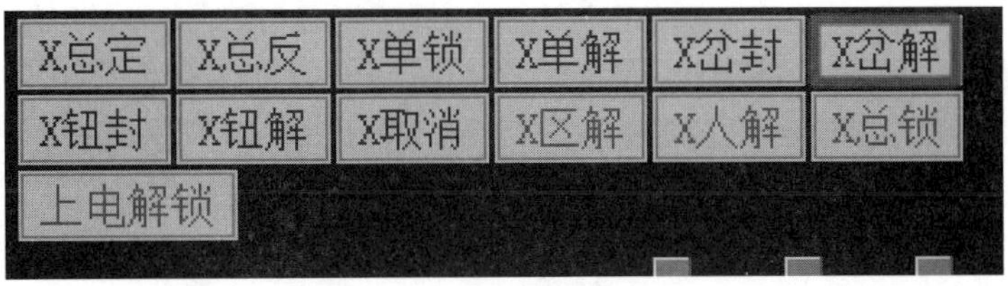

图6-1-9　道岔岔解

2. 列车作业

1）接车进路[下行 IG 接车]

打开联锁软件，切换到“控显机”子系统。

始端按钮：将鼠标移动到站场图“X”信号机上，当出现“进站信号机：X”时点击鼠标左键，此时左下方会有 15 s 倒计时提示。

终端按钮：将鼠标移动到站场图上“SI”信号机上，当出现“出发兼调车信号机：SI”时点击鼠标左键。

等待 1～3 s 后进站信号开放，显示锁闭白光带，进路排列成功，如图 6-1-10 所示。

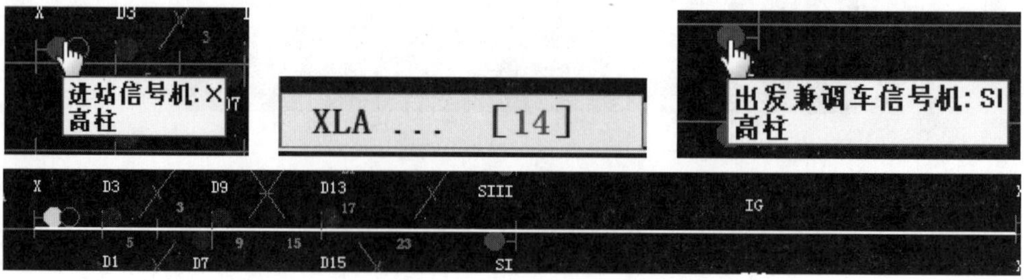

图 6-1-10　接车进路

2）发车进路[下行 IG 发车]

打开联锁软件，切换到“控显机”子系统。

始端按钮：将鼠标移动到站场图“XI”信号机上，当出现“出发兼调车信号机：XI”时点击鼠标左键，此时左下方会有 15 s 倒计时提示。

终端按钮：将鼠标移动到站场图“SF”信号机上，当出现“进站信号机：SF”时点击鼠标左键。

等待1～3 s后下行发车信号XI开放，显示锁闭白光带，进路排列成功，如图6-1-11所示。

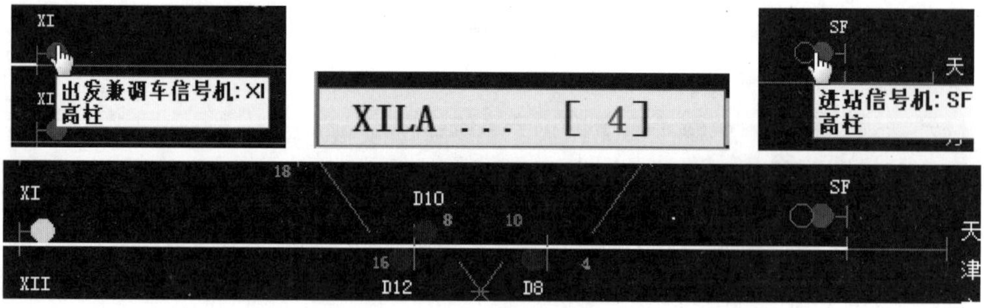

图 6-1-11　发车进路

3）取消进路[下行 IG 接车]

打开联锁软件，切换到“控显机”子系统，排列 IG 接车进路。

用鼠标点击站场图空白处，显示出站场图上方的功能按钮区。

点击“X 取消”按钮，左下方会有 15 s 倒计时提示。

将鼠标移动到站场图“X”信号机上，当出现“进站信号机：“X”时点击鼠标左键。

等待 1 ~ 3 s 后进站信号 X 关闭，白光带消失，如图 6-1-12 所示。

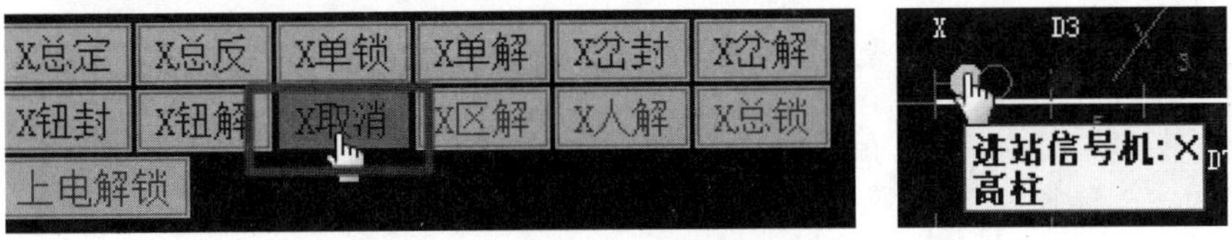

图 6-1-12　取消进路

特别注意：取消上行咽喉对应进路时点击“S 取消”按钮，取消下行咽喉对应进路时点击“X 取消”按钮。

4）通过进路[下行 IG 通过]

打开联锁软件，切换到“控显机”子系统。

始端按钮：将鼠标移动到站场图“XTA”信号按钮上，点击鼠标左键，此时左下方会有 15 s 倒计时提示。

终端按钮：将鼠标移动到站场图“SF”信号机上，当出现“进站信号机：SF”时点击鼠标左键。

等待 1 ~ 3 s 后进站信号 X 开放绿灯，出站信号 XI 开放黄灯，显示锁闭白光带，通过进路排列成功，如图 6-1-13 所示。

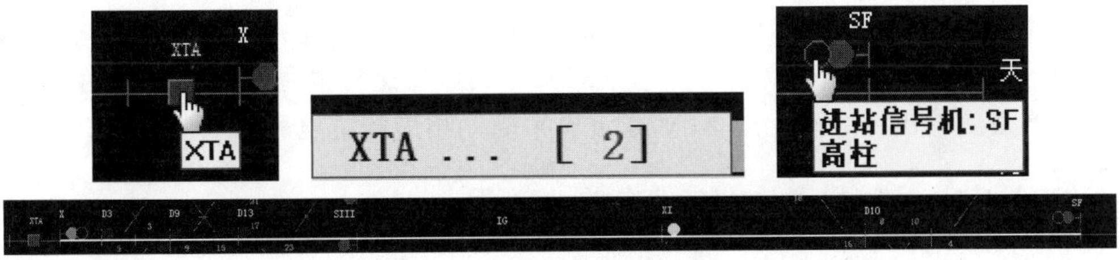

图 6-1-13　通过进路

步骤 5：分析总结各类联锁操作的相同点与不同点。

步骤 6：按照系统关机步骤对实训设备关机、断电，恢复实训现场。

五、实训考核标准

表 6-1-1　实训考核标准

项目	标准	配分	得分
DS6-K5B 型计算机联锁软件	能熟练地办理道岔操作、列车作业、调车作业、引导进路等业务	30	
TYJL-ADX 型计算机联锁软件	能熟练地办理道岔操作、列车作业、调车作业、引导进路等业务	30	
CBI-2016 计算机联锁软件	能熟练地办理道岔操作、列车作业、调车作业、引导进路等业务	40	

六、思考题

试总结各型号联锁软件在站场图显示、操作方式上有哪些相同点和不同点。

任务二　K5B 计算机联锁业务正常流程操作实训

一、实训目的

掌握 K5B 计算机联锁业务正常流程操作。

二、理论链接

（一）K5B 联锁硬件设备

实训现场联锁设备包含联锁终端柜、联锁逻辑柜及组合柜。

联锁终端柜包含维修机、控显机、逻辑电源、接口电源。接口电源提供 24 V 直流稳压电源，为电子终端输出接口驱动继电器和输入接口采集继电器供电；逻辑电源通过联锁机和电子终端内部的 DC/DC 转换电路产生 5 V 电压，供逻辑电路工作。控显机、维修机为工控机计算机主机，分别安装控显机软件及电务维修机软件。

联锁柜包含联锁逻辑部和电子终端机。联锁逻辑部由并列二重系组成，以主从方式并行运行，主从各系各自执行全部处理功能，满足一系因故停止输出时，另一系自动接替工作。联锁逻辑板卡分别为 IPU6 板、F486 板、FSIO 板。

子终端为故障安全型双 CPU 构成的智能控制器，系统设置为二重系。电子终端将采集到的现场设备状态发送给联锁逻辑部作为联锁运算的基本数据，同时将联锁逻辑部产生的输出命令转化成 24 V 直流电平驱动相应的继电器。

（二）K5B 计算机联锁业务正常操作流程

1. 上电解锁

打开联锁软件，切换到“控显机”子系统。

点击站场图空白处，在站场图上方显示操作按钮列表。

点击“上电解锁”按钮，在弹出的密码框中输入“123”，确定后再次输入“123”并确认后等待 1 ~ 3 s 即完成上电解锁操作，如图 6-2-1 所示。

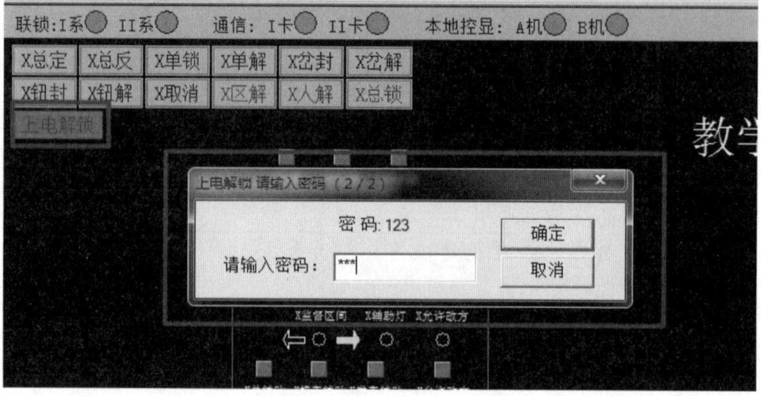

图 6-2-1　上电解锁界面

2. 道岔操作

1）道岔反操[27#道岔]

打开联锁软件，切换到“控显机”子系统。

点击站场图空白处，在站场图上方显示操作按钮列表。

点击“X 总反”按钮，左下方出现 15 s 倒计时，将鼠标移动到站场图上 27#道岔，当出现黄色方框或 27 号道岔提示时点击鼠标。

等待 1～3 s 后道岔即转换到反位，至此完成道岔反操业务，如图 6-2-2 所示。

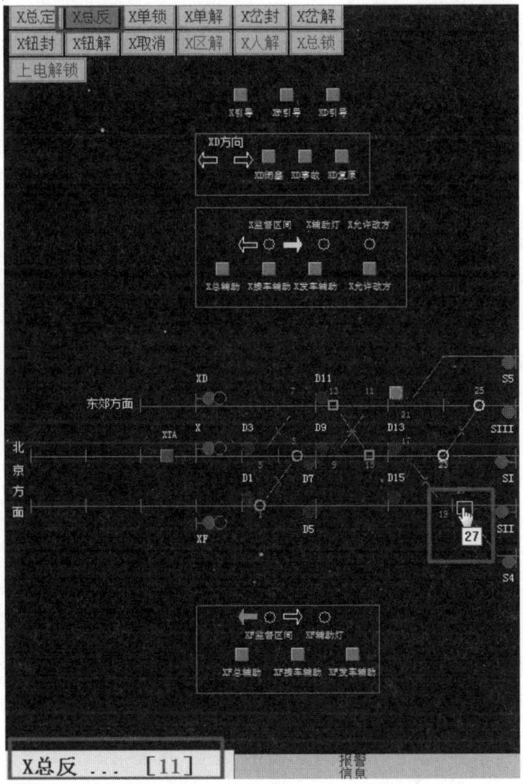

图 6-2-2　道岔操作界面

2）道岔定操[27#道岔]

打开联锁软件，切换到“控显机”子系统。

点击站场图空白处，在站场图上方显示操作按钮列表。

点击“X 总定”按钮，左下方出现 15 s 倒计时，然后鼠标移动到站场图上 27#道岔，当出现黄色方框或 27 号道岔提示时点击鼠标。

等待 1～3 s 后道岔即转换到定位，至此完成道岔定操业务。

3）道岔单锁[27#道岔]

打开联锁软件，切换到“控显机”子系统。

点击站场图空白处，在站场图上方显示操作按钮列表。

点击“X 单锁”按钮，左下方出现 15 s 倒计时，然后鼠标移动到站场图上 27#道岔，当出现黄色方框或 27 号道岔提示时点击鼠标。

等待 1 ~ 3 s 后道岔被锁定，至此完成道岔单锁业务，如图 6-2-3 所示。

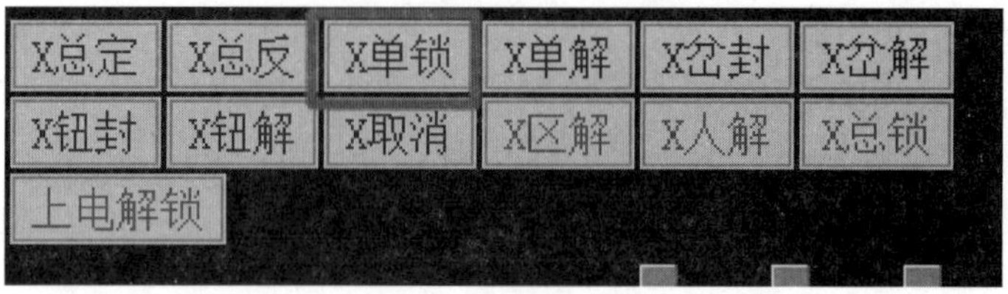

图 6-2-3　道岔单锁

4）道岔单解[27#道岔]

打开联锁软件，切换到“控显机”子系统。

点击站场图空白处，在站场图上方显示操作按钮列表。

点击“X 单解”按钮，左下方出现 15 s 倒计时，然后将鼠标移动到站场图上 27# 道岔，当出现黄色方框或 27 号道岔提示时点击鼠标。

等待 1 ~ 3 s 后道岔解锁，至此完成道岔单解业务，如图 6-2-4 所示。

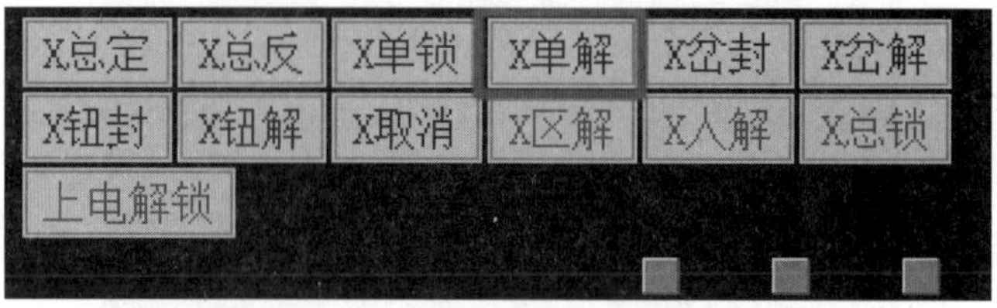

图 6-2-4　道岔单解

5）道岔岔封[27#道岔]

打开联锁软件，切换到“控显机”子系统。

点击站场图空白处，在站场图上方显示操作按钮列表。

点击“X 岔封”按钮，左下方出现 15 s 倒计时，然后将鼠标移动到站场图上 27# 道岔，当出现黄色方框或 27 号道岔提示时点击鼠标。

等待 1 ~ 3 s 后道岔被封锁，至此完成道岔岔封业务，如图 6-2-5 所示。

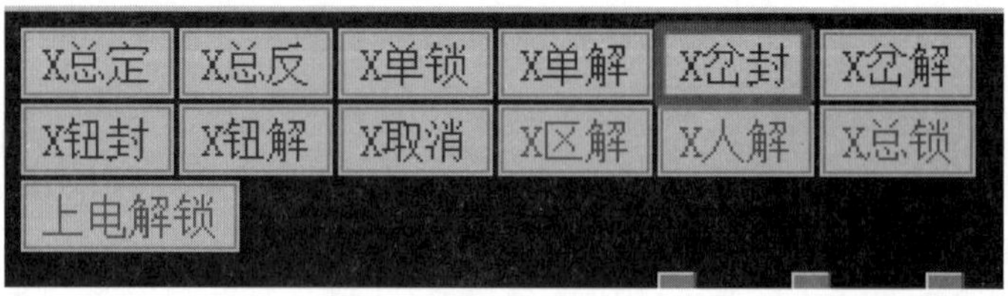

图 6-2-5　岔封

6）道岔岔解[27#道岔]

打开联锁软件，切换到“控显机”子系统。

点击站场图空白处，在站场图上方显示操作按钮列表。

点击“X 岔解”按钮，左下方出现 15 s 倒计时，然后将鼠标移动到站场图上 27# 道岔，当出现黄色方框或 27 号道岔提示时点击鼠标。

等待 1 ~ 3 s 后道岔解封，至此完成道岔岔解业务，如图 6-2-6 所示。

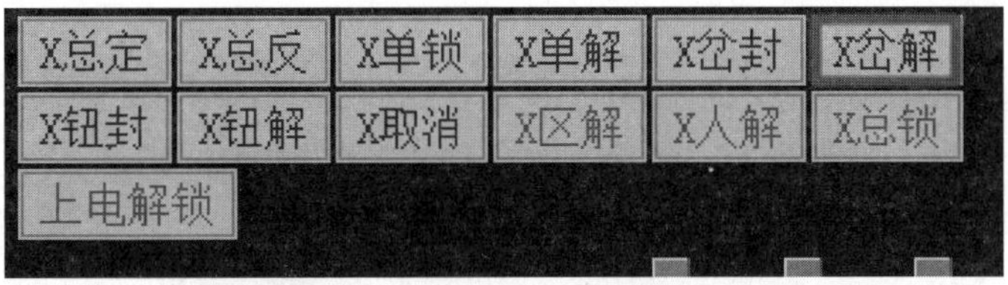

图 6-2-6　岔解

3. 列车作业

1）接车进路[下行 IG 接车]

打开联锁软件，切换到“控显机”子系统。

始端按钮：将鼠标移动到站场图“X”信号机上，当出现“进站信号机：X”时点击鼠标左键，此时左下方会有 15 s 倒计时提示。

终端按钮：将鼠标移动到站场图“SI”信号机上，当出现“出发兼调车信号机：SI”时点击鼠标左键。

等待 1～3 s 后进站信号开放，显示锁闭白光带，进路排列成功，如图 6-2-7 所示。

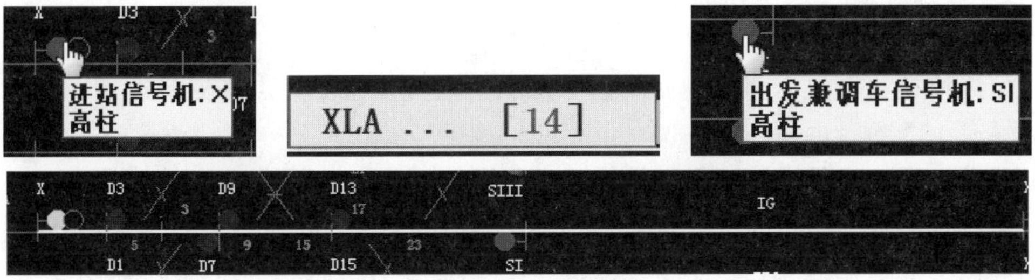

图 6-2-7　接车进路

2）发车进路[下行 IG 发车]

打开联锁软件，切换到“控显机”子系统。

始端按钮：将鼠标移动到站场图“XI”信号机上，当出现“出发兼调车信号机：XI”时点击鼠标左键，此时左下方会有 15 s 倒计时提示。

终端按钮：将鼠标移动到站场图“SF”信号机上，当出现“进站信号机：SF”时点击鼠标左键。

等待 1～3 s 后下行发车信号 XI 开放，显示锁闭白光带，进路排列成功，如图 6-2-8 所示。

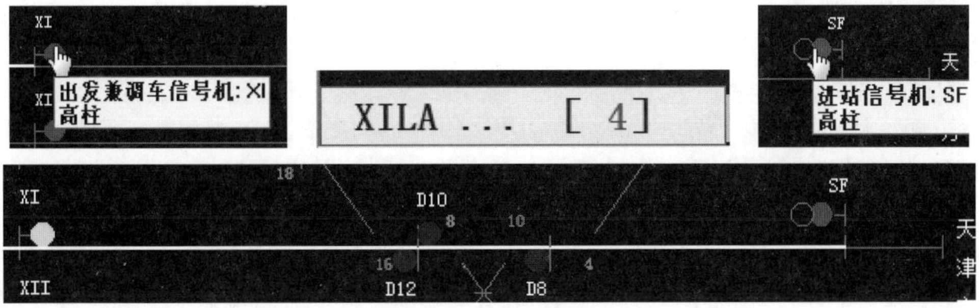

图 6-2-8　发车进路

3）取消进路[下行 IG 接车]

打开联锁软件，切换到“控显机”子系统，排列 IG 接车进路。

用鼠标点击站场图空白处，显示出站场图上方的功能按钮区。

点击“X 取消”按钮，左下方会有 15 s 倒计时提示。

将鼠标移动到站场图“X”信号机上，当出现“进站信号机：X”时点击鼠标左键。

等待 1 ~ 3 s 后进站信号 X 关闭，白光带消失，如图 6-2-9 所示。

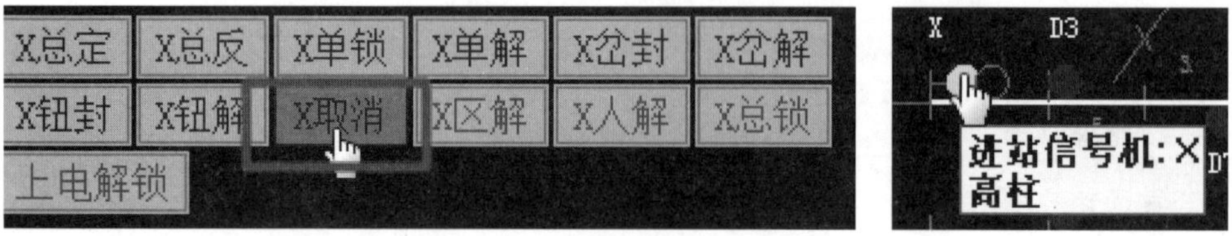

图 6-2-9　取消进路

特别注意：取消上行咽喉对应进路时点击“S 取消”按钮，取消下行咽喉对应进路时点击“X 取消”按钮。

4）通过进路[下行 IG 通过]

打开联锁软件，切换到“控显机”子系统。

始端按钮：将鼠标移动到站场图“XTA”信号按钮上，点击鼠标左键，此时左下方会有 15 s 倒计时提示。

终端按钮：将鼠标移动到站场图“SF”信号机上，当出现“进站信号机：SF”时点击鼠标左键。

等待 1 ~ 3 s 后进站信号 X 开放绿灯，出站信号 XI 开放黄灯，显示锁闭白光带，通过进路排列成功，如图 6-2-10 所示。

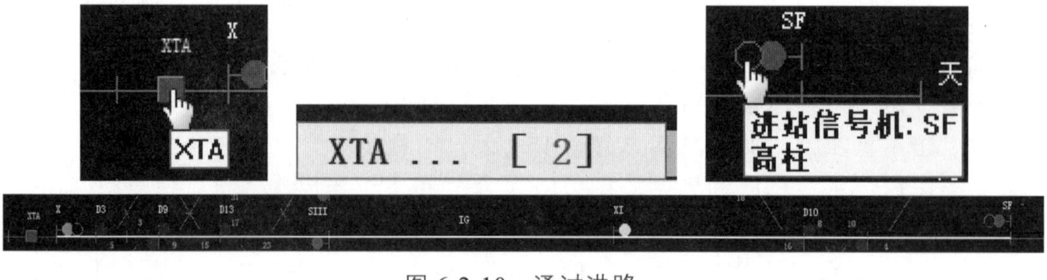

图 6-2-10　通过进路

4．调车作业

1）调车进路[D9-SIII]

打开联锁软件，切换到“控显机”子系统。

始端按钮：将鼠标移动到站场图“D9”信号机的名称上，当出现“单置调车信号机 D9”时点击鼠标左键，此时左下方会有 15 s 倒计时提示。

终端按钮：将鼠标移动到站场图“SIII”信号机的名称上，当出现“出发兼调车信号机：SIII”时点击鼠标左键。

等待 1 ~ 3 s 后信号开放白灯，显示锁闭白光带，调车进路排列成功，如图 6-2-11 所示。

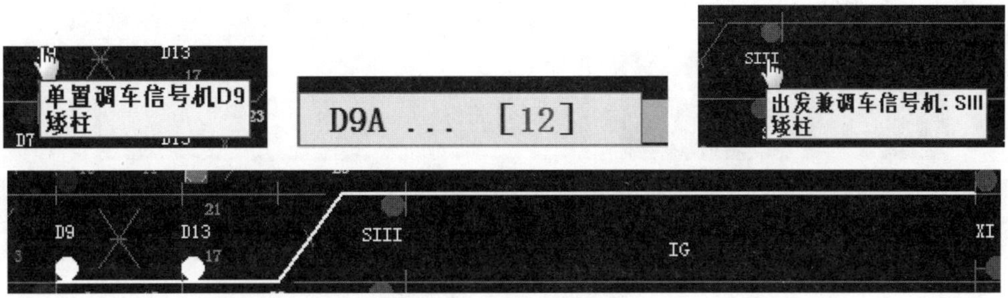

图 6-2-11 调车进路

2）取消调车进路[D9-SIII]

打开联锁软件，切换到“控显机”子系统，排列上述 D9-SIII 调车进路；因 D9-SIII 是由 D9-D13 和 D13-SIII 组成的复合调车进路，根据联锁规定，复合调车进路需要逐段取消。

用鼠标点击站场图空白处，显示出站场图上方的功能按钮区。

点击“X 取消”按钮，左下方会有 15 s 倒计时提示。

将鼠标移动到站场图“D9”信号机名称上，当出现“单置调车信号机 D9”时点击鼠标左键。

等待 1～3 s 后 D9 调车信号白灯关闭，白光带消失。

再次按照此步骤取消 D13-SIII 的调车进路，如图 6-2-12 所示。

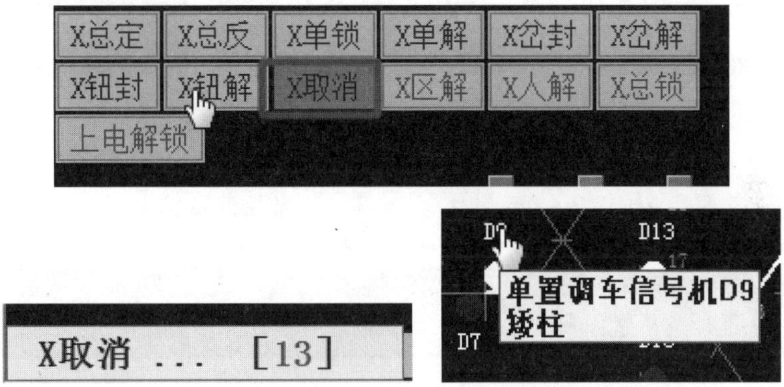

图 6-2-12 取消调车进路

5. 引导进路

1）引导进路[IG X 引导进路]

打开联锁软件，切换到“控显机”子系统。

先检查下行咽喉道岔位置状态是否满足下行 IG 接车，如不满足则将道岔转换到正确的位置。

将鼠标移动到站场图“X 引导”按钮上，点击鼠标左键，此时左下方会有 15 s 倒计时提示，并弹出密码框，输入“123”后点击确定。

等待 1～3 s 后 X 进站信号机开放红白引导信号，进路显示白光带，如图 6-2-13 所示。

图 6-2-13　引导进路

2）解锁引导进路[IG X 引导进路]

打开联锁软件，切换到“控显机”子系统。

办理 IG 下行引导接车进路。

用鼠标左键在站场图空白处点击，显示出站场图上方的功能按钮列表。

将鼠标移动到站场图“X 人解”按钮上，点击鼠标左键，此时左下方会有 15 s 倒计时提示。

将鼠标移动到站场图“X”信号机上，当出现“进站信号机：X”时点击鼠标左键，在弹出的密码框输入“123”后点击确定。

等待 1 ~ 3 s 后 X 进站信号机关闭引导信号，进路白光带消失，如图 6-2-14 所示。

图 6-2-14　解锁引导进路

6. 引导总锁闭接车及取消

1）引导总锁闭接车

打开联锁软件，切换到“控显机”子系统。

用鼠标左键在站场图空白处点击，显示站场图上方的功能按钮列表。

将鼠标移动到站场图“X 总锁”按钮上，点击鼠标左键，此时左下方会有 15 s 倒计时提示，并弹出密码输入框，输入两次密码“123”后确认。

等待 1 ~ 3 s 后下行咽喉所有道岔处于单锁状态。

将鼠标移动到站场图“X 引导”按钮上，点击鼠标左键，此时左下方会有 15 s 倒计时提示，并在弹出的密码框输入密码“123”后确认。

等待 1～3 s 后 X 进站信号机开放红白引导信号，如图 6-2-15 所示。

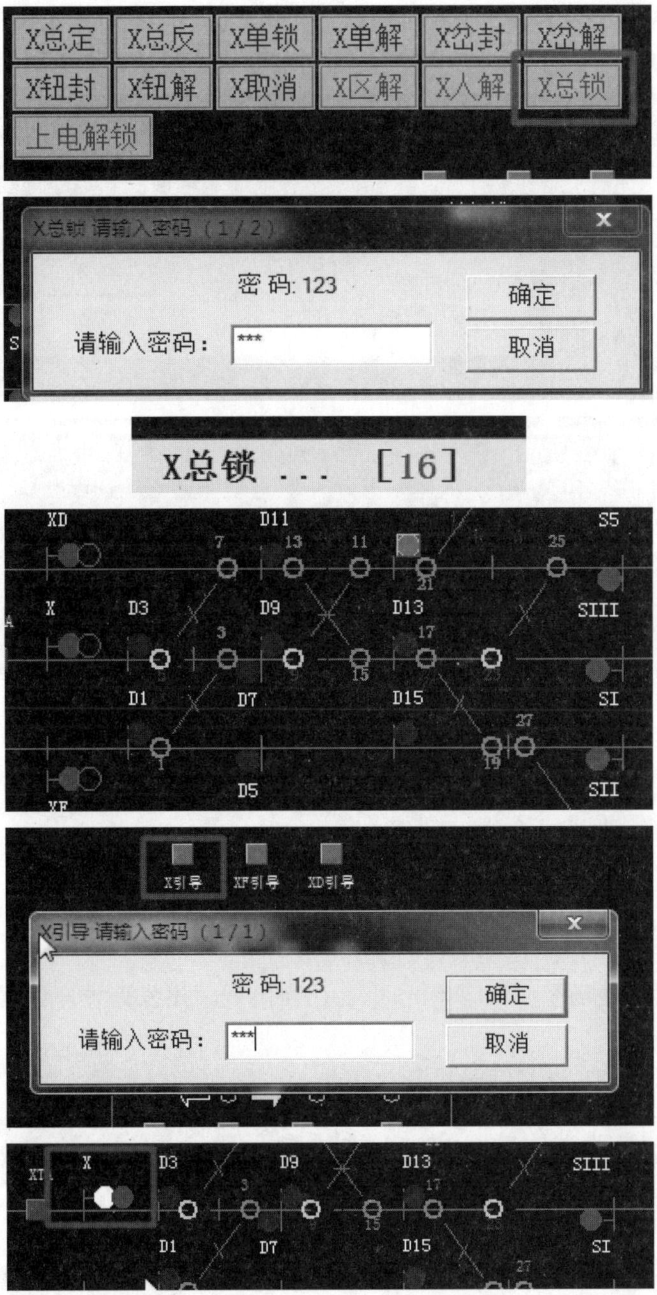

图 6-2-15　引导总锁闭接车

2）取消引导总锁闭接车

打开联锁软件，切换到“控显机”子系统。

按照上述步骤办理“引导总锁闭接车”。

用鼠标左键在站场图空白处点击，显示站场图上方的功能按钮列表。

将鼠标移动到站场图“X 总锁”按钮上，点击鼠标左键，此时左下方会有 15 s

倒计时提示，并弹出密码输入框，输入两次密码“123”后确认。

等待 1 ~ 3 s 后 X 进站信号机关闭红白引导信号，下行咽喉所有道岔解除单锁状态，如图 6-2-16 所示。

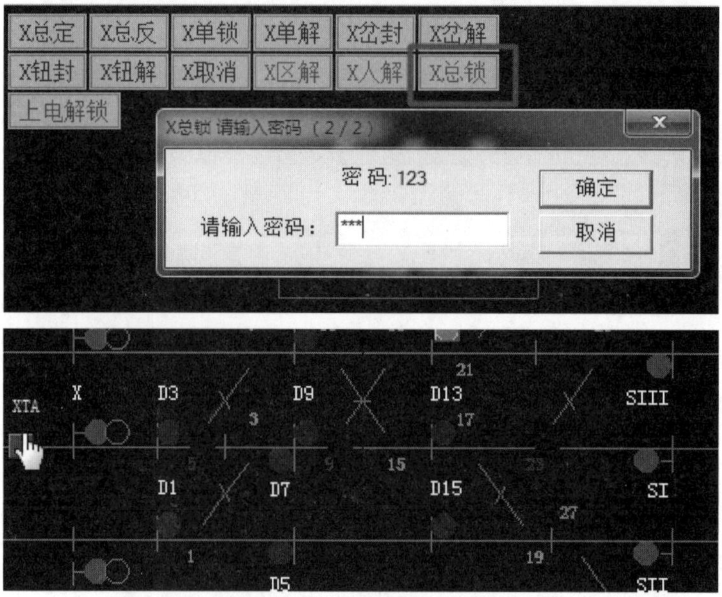

图 6-2-16　取消引导进路

7. 改方作业

1）反方向接车[IIG 下行反向接车]

打开联锁软件，切换到“控显机”子系统。

将鼠标移动到站场图“XF”信号机上，当出现“进站信号机：XF”时，点击鼠标左键，此时左下方会有 15 s 倒计时提示。

将鼠标移动到站场图“SII”信号机上，当出现“出发兼调车信号机：SII”时，点击鼠标左键。

等待 1 ~ 3 s 后 XF 进站信号机开放信号，进路显示白光带，如图 6-2-17 所示。

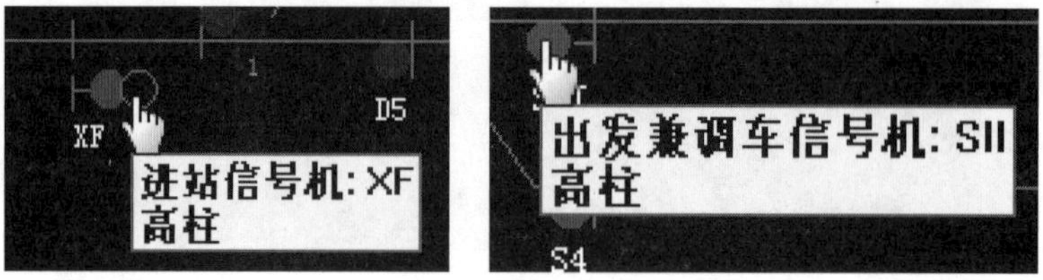

图 6-2-17　反方向接车

2）反方向发车[IG 下行反向发车]

打开联锁软件，切换到“控显机”子系统。

将鼠标移动到“X 允许改方”按钮上，点击鼠标左键，在弹出的密码框中输入“123”后确认。

等待 1 ~ 3 s 后，“X 允许改方”表示灯亮白灯，表示改方成功。

将鼠标移动到站场图“SI”信号机上，当出现“出发兼调车信号：“SI”时，点击鼠标左键，此时左下方会有 15 s 倒计时提示。

将鼠标移动到站场图“X”信号机上，当出现“进站信号机：X”时，点击鼠标左键。

等待 1 ~ 3 s 后 SI 出站信号机开放信号，进路显示白光带，如图 6-2-18 所示。

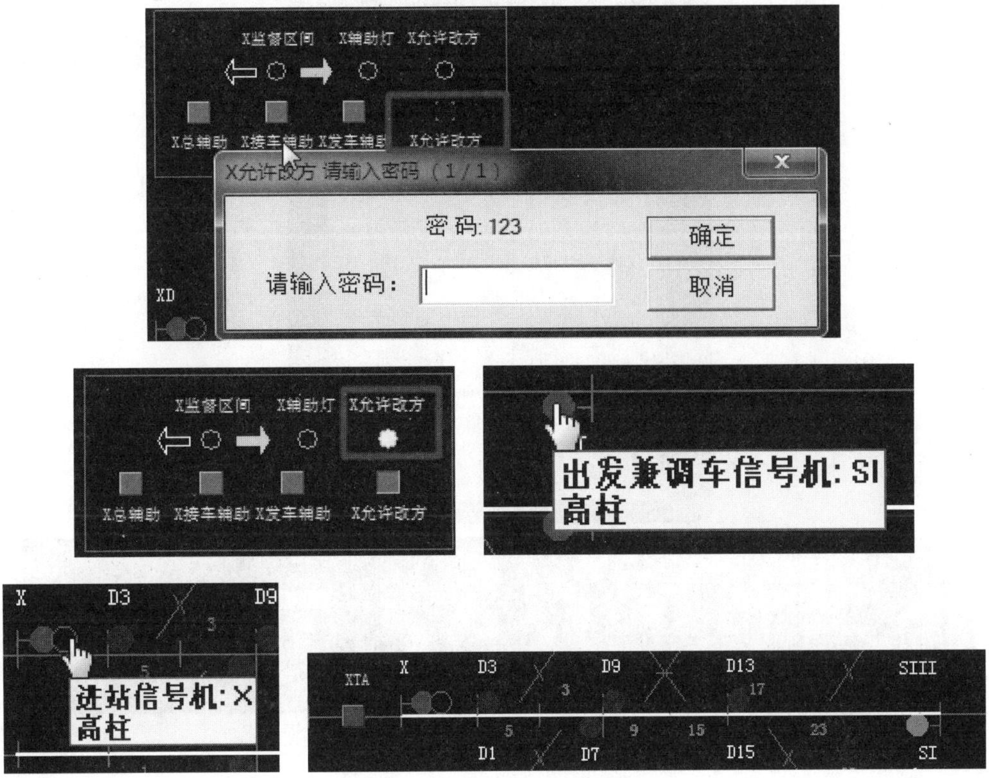

图 6-2-18　反方向发车

8. 模拟行车

1）模拟行车[下行 IIIG 接车]

打开联锁软件，切换到“控显机”子系统。

排列“下行 IIIG 接车”进路。

切换到“模拟机系统”，点击“参数设置”→“列/调车设置”。

在弹出的列车信息设置模块界面，选择行走方向为“从左往右”，列车类型为“列车”，车次号为“T101”。

设置列车位置需要将鼠标移动到 X 进站信号机上，当鼠标变成时，点击左键即可选定列车对应的防护信号机，即列车的初始位置。

然后点击设置列车按钮，即可完成列车模拟，切换到“控显机”子系统即可观察列车的运行和进路的信号关闭及自动解锁过程，如图 6-2-19 所示。

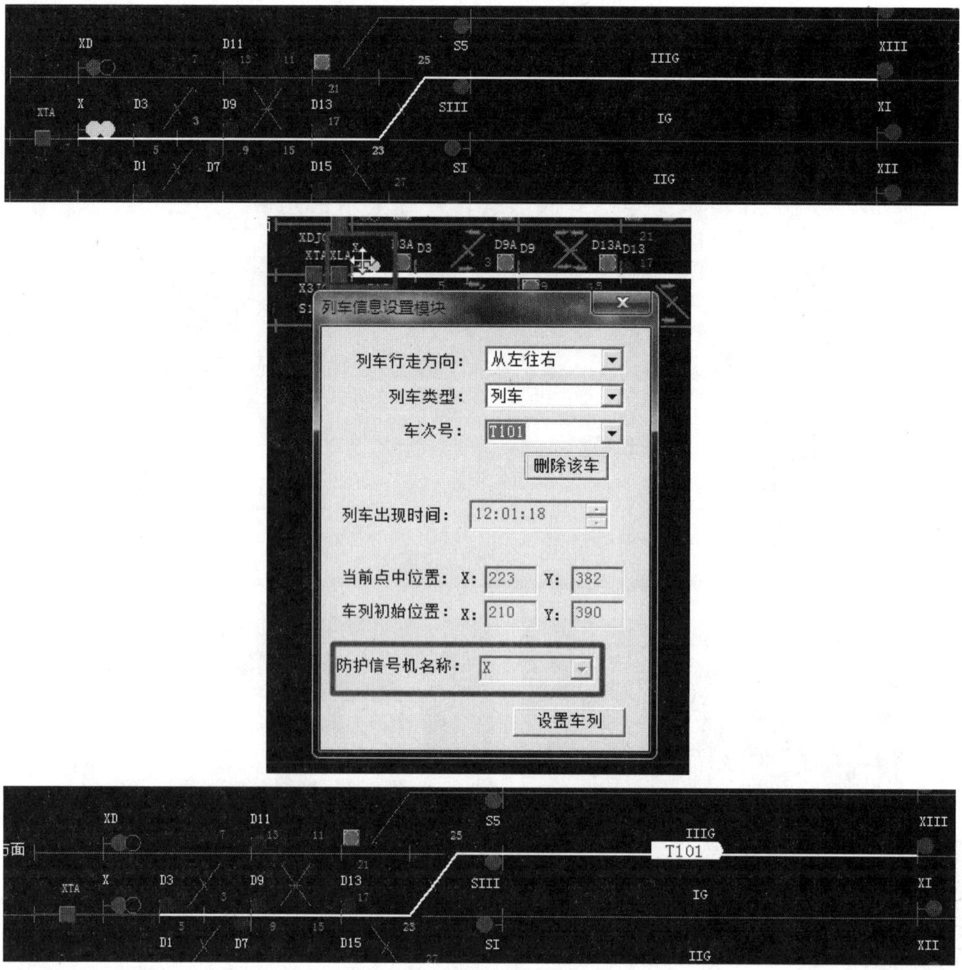

图 6-2-19　模拟行车

三、实训要求

（一）实训时间

2 个课时。

（二）实训形式

学生每 5 人组成 1 个工作小组，各小组制定实施方案及工作计划。组长协助教师指导本组学生学习，检查实训作业进度和质量，制定改进措施，共同完成项目任务。

（三）安全注意事项

（1）未经教师或管理员允许不得擅自操作。

（2）严禁对计算机进行非法关机。

（3）应在退出软件、关闭操作系统、确认显示器黑屏的情况下再依次进行空开的断开工作。

（4）严禁私自拖拽、更改设备配线，实训室内设备不得挪作他用。

（四）工器具材料准备：

（1）防护用品：防滑鞋、绝缘手套、工作服等。
（2）工具：万用表等。
（3）个人用品：笔、笔记本等。

四、实训作业步骤

步骤1：实训人员穿戴防护用品，携带相关工具至现场。
步骤2：按照系统开机步骤，依次对实训设备上电、开机。
步骤3：认知现场联锁实训设备。
（1）联锁终端柜维修机、控显机、逻辑电源、接口电源认知。
（2）联锁逻辑柜联锁逻辑部、电子终端机认知。
步骤4：打开联锁软件，切换到“控显机”子系统。
步骤5：进行联锁业务操作，包含调车作业、引导进路等。

1. 调车进路[D9-SIII]

打开联锁软件，切换到“控显机”子系统。

始端按钮：将鼠标移动到站场图“D9”信号机的名称上，当出现“单置调车信号机D9”时点击鼠标左键，此时左下方会有15 s倒计时提示。

终端按钮：将鼠标移动到站场图“SIII”信号机的名称上，当出现“出发兼调车信号机：SIII”时点击鼠标左键。

等待1~3 s后信号开放白灯，显示锁闭白光带，调车进路排列成功，如图6-2-20所示。

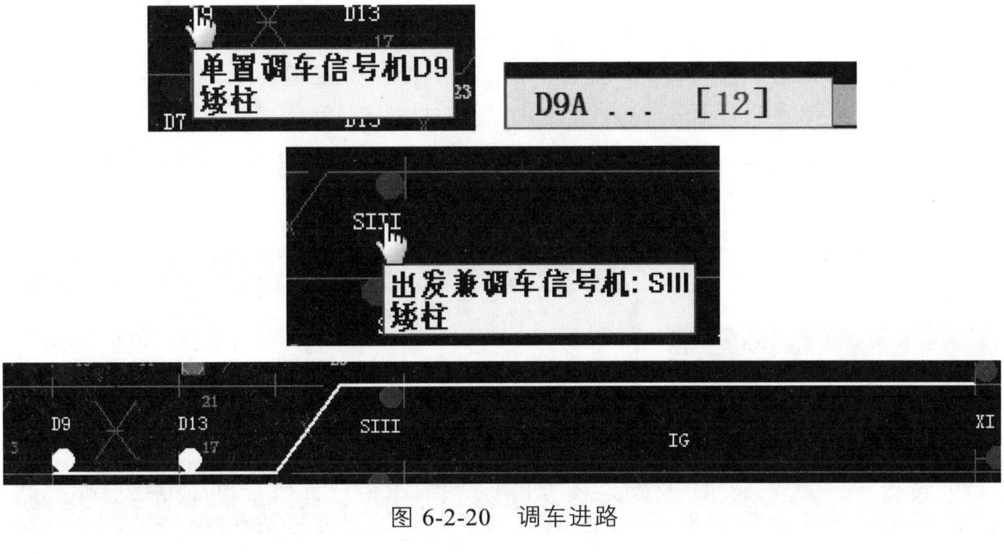

图6-2-20 调车进路

2. 取消调车进路[D9-SIII]

打开联锁软件，切换到“控显机”子系统，排列上述 D9-SIII 调车进路；因 D9-SIII 是由 D9-D13 和 D13-SIII 组成的复合调车进路，根据联锁规定，复合调车进路需逐段取消。

用鼠标点击站场图空白处，显示出站场图上方的功能按钮区。

点击“X 取消”按钮，左下方会有 15s 倒计时提示。

将鼠标移动到站场图“D9”信号机名称上，当出现“单置调车信号机 D9”时点击鼠标左键。

等待 1～3 s 后 D9 调车信号白灯关闭，白光带消失。

再次按照此步骤取消 D13-SIII 的调车进路，如图 6-2-21 所示。

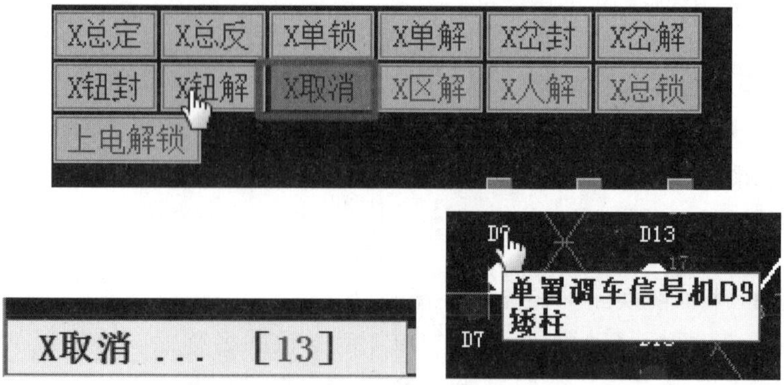

图 6-2-21　取消调车进路

3. 引导进路[IG X 引导进路]

打开联锁软件，切换到“控显机”子系统。

先检查下行咽喉道岔位置状态是否满足下行 IG 接车，如不满足则将道岔转换到正确的位置。

将鼠标移动到站场图“X 引导”按钮上，点击鼠标左键，此时左下方会有 15 s 倒计时提示，并弹出密码框，输入“123”后点击确定。

等待 1～3 s 后 X 进站信号机开放红白引导信号，进路显示白光带，如图 6-2-22 所示。

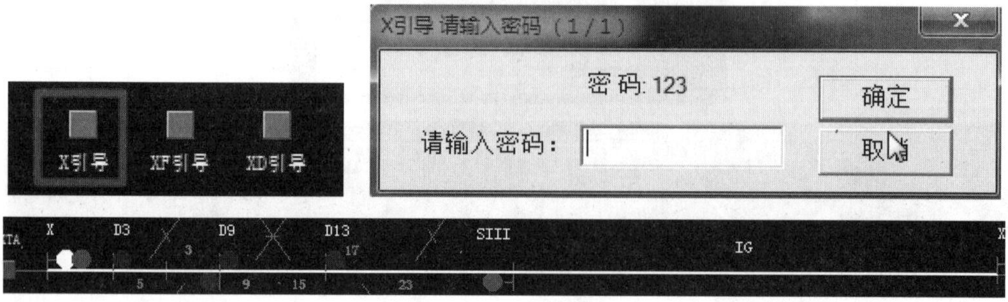

图 6-2-22　引导进路

4. 解锁引导进路[IG X 引导进路]

打开联锁软件，切换到“控显机”子系统。

办理 IG 下行引导接车进路。

在站场图空白处点击鼠标左键，显示站场图上方的功能按钮列表。

将鼠标移动到站场图“X 人解”按钮上，点击鼠标左键，此时左下方会有 15 s 倒计时提示。

将鼠标移动到站场图“X”信号机上，当出现“进站信号机：X”时点击鼠标左键，在弹出的密码框输入“123”后点击确定。

等待 1 ~ 3 s 后 X 进站信号机关闭引导信号，进路白光带消失，如图 6-2-23 所示。

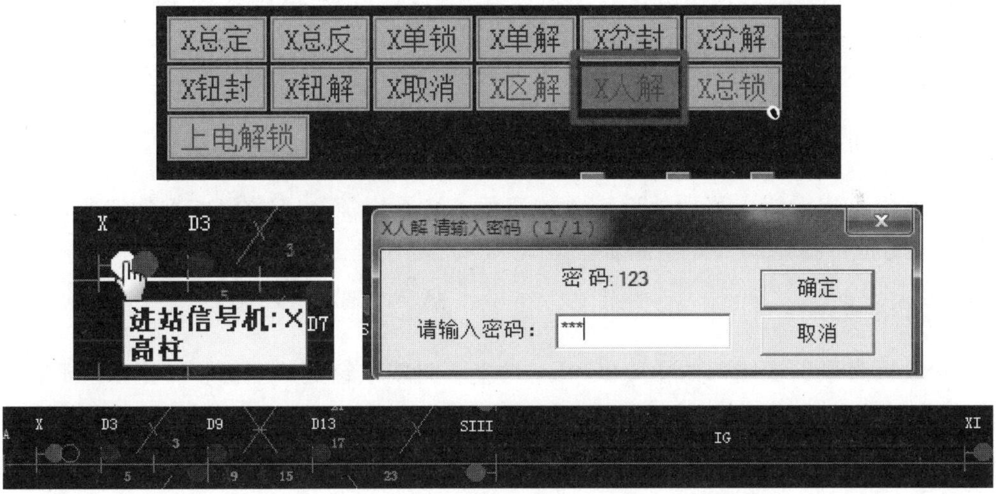

图 6-2-23　取消引导进路

步骤 6：按照系统关机步骤对实训设备关机、断电，恢复实训现场。

五、实训考核标准

表 6-2-1　实训考核标准

项目	标准	配分	得分
道岔操作	能熟练地办理道岔操作业务	25	
进路办理	能熟练地办理进路业务，包含列车进路及调车进路	35	
非正常情况进路办理	能够熟练办理联锁非正常业务，包含引导接车、改方等	40	

六、思考题

试简述 K5B 计算机联锁进路办理的操作流程。

任务三　计算机联锁故障处理

一、实训目的

掌握计算机联锁常见故障的分析与处理。

二、理论链接

（一）联锁逻辑部

联锁柜由并列二重系组成，以主从方式并行运行，主从各系各自执行全部处理功能。满足一系因故停止输出时，另一系自动接替工作。联锁逻辑板卡分别为 IPU6 板、F486 板、FSIO 板。

1. IPU6 板

IPU6 板（电源板）实现外部输入的直流 5 V 至直流 24 V 的 DC/DC 转变，为本系逻辑电路提供稳定的 5 V 电源。

2. F486 板

F486 板为联锁逻辑部的主 CPU 板。功能：完成联锁逻辑运算；二重系间通信及切换控制；二重系一致性检查；系统故障监测及报警，异常时停止动作，输出导向安全侧。

对于系统运行指示灯 D0~D7，D7 灭，系统运行正常；D7 亮，系统停机。

在 D7 灭灯的情况下，D0~D6 的状态定义为：

D0 亮：本板为 1 系；D0 灭，本板为 2 系；

D1 亮：本板为主系；D1 灭，本板为从系；

D2 亮：两系不同步：D2 灭，两系同步；

D3 亮：执行控制功能；D3 灭，控制功能停止；

D4 亮：APL 应用程序逻辑开始执行；D4 灭：APL 停止执行；

D5 预留；

D6 亮：数据连接成功；D6 灭，数据连接失败；

3. FSIO 板

FSIO 板是联锁机与控显机、电务维修机以及电子终端之间的通信接口板。它从 F486 板接收联锁运算产生的输出命令并传送给电子终端，从电子终端接收表示信息传送给 F486 板。同时它也从 F486 板接收站场的表示信息并发送给控显机用于站场图形的实时显示和提示报警。它还接收控显机操作信息并传送给 F486 板用于联锁运算。软件状态指示灯定义如表 6-3-1 所示。

表 6-3-1　软件状态指示灯定义表

LED	信息	正常状态	故障状态
D0	LED 输出	亮	灭（在向 LED 输出之前停止）
D1	初始化完成	亮	灭（初始化完成之前停止）
D2	中断（Interrupt）ASk OK	亮	灭（F486 中断不正确）
D3	发送停止命令	灭	亮（接收到来自 F486 的停止命令）
D4	DPRAM 初始化	灭	亮（DPRAM 初始化未完成）
D5	运行停止命令	灭	亮（收到来自 F486 的停止命令）
D6	DPRAM 写故障	闪	亮或灭（DPRAM 写故障）
D7	DPRAM 读故障	闪	亮或灭（DPRAM 读故障）

T 闪：正在发送数据；T 灭：没有发送数据。

R 闪：正在接收数据；R 灭：没有接收数据。

（二）电子终端

DS6-K5B 系统开关量输入输出接口采用电子终端。电子终端为故障安全型双 CPU 构成的智能控制器，系统设置为二重系。电子终端将采集到的现场设备状态发送给联锁逻辑部作为联锁运算的基本数据，同时将联锁逻辑部产生的输出命令转化成 24 V 直流电平驱动相应的继电器。

三、实训要求

（一）实训时间

2 个课时。

（二）实训形式

学生每 5 人组成 1 个工作小组，各小组制定实施方案及工作计划。组长协助教师指导本组学生学习，检查实训作业进度和质量，制定改进措施，共同完成项目任务。

（三）实训注意事项

（1）未经教师或管理员允许不得擅自操作。

（2）严禁对计算机进行非法关机。

（3）应在退出软件、关闭操作系统、确认显示器黑屏的情况下再依次进行空开的断开工作。

（4）严禁私自拖拽、更改设备配线，实训室内设备不得挪作他用。

（四）工器具材料准备

（1）防护用品：防滑鞋、绝缘手套、工作服等。

（2）工具：万用表等。

（3）个人用品：笔、笔记本等。

四、实训作业步骤

步骤 1：实训人员穿戴防护用品，携带相关工具至现场。

步骤 2：按照系统开机步骤，依次对实训设备上电、开机。

步骤 3：打开联锁软件，切换到“维修机”子系统。

（1）用鼠标点击菜单“故障设置”。

（2）在故障设置的主界面中（见图 6-3-1），可点击左下方的“联锁柜”“电子终端柜”按钮来切换两者的设备状态图展示。绿底白字的为当前选中设备柜，白底黑字的为未选中设备。

（3）在设备状态图对应的板卡上点击右键即可打开此板卡常见的故障列表，通过点击“开关按钮”设置或清除此板卡对应的故障，设置后此故障名称变为红色，开关处于打开状态，再次点击可以清除故障，清除后此故障名称变为黑色，开关处于关闭状态；点击最上方的“清除此板卡上的所有故障”按钮清除此板卡设置的所有故障。

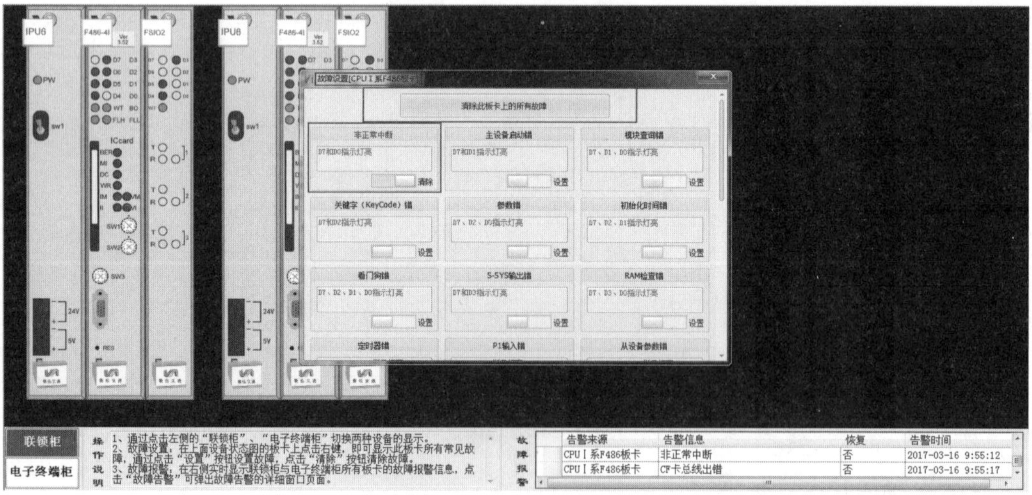

图 6-3-1　故障设置界面

（4）可点击“故障告警”四个字，打开详细的故障告警列表，查看更多的内容，其中已恢复的告警显示为绿色，未恢复的故障显示为红色，如图 6-3-2 所示。

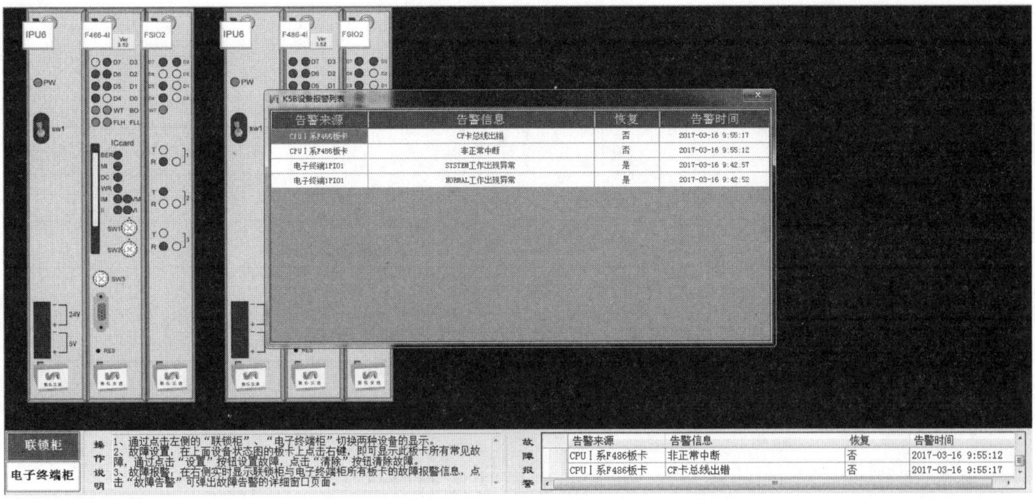

图 6-3-2　故障警告界面

步骤 4：对联锁机笼、电子终端机笼故障逐个设置，学生观察板卡面板指示灯变化，推断故障种类。

步骤 5：模拟信号设备故障。

（1）打开联锁软件，切换到“场景服务器”子系统。

（2）将鼠标移动到站场图对应的信号设备上，点击鼠标右键，可弹出对应此信号设备的操作选项，如图 6-3-3 所示。

（3）可设置道岔的定位、反位、无表示、单锁、单解、岔封、岔解、道岔区段的占用/空闲/锁闭。

（4）可设置区段的占用、空闲、锁闭状态。

（5）可设置信号机的不同灯位状态及灭灯、断丝。

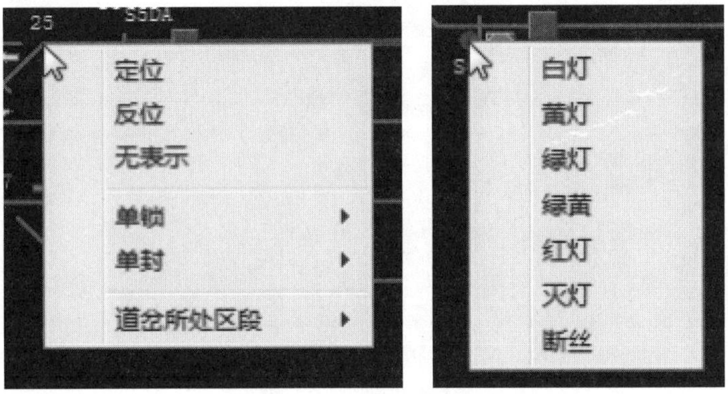

图 6-3-3　场景服务器界面

步骤 6：切换“控显机”子系统，观察设置相关故障后站场图显示的变化。

步骤 7：按照系统关机步骤对实训设备关机、断电，恢复实训现场。

五、实训考核标准

表 6-3-2　实训考核标准

项目	标准	配分	得分
联锁逻辑部故障	能够根据联锁机笼板卡指示灯状态推断发生的相应故障	25	
电子终端故障	能够根据电子终端机笼板卡指示灯状态推断发生的故障	25	
其他室内常见故障	能够熟练处理室内设备常见故障	25	
室外设备故障	能够根据控显机站场图显示，推断室外设备故障类型	25	

六、思考题

联锁逻辑部包含哪些板卡？板卡的主要功能有哪些？

项目七 铁路信号施工实训

任务一 信号系统工程图识图

一、实训目的

（1）能够正确地识读信号设备平面布置图。
（2）能够正确识读组合配线表。
（3）能够正确识读电缆径路图。

二、理论链接

（一）信号设备平面布置图

信号设备平面布置图是根据站场线路图绘制的，反映了站场线路的布置和集中联锁区的范围，标明了信号机、道岔的名称编号和设置位置，划分了轨道电路区段。车站信号设备平面布置图是设计车站联锁电路的基础，是进行车站信号工程设计与施工的重要依据。

1. 集中区

集中区就是确定站场内信号设备由信号楼集中控制，用“ ㄴ”来进行划分的区域。

2. 设备坐标

在信号平面布置图最上方表格，将信号楼的坐标定位为0，填写道岔号、信号机编号及设备到信号楼的距离。

3. 股道有效长度表

该表包含股道编号、线路别、起止位置、上下行长度等。

4. 道岔类型表

该表包含道岔号、辙叉号、基本轨规格等。

（二）组合配线表

组合配线表包括组合侧面端子与继电器间配线、侧面端子与组合熔断器间配线、侧面端子与侧面端子间配线、继电器与继电器间配线、继电器与组合熔断器间配线。

配线图右上部通常为组合内部侧面端子配线，表内 6 列方格表示 01~06 列侧面端子，组合左右各 3 列。每列的 18 个方格表示侧面的 18 端子。

左侧部分为继电器端子的配线，每个表头最上方方框内填写内容表示该继电器所在位置、名称及型号，其下方对应继电器的各个接点。

（三）电缆径路图

电缆径路图是进行室外信号设备安装的重要图纸，它包括轨道电路极性的配置，轨道电路送、受电端的布置，室外电缆网络连接设备的类型和位置，室外信号设备串接顺序和电缆路径，以及每根电缆的长度和芯数。电缆径路图如图 7-1-1 所示。

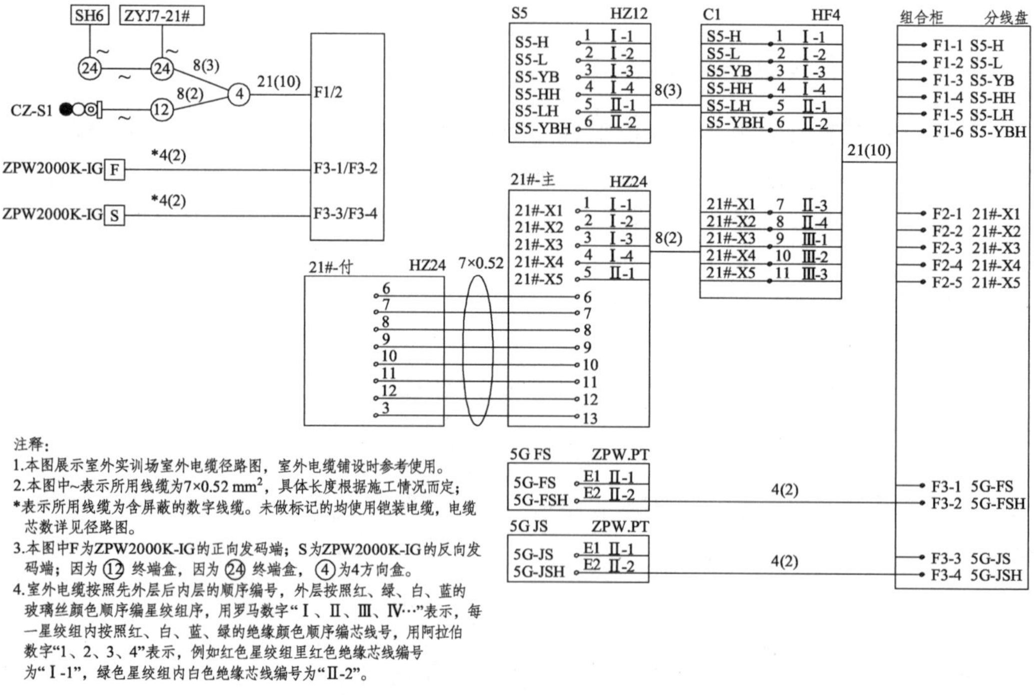

图 7-1-1　电缆径路图

（1）“组合柜、分线盘”框里，F1-1、F1-2 表示第 1 块端子的 1#、2#端子。S5-H、S5-L 表示 S5 信号机红灯位、绿灯位控制电缆，S5-HH、S5-LH 表示 S5 信号机红灯位、绿灯位送回室内的两根电缆，如图 7-1-2 所示。

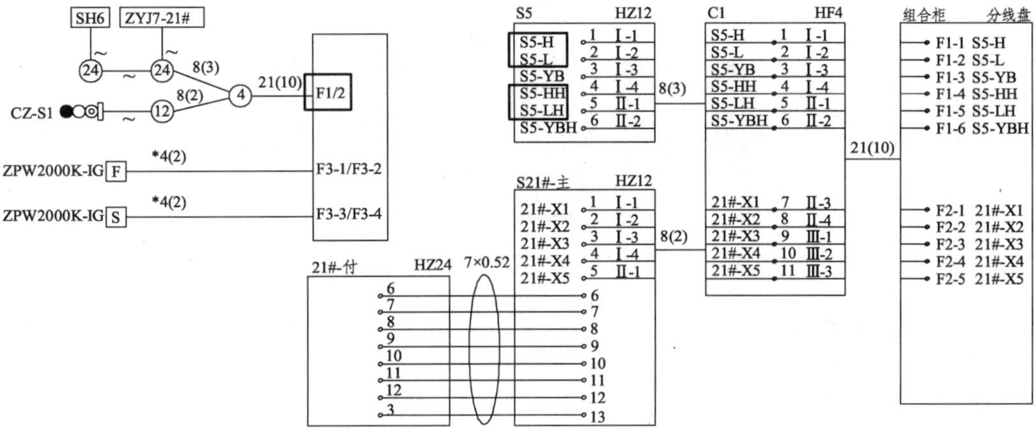

图 7-1-2　电缆径路子图 1

（2）“C1 HF4” 框内 HF4 表示电缆盒为 4 方向电缆盒，I-1、I-2 为电缆芯编号，1、2、3、4 表示电缆盒中端子的编号，如图 7-1-3 所示。

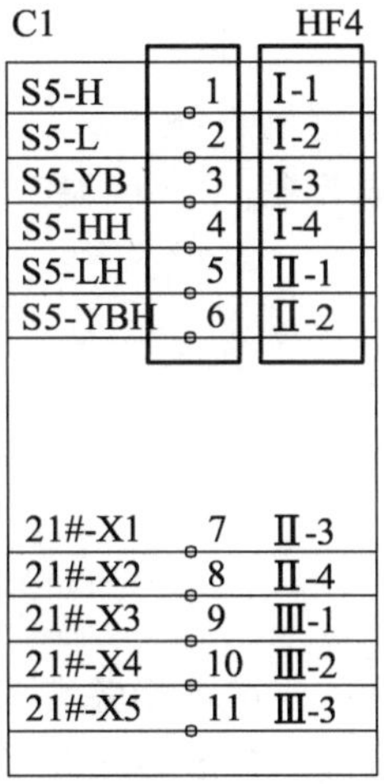

图 7-1-3　电缆径路子图 2

（3）21（10）表示电缆为 21 芯，（10）表示这个电缆的备用电缆为 10 芯，如图 7-1-4 所示。

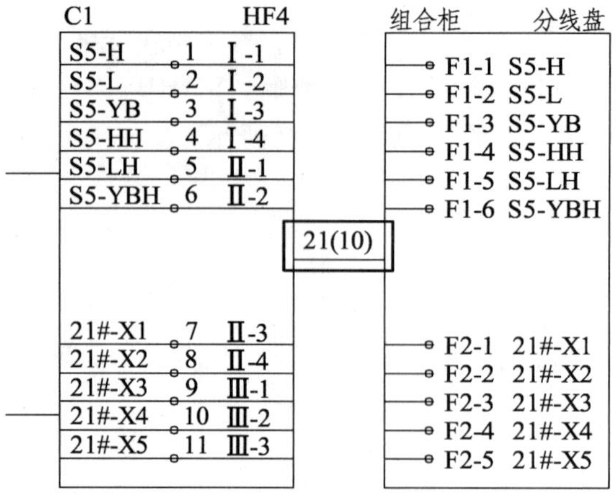

图 7-1-4　电缆径路子图 3

三、实训要求

（一）实训时间

教学学时为 2 个课时。

（二）实训形式

学生每 5 人组成 1 个工作小组，各小组制定实施方案及工作计划。组长协助教师指导本组学生学习，检查实训作业进度和质量，制定改进措施，共同完成项目任务。

（三）安全注意事项

（1）未经教师或管理员允许不得擅自操作。
（2）不得随意触碰实训室上电设备。

（四）工器具材料准备

（1）防护用品：防滑鞋、工作服等。
（2）个人用品：笔、笔记本等。

四、实训作业步骤

步骤 1：实训人员穿戴防护用品，携带相关工具至现场。

步骤 2：学习信号设备平面布置图各区域表示意义。

步骤 3：根据现场信号设备平面布置图（见图 7-1-5），对照现场实训设备进行识读。

步骤 4：学习组合配线表，掌握各区域表示意义。

步骤 5：根据现场组合配线表（见图 7-1-6、图 7-1-7），对照现场实训设备进行识读。

步骤 6：学习电缆径路图，掌握电缆径路图各区域表示意义。

步骤 7：根据现场电缆径路（见图 7-1-8），对照现场实训设备。

步骤 8：记录总结，恢复实训现场。

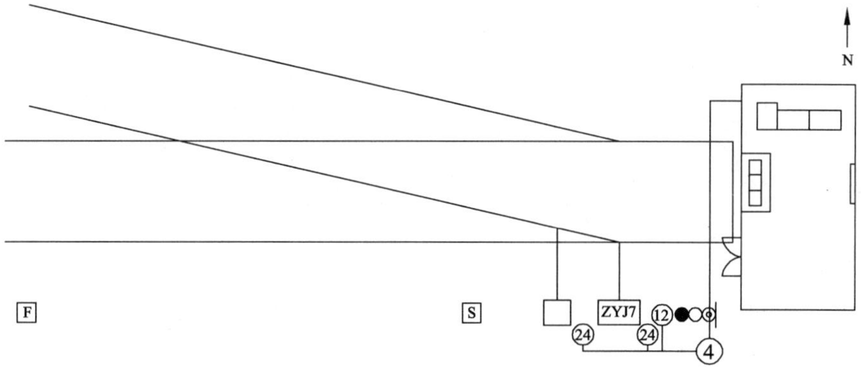

图 7-1-5　现场电缆径路图

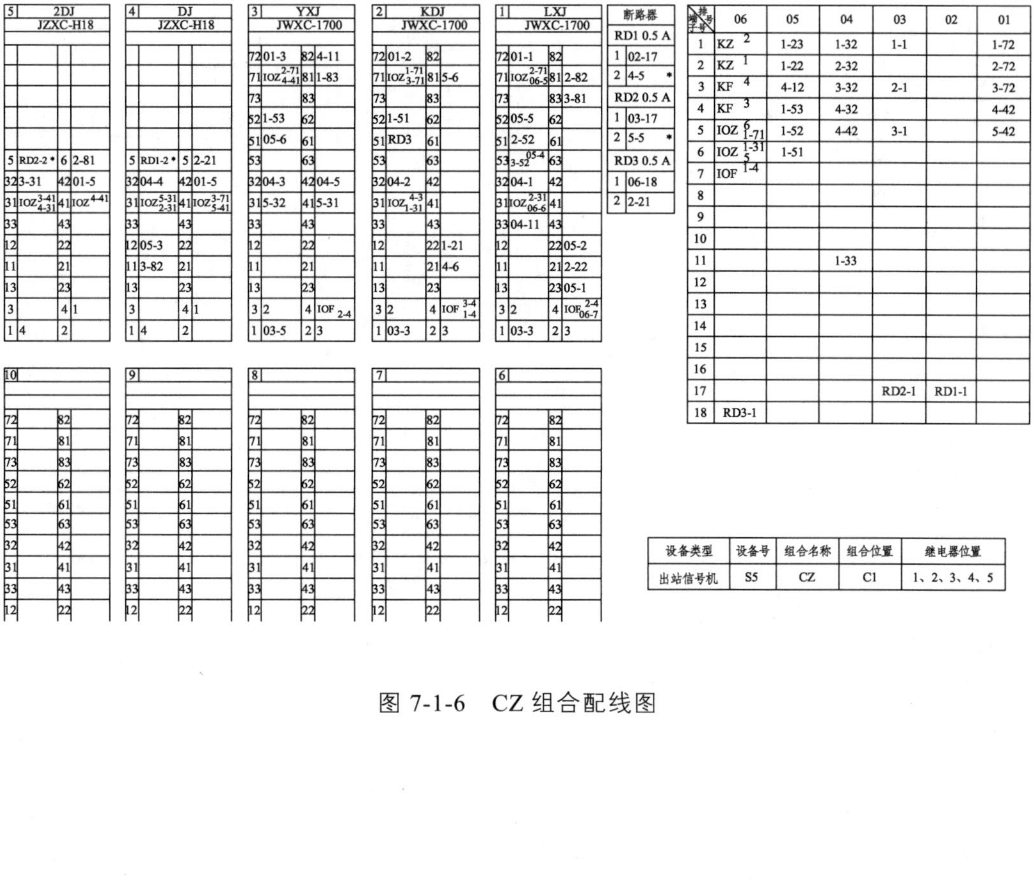

图 7-1-6　CZ 组合配线图

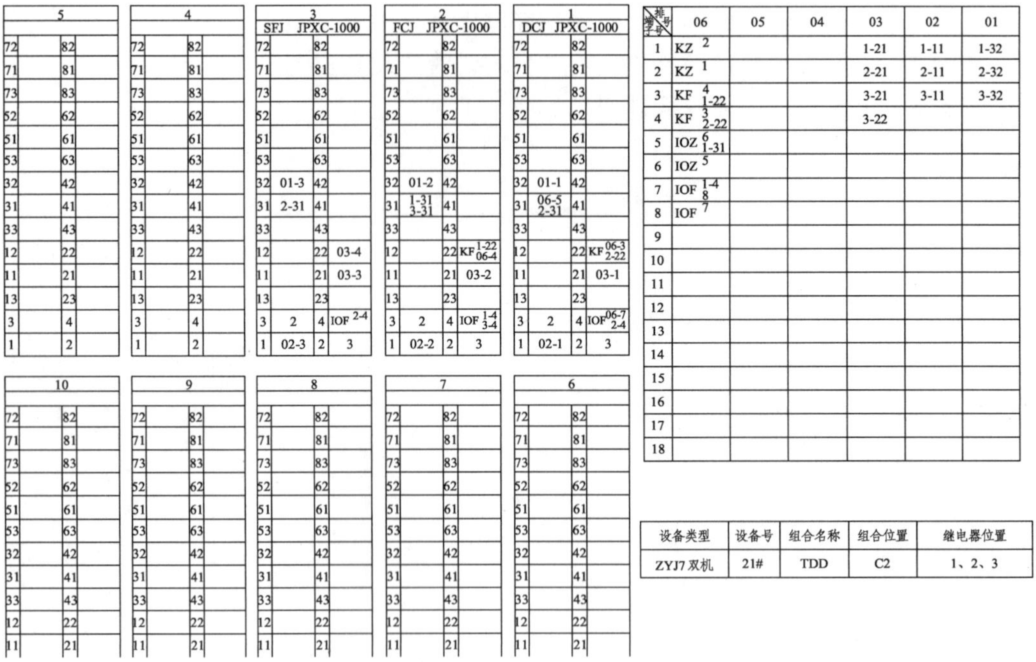

图 7-1-7 TDD 组合配线图

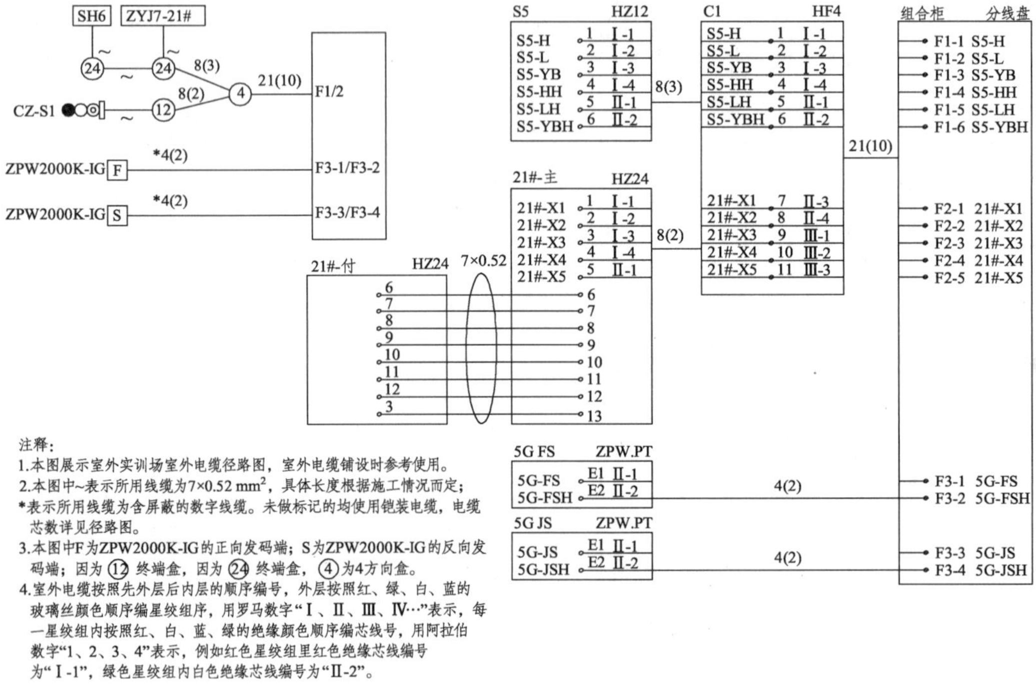

图 7-1-8 现场电缆路径图

五、实训考核标准

表 7-1-1　实训考核标准

项目	标准	配分	得分
信号设备平面布置图	能够正确识读信号设备平面布置图，并掌握图中各区域表示意义	40	
组合配线表	能够正确识读组合配线表，并掌握图中各区域表示意义	20	
电缆路径图	能够正确识读电缆路径图，并掌握图中各区域表示意义	40	

六、思考题

信号平面布置图、组合配线图和电缆径路图的主要功能是什么？

任务二　各型号电缆盒、变压器箱施工配线认知

一、实训目的

（1）学习电缆盒施工配线。
（2）学习变压器箱施工配线。

二、理论链接

室外信号电缆盒主要包括信号变压器箱、分向电缆盒、方向盒、终端电缆盒。
信号变压器箱：主要用于轨道电路和信号机，常见变压器箱型号有 XB-1、XB-2 型。
终端电缆盒：用于连接终端设备，常见有 HZ-12、HZ-24 型。

三、实训要求

（一）实训时间

教学学时为 2 个课时。

（二）实训形式

学生每 5 人组成 1 个工作小组，各小组制定实施方案及工作计划。组长协助教师指导本组学生，检查实训作业进度和质量，制定改进措施，共同完成项目任务。

（三）安全注意事项

（1）未经教师或管理员允许不得擅自操作。
（2）不得随意触碰实训室上电设备。

（四）工器具材料准备

（1）防护用品：防滑鞋、工作服等。
（2）工具：万用表、剥线钳、电缆等。
（3）个人用品：笔、笔记本等。

四、实训作业步骤

表 7-2-1　实训作业步骤

步骤	具体内容	工具	注意事项
1	实训人员穿戴防护用品，携带相关工具至现场	万用表、剥线钳、电缆等	—
2	信号电缆盒施工认知： （1）如图 2-2-1 所示，信号机采用 HZ12 型电缆盒。 （2）1、2、3 号端子连接控制信号机 H、L、B 三个灯位的电缆。2、4、6 号端子连接 HH、LH、BH 表示送回室内的三根电缆。 （3）将万用表旋至二极管挡位，根据配线图测试电缆通路	万用表、电缆	注意万用表挡位的调节，同时避免用手触碰表笔的金属部分
3	信号机变压器箱施工认知： （1）如图 7-2-1 所示，XB 箱变压器内智能点灯单元 H 灯一次侧连接 HZ12 型电缆盒的 1、4 号端子，智能点灯单元 L 灯一次侧连接 HZ12 型电缆盒的 2、5 号端子，智能点灯单元 B 灯一次侧连接 HZ12 型电缆盒的 3、6 号端子。 （2）智能点灯单元 H 灯二次侧连接信号机灯座 H 灯位的主、副灯丝及公共端，智能点灯单元 L 灯二次侧连接信号机灯座 L 灯位的主、副灯丝及公共端，智能点灯单元 B 灯二次侧连接信号机灯座 B 灯位的主、副灯丝及公共端。 （3）将万用表旋至二极管挡位，据配线图测试电缆通路	万用表、电缆	—
4	记录总结，恢复实训现场	—	—

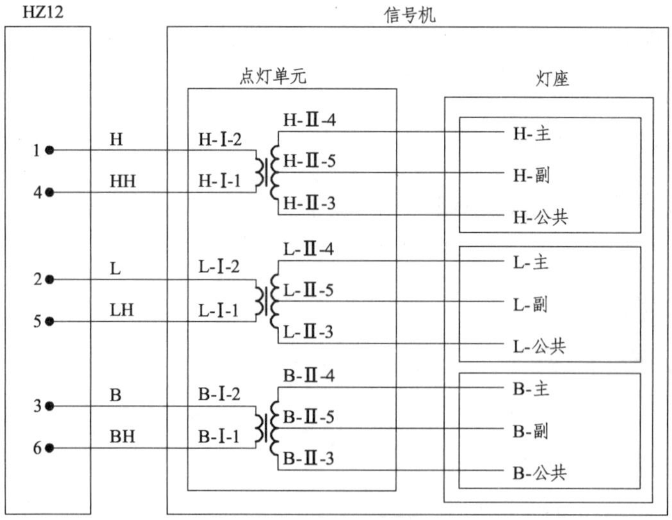

图 7-2-1　XB 箱配线图

五、实训考核标准

表 7-2-2　实训考核标准

项目	标准	配分	得分
电缆盒施工	能够根据施工图纸，正确对电缆盒施工配线	50	
变压器箱施工	能够根据施工图纸，正确对变压器箱施工配线	50	

六、思考题

信号变压器和终端盒的主要作用是什么？

任务三　信号电缆施工认知

一、实训目的

学习信号电缆施工。

二、理论链接

电缆径路图是进行室外信号设备安装的重要图纸，它包括轨道电路极性的配置，轨道电路送、受电端的布置，室外电缆网络连接设备的类型和位置，室外信号设备串接顺序和电缆路径，以及每根电缆的长度和芯数。

（1）“组合柜、分线盘”框里，F1-1、F1-2 表示第 1 块端子的 1#、2#端子。S5-H、S5-L 表示 S5 信号机红灯位、绿灯位控制电缆，S5-HH、S5-LH 表示 S5 信号机红灯位、绿灯位送回室内的两根电缆。

（2）“C1 HF4”框内 HF4 表示电缆盒为 4 方向电缆盒；I-1、I-2 为电缆芯编号；1、2、3、4 表示电缆盒中端子的编号。

（3）21（10）表示电缆为 21 芯，（10）表示这个电缆的备用电缆为 10 芯。

三、实训要求

（一）实训时间

教学学时为 2 个课时。

（二）实训形式

学生每 5 人组成 1 个工作小组，各小组制定实施方案及工作计划。组长协助教师指导本组学生学习，检查实训作业进度和质量，制定改进措施，共同完成项目任务。

（三）安全注意事项

（1）未经教师或管理员允许不得擅自操作。

（2）不得随意触碰实训室上电设备。

（四）工器具材料准备

（1）防护用品：防滑鞋、工作服等。

（2）工具：万用表、剥线钳、电缆等。

（3）个人用品：笔、笔记本等。

四、实训作业步骤

步骤 1：实训人员穿戴防护用品，携带相关工具至现场。

步骤 2：根据现场电路路径图（见图 7-3-1），对实训现场电缆施工进行认知作业。

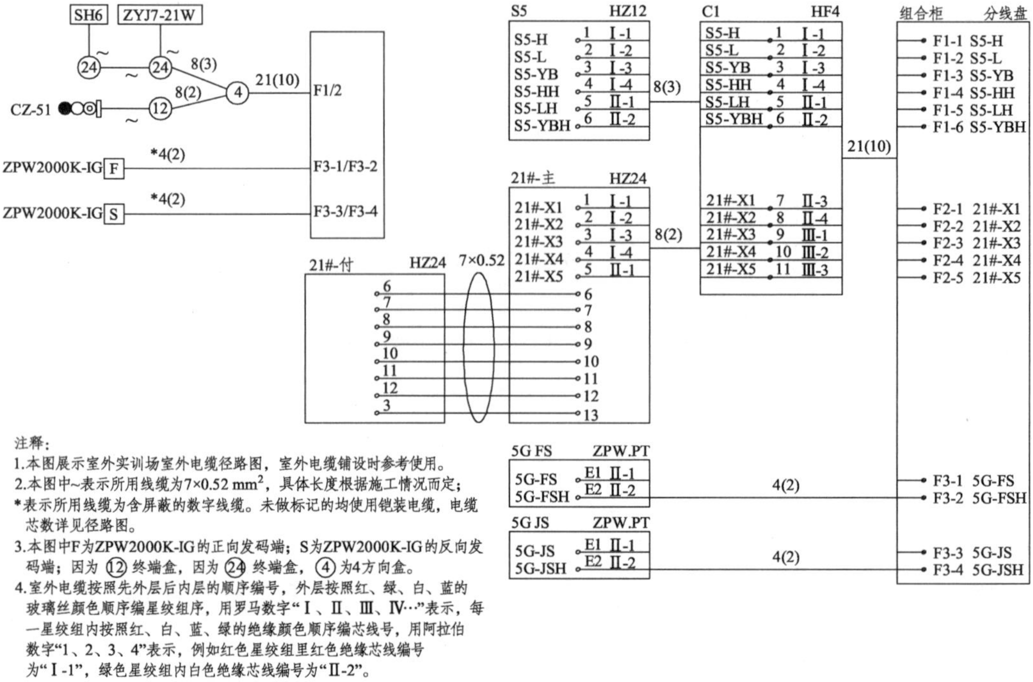

图 7-3-1 现场电路路径图

步骤 3：前往组合柜分线盘，查看信号室内设备、室外设备的电缆连接处。根据电缆径路图寻找对应分线盘端子。

步骤 4：认知 HF4 方向盒与信号机、转辙机电缆之间的电缆施工。

步骤 5：前往高铁信号机处，认知 HZ12 电缆盒和 S5 信号机之间的电缆施工。

步骤 6：辅助万用表，将万用表旋至二极管挡位，据电缆径路图测试电缆通路。

步骤 7：总结分析，恢复实训现场。

五、实训考核标准

表 7-3-1　实训考核标准

项目	标准	配分	得分
分线盘电缆施工	能够根据现场电路路径图，对照现场分线盘端子电缆进行施工	30	
方向盒电缆施工	能够根据现场电路路径图，对照现场方向盒端子电缆进行施工	30	
电缆盒电缆施工	能够根据现场电路路径图，对照现场电缆盒端子电缆进行施工	40	

六、思考题

方向盒的主要作用是什么?

项目八　继电器组合焊接及配线实训

任务一　继电器组合配线表认知

一、实训目的

（1）能够将组合配线表中设备与真实设备一一对应。

（2）能够正确识读组合配线表。

二、理论链接

组合配线表包括组合侧面端子与继电器间配线、侧面端子与组合熔断器间配线、侧面端子与侧面端子间配线、继电器与继电器间配线、继电器与组合熔断器间配线，如图 8-1-1 所示。

配线图右上部通常为组合内部侧面端子配线，表内 6 列方格表示 01~06 列侧面端子，组合左右各 3 列。每列的 18 个方格表示侧面的 18 端子。

左侧部分为继电器端子的配线，每个表头最上方方框内填写内容表示该继电器所在位置、名称及型号，其下方对应继电器的各个接点。

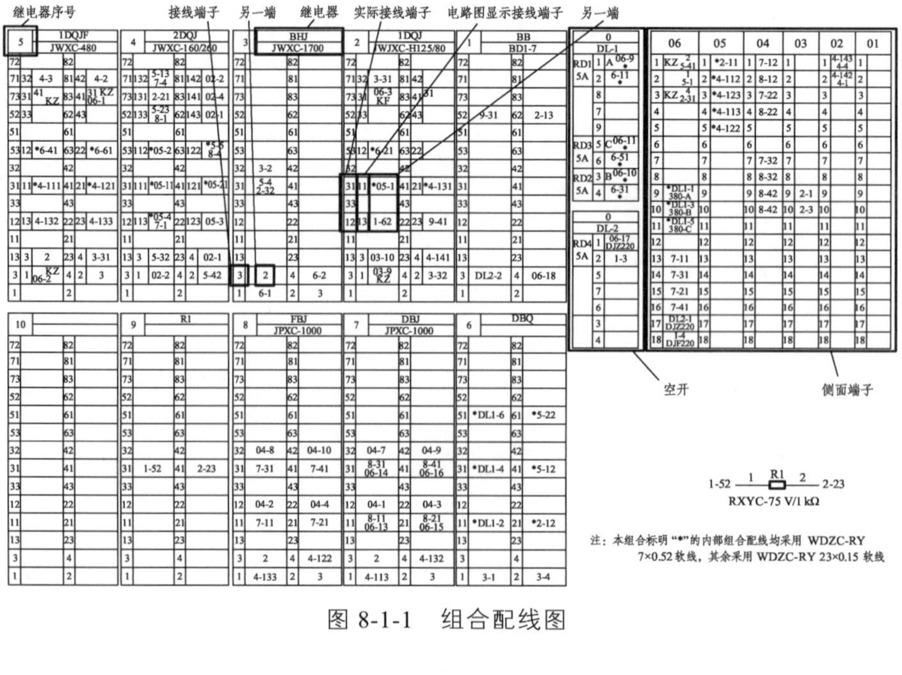

图 8-1-1　组合配线图

（1）继电器序号：为了方便查找，给每个继电器都命名不同序号。

（2）接线端子和实际接线端子：都是指组合柜上的实际接线端子号。

（3）电路图显示接线端子：是指通过电路原理图分析得到的理论接线端。

（4）另一端：是指接线的另一端对应的接线端子号。

（5）需要注意的是电路图显示接线端子有可能是实际接线端子，也有可能不是。

从图 8-1-1 可以看到，有的实际接线位置就是电路图上显示的，还有一种电路图上显示的接线端子上并没有接线，而把线接在了其他端子上，这时需要通过查找第二列电路图中显示的端子号，找到第一列实际的接线端子。

（一）不含公共端的接线端子图

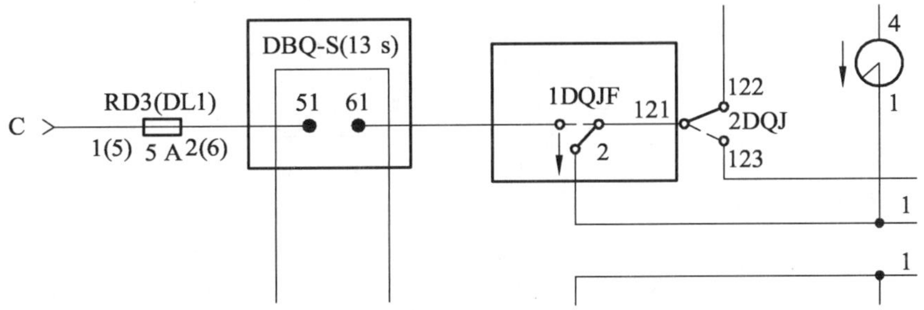

图 8-1-2　不含公共端的接线端子

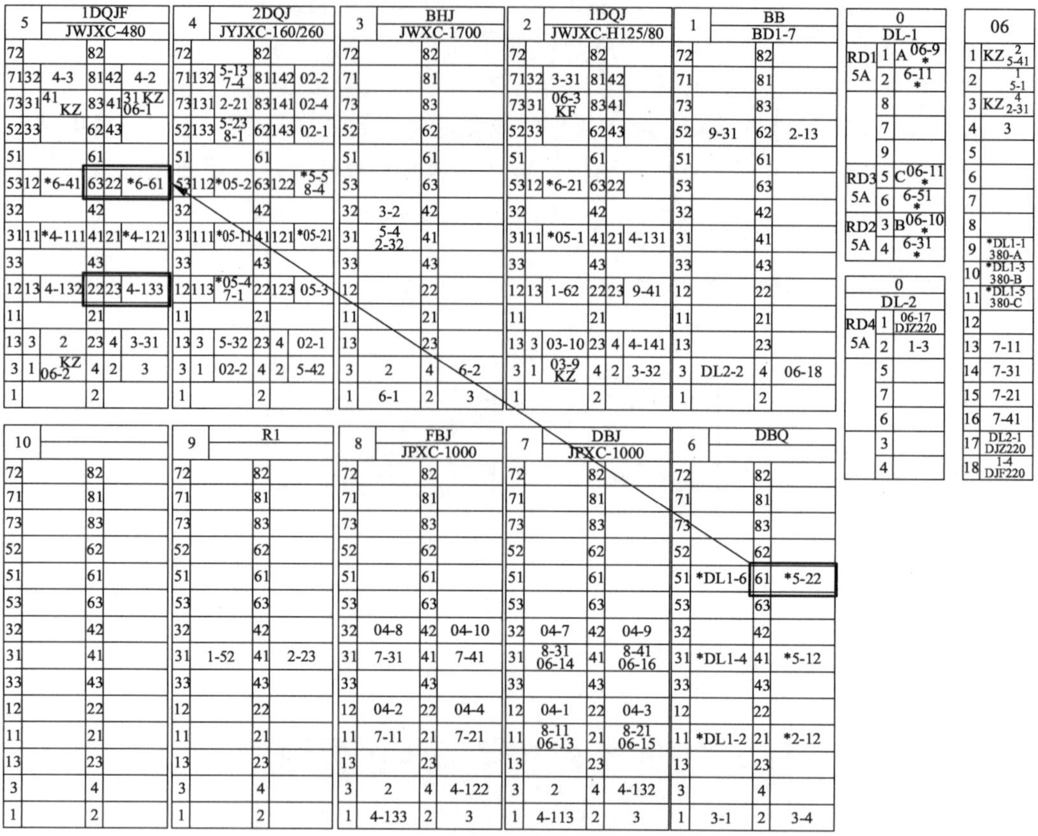

图 8-1-3　配线图

不含公共端的接线端子如图 8-1-2 所示，配线如图 8-1-3 所示。从配线图可以看到 DBQ-61 另一端理论上是接在了 5-22 上，实际接在了 5-63，就是 1DQJF-63 上，这是因为加强继电器接点和普通继电器接点编号不一样。

分析过程如下。

（1）DBQ-61 另一端显示接在了 5-22 上。

（2）5 表示配线图中继电器 1DQJF 的序号。

（3）22 表示配线图中接线端的位置。

（4）从图中可以看出 5-22 实际接的是 5-23 端上的线，再找 22 端子。

（5）找到 22 端子接在了 63 端子上，并且验证 5-63 表格内对应的另一端就是 6-61。

（6）结论：DBQ-61 至 1DQJF-22 实际接线位置 DBQ-61 至 1DQJF-63。

（二）含有公共端的接线端子图

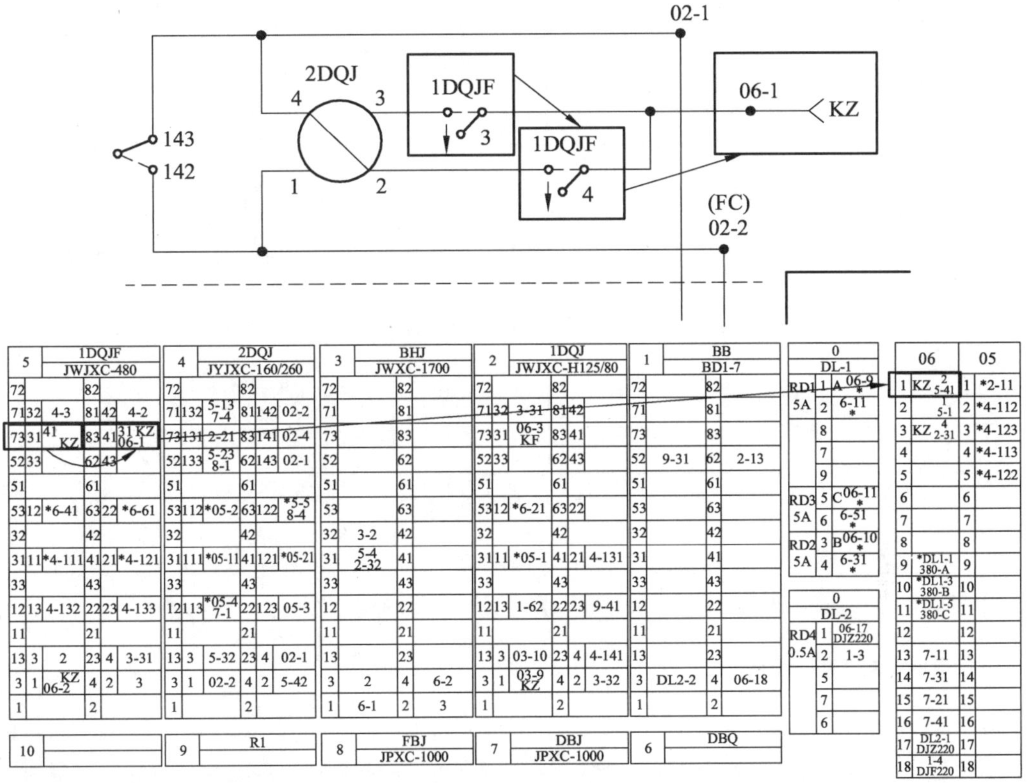

图 8-1-4　含有公共端的接线端子图

含有公共端的接线端子如图 8-1-4 所示。怎么确定 1DQJF-31 的一端是接在了 1DQJF-41 上，还是 06-1 上，需要结合配线图来查找。

分析过程如下。

（1）在配线图中找到 1DQJF-31（实际上是 1DQJF-31 接在 1DQJF-73 上）。

（2）1DQJF-73 对应 1DQJF-41，1DQJF-41 另一端接在 KZ 上。

（3）找到 1DQJF-41（实际位置在 1DQJF-83 上）。

（4）1DQJF-41 一端连接 1DQJF-31，另一端连接 06-1（KZ）。

（5）结论：1DQJF-31 至 1DQJF-41，1DQJF-41 至 06-1（KZ）实际接线位置 1DQJF-73 至 1DQJF-83，1DQJF-83 至 06-1。

（三）零层配线图

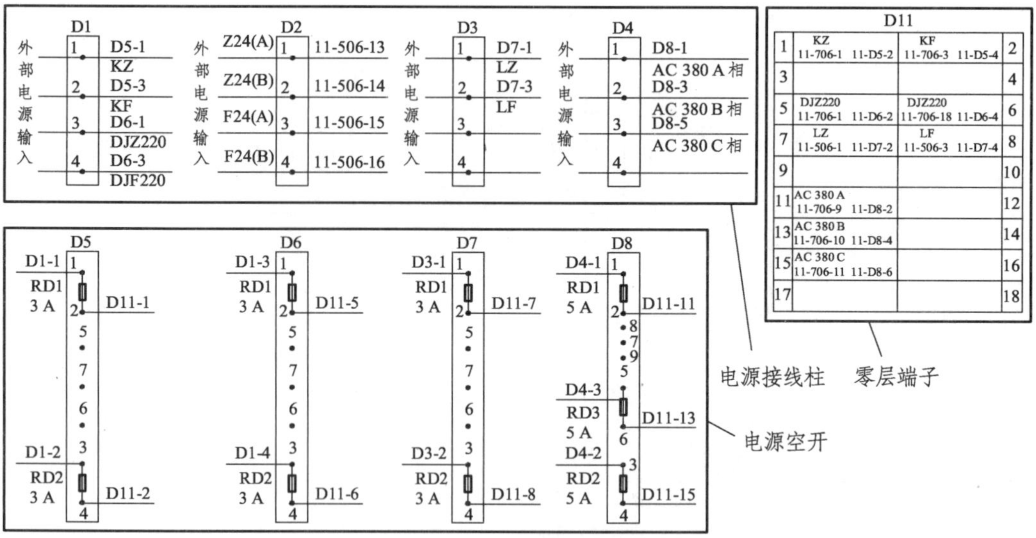

图 8-1-5　零层配线图

如图 8-1-5 所示，电源接线柱 D1-1 接在了电源空开 D5-1（KZ24 V）上，D5-1 又接在了零层端子 D11-1 上。要注意不同空开所接的电压值。

（四）空开配线图

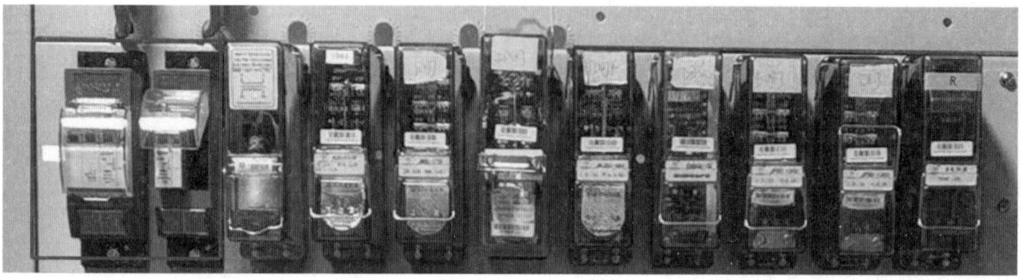

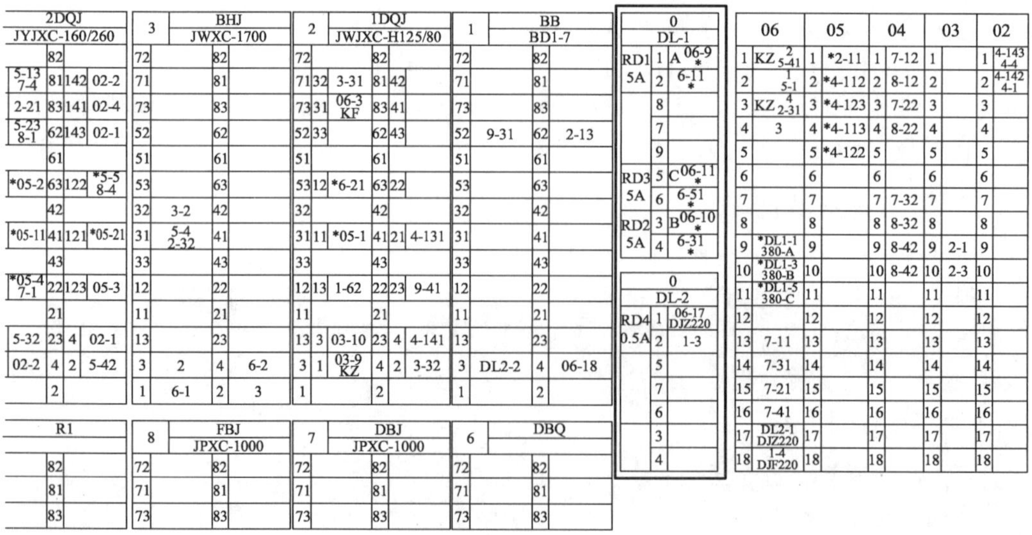

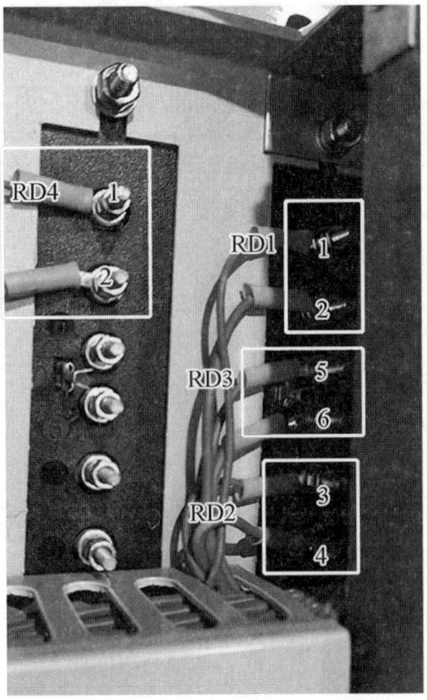

图 8-1-6　空开配线图

通过图 8-1-6，可以看到 RD1、RD2、RD3、RD4 在组合柜上对应的位置。

三、实训要求

（一）实训时间

教学学时为 2 个课时。

（二）实训形式

学生每 5 人组成 1 个工作小组，各小组制定实施方案及工作计划。组长协助教师指导本组学生学习，检查实训作业进度和质量，制定改进措施，共同完成项目任务。

（三）安全注意事项

（1）未经教师或管理员允许不得擅自操作。

（2）万用表使用过程中，注意万用表挡位的调节，同时避免用手触碰表笔的金属部分。

（3）不得随意触碰实训室上电设备。

（四）工器具材料准备

（1）防护用品：防滑鞋、工作服等。

（2）工具：万用表等。

（3）个人用品：笔、笔记本等。

四、实训作业步骤

表 8-1-1　实训作业步骤

步骤	具体内容	工具	注意事项
1	实训人员穿戴工作服，携带工具至实训场	万用表等	—
2	将组合配线表中设备与现场组合设备一一对应，包含侧面端子、空开、继电器、继电器端子等	—	—
3	将信号电路原理图与组合配线图对应，注意继电器接点间连接	—	—
4	如图 3-1-7 所示，认知转辙机电路原理图中 DBJ_1、FBJ_4、$2DQJ_{131}$、$2DQJ_{132}$、$2DQJ_{133}$、$1DQJ_{13}$ 接点（见电路原理图），查看组合配线图中 FBJ、DBJ、2DQJ、1DQJ 接线端子的对应关系（见组合配线图），表示 DBJ_1 到 $2DQJ_{132}$、FBJ_4 到 $2DQJ_{133}$ 和 $2DQJ_{131}$ 到 $1DQJ_{13}$ 存在一根配线连接	—	—
5	实训人员携万用表至 ZD6 控制组合柜，将万用表调至二极管挡位，将表笔分别插入对应继电器端子，测量端子间导通	万用表	注意万用表挡位的调节，同时避免用手触碰表笔的金属部分
6	类比步骤 4、5，完成整层组合的端子线缆导通测试	—	—
7	记录总结，恢复实训现场	—	—

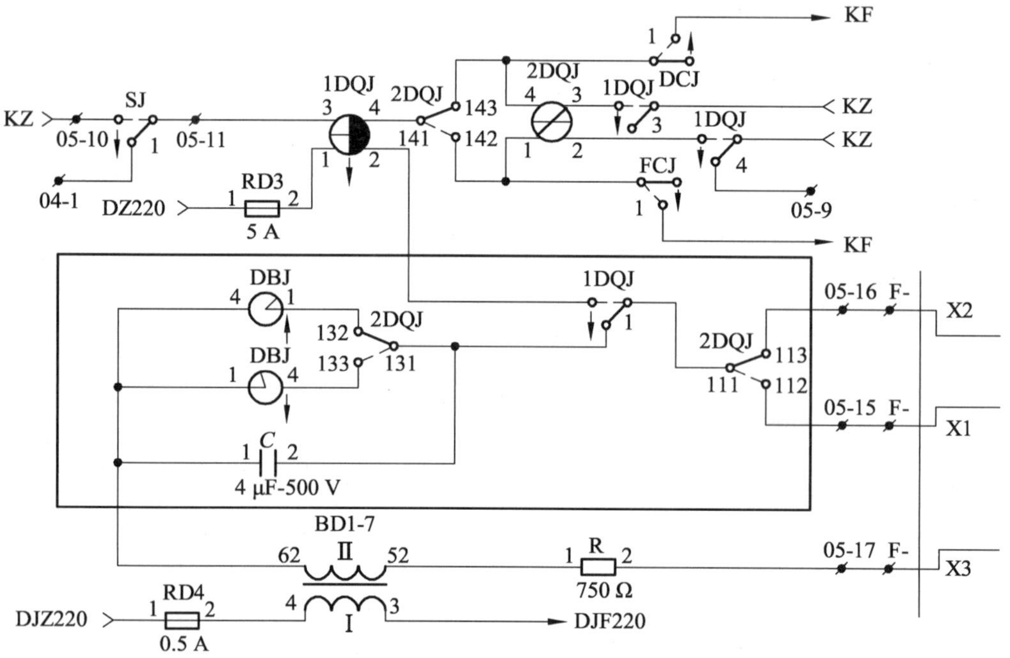

图 8-1-7　转辙机电路原理图

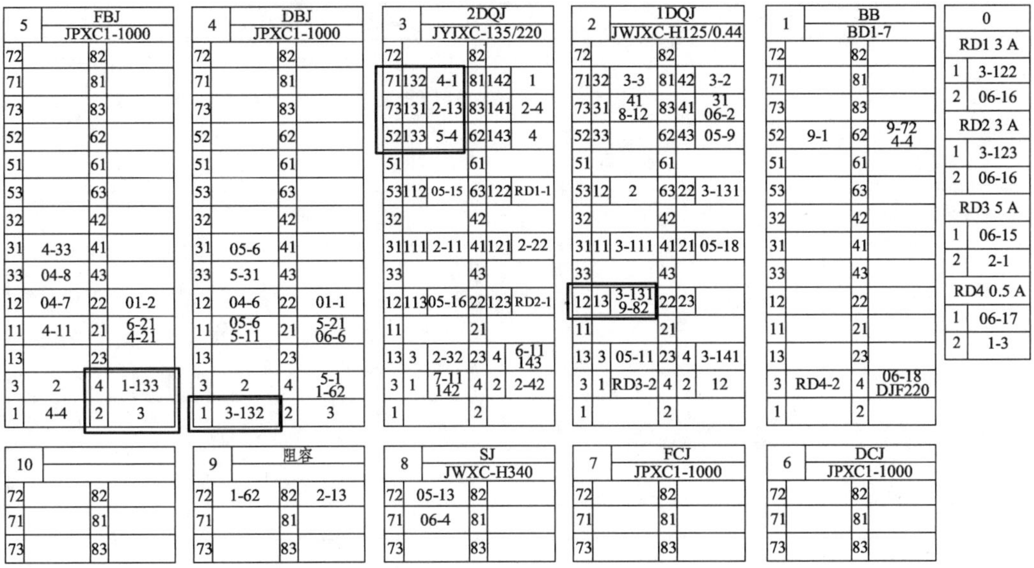

图 8-1-8　组合配线图

五、实训考核标准

表 8-1-2　实训考核标准

项目	标准	配分	得分
配线表中设备认知	能够将配线表中设备与真实设备一一对应	30	
能够正确识读组合配线表	正确识读组合配线表，能够使用万用表完成接线端子间的导通测量	70	

六、思考题

组合配线表包含哪些设备间的配线？

任务二　继电器组合焊接实训

一、实训目的

（1）掌握电烙铁的使用方法。

（2）能够根据组合配线表完成组合焊接。

二、理论链接

手工焊接的 5 步操作法如图 8-2-1 所示，具体要求如表 8-2-1 所示。

图 8-2-1　实训流程图

表 8-2-1　手工焊接步骤表

步骤	事项	要　求
步骤一	准备	认准焊接点位置，准备好焊锡丝和烙铁，处于随时可焊接状态。此时烙铁头应保持干净，可以沾上焊锡（俗称吃锡）
步骤二	加热	将烙铁头放置于焊接点处，加热焊接点
步骤三	送焊锡	当焊件加热到能融化焊锡的温度后，将焊锡丝置于焊点
步骤四	移焊锡	当融化一定量的焊锡后将焊锡丝移开
步骤五	移烙铁	当焊接点圆润、饱满成半球形后移开烙铁，注意烙铁移开的方向大致是45°的方向，应保证焊接点的美观

三、实训要求

（一）实训时间

教学学时为 4 个课时。

（二）实训形式

学生每 5 人组成 1 个工作小组，各小组制定实施方案及工作计划。组长协助教师指导本组学生学习，检查实训作业进度和质量，制定改进措施，共同完成项目任务。

（三）安全注意事项

（1）未经教师或管理员允许不得擅自操作。

（2）电烙铁加热过程中不要触碰到塑胶、橡胶等化合物，更不能触碰自己或他人身体。

（3）不得随意触碰实训室上电设备。

（4）焊接时鼻子应离焊接点距离不少于 30 cm。

（5）焊接图纸应采用“信号组合智能练功台”系统软件“系统维护——组合管理”模块中的图纸，以便后续开展“继电器组合功能验证及导通”实训。

（四）工器具材料准备

（1）防护用品：防滑鞋、工作服等。

（2）工具：万用表、电烙铁、剥线钳等。

（3）个人用品：笔、笔记本等。

四、实训作业步骤

表 8-2-2　实训作业步骤

步骤	具体内容	工具	注意事项
1	实训人员穿戴工作服，携带工具至实训场	万用表、电烙铁、剥线钳	—
2	学习电烙铁的使用方法如下。 （1）取出一根导线，使用剥线钳，剥出 1 cm 左右铜线。 （2）充分预热电烙铁后，右手持电烙铁，左手持焊锡丝，使烙铁头吃锡。 （3）左手持导线，右手持电烙铁，同时旋转导线，将剥出的铜线部分挂满焊锡。 （4）左手持导线，右手持电烙铁，将烙铁头和导线紧贴在焊接点处（注意焊接组合配线时，需将导线从下方穿过组合焊接口后焊接），将导线固定在组合上。 （5）左手同时持焊锡丝和导线，与烙铁同时接触焊接点（应尽量避免焊锡丝直接接触烙铁头）。 （6）待焊接点饱满、圆润呈球形后，先拿开焊锡丝，再拿开电烙铁	电烙铁、剥线钳	（1）电烙铁加热过程中不要触碰到塑胶、橡胶等化合物，更不能触碰自己或他人身体。 （2）焊接时鼻子应离焊接点距离不少于 30 cm
3	参照组合配线表，将导线焊接至组合焊接点处。 如图 3-2-2 组合配线表所示，将导线一头焊接至 4 号继电器 1 接点的组合背面对应端子上，另一头焊接至 3 号继电器 71 接点的组合背面对应端子上（注意导线应预留足够长度）	电烙铁、剥线钳	焊接图纸应采用“信号组合智能练功台”系统软件“系统维护——组合管理”模块中的图纸，以便后续开展“继电器组合功能验证及导通”实训
4	参照步骤 3，将组合配线表内所有配线焊接完成。焊接完成后可使用万用表测量焊接的导通性	万用表	注意万用表挡位的调节，同时避免用手触碰表笔的金属部分
5	总结实训成果，恢复实训现场	—	—

5	FBJ JPXC1-1000		
72		82	
71		81	
73		83	
52		62	
51		61	
53		63	
32		42	
31	4-33	41	
33	04-8	43	
12	04-7	22	01-2
11	4-11	21	6-21 4-21
13		23	
3	2	4	1-133
1	4-4	2	3

4	DBJ JPXC1-1000		
72		82	
71		81	
73		83	
52		62	
51		61	
53		63	
32		42	
31	05-6	41	
33	5-31	43	
12	04-6	22	01-1
11	05-6 5-11	21	5-21 06-6
13		23	
3	2	4	5-1 1-62
1	3-132	2	3

3	2DQJ JYJXC-135/220				
72			82		
71	132	4-1	81	142	1
73	131	2-13	83	141	2-4
52	133	5-4	62	143	4
51			61		
53	112	05-15	63	122	RD1-1
32			42		
31	111	2-11	41	121	2-22
33			43		
12	113	05-16	22	123	RD2-1
11			21		
13	3	2-32	23	4	6-11 143
3	1	7-11 142	4	2	2-42
1			2		

2	1DQJ JWJXC-H125/0.44				
72			82		
71	32	3-3	81	42	3-2
73	31	41 8-12	83	41	31 06-2
52	33		62	43	05-9
51			61		
53	12	2	63	22	3-131
32			42		
31	11	3-111	41	21	05-18
33			43		
12	13	3-131 9-82	22	23	
11			21		
13	3	05-11	23	4	3-141
3	1	RD3-2	4	2	12
1			2		

1	BB BD1-7		
72		82	
71		81	
73		83	
52	9-1	62	9-72 4-4
51		61	
53		63	
32		42	
31		41	
33		43	
12		22	
11		21	
13		23	
3	RD4-2	4	06-18 DJF220
1		2	

图 8-2-2　组合配线表

五、实训考核标准

表 8-2-3　实训考核标准

项目	标准	配分	得分
电烙铁使用	能够正确使用电烙铁	30	
组合焊接	能够根据组合配线表，完成焊接	70	

六、思考题

在使用烙铁焊接组合时，为何要避免焊锡丝直接接触烙铁头?

任务三　继电器组合功能验证及导通实训

一、实训目的

（1）掌握组合功能验证的方法。
（2）掌握组合导通检测的方法。

二、理论链接

将具有相同控制对象的继电器组合在一起，构成定型电路环节，这些定型电路环节，就叫作继电器组合，简称组合。

一般情况下组合有道岔组合、信号组合、区段组合 3 种类型，每个组合不超过 10 种继电器。

常见组合名称和代号，如表 8-3-1 所示。

表 8-3-1　继电器组合名称和代号

组合名称		组合代号
信号组合	引导信号组合	YX
	调车信号组合	DX
	进站信号组合	JZ
	出站信号组合	CZ
道岔组合	单动道岔组合	DD
	双动道岔主组合	SDZ
	双动道岔辅组合	SDF
	提速单动道岔组合	TDD
	提速双动道岔组合	TSD
	提速道岔辅助组合	TDF
轨道组合		G25
轨道复示组合		GJF

三、实训要求

（一）实训时间

教学学时为 2 个课时。

（二）实训形式

学生每 5 人组成 1 个工作小组，各小组制定实施方案及工作计划。组长协助教师指导本组学生学习，检查实训作业进度和质量，制定改进措施，共同完成项目任务。

（三）安全注意事项

（1）未经教师或管理员允许不得擅自操作。

（2）安装及取下继电器时不要使用蛮力，以防继电器底座弹簧片和继电器自身损伤。

（3）继电器应轻拿轻放，实训完成后应放回原处，严禁挪作他用。

（四）工器具材料准备

（1）防护用品：防滑鞋、绝缘手套、工作服等。

（2）个人用品：笔、笔记本等。

四、实训作业步骤

表 8-3-2　实训作业步骤

步骤	具体内容	工具	注意事项
1	实训人员穿戴防护用品，携带工具至实训现场	—	—
2	将上次实训任务焊接完成的组合，安装至组合安装处。拿出导通检测分机，根据编号插到组合对应位置	—	继电器应轻拿轻放，实训完成后应放回原处，严禁挪作他用
3	将练功台两侧“导通监测专用分机”插到组合的侧面端子上，需要特别注意编号和位置不能出现差错，否则会导致监测失败甚至损坏设备	—	—
4	打开实训终端，点击“练功台”软件，登录软件	—	—
5	点击“组合导通检测”，在窗口下方选择要测试的组合。点击“开始检测”，中间窗口持续展示检测结果	—	—
6	测试完成后，对未通过接点进行检查、修复。双击“单独测试”修复接点，直至检测通过	—	—
7	组合导通检测通过后，将 “功能专用”接口与待测组合连接好。点击“组合功能验证”，在窗口右侧选择组合对应的设备类型，然后在窗口左侧展示此设备对应的所有组合功能列表，逐个点击开始验证结果	—	—
8	验证未通过时，检查“设备类型”选择是否正确	—	—
9	待验证通过，总结实训结果，恢复实训现场	—	—

五、实训考核标准

表 8-3-3　实训考核标准

项目	标准	配分	得分
组合功能验证	能够正确掌握组合功能验证的方法	50	
组合导通	能够正确掌握组合导通的方法	50	

六、思考题

继电器组合的定义是什么?

项目九　高铁信号综合检修和维护实训

任务一　高铁信号室外设备认知

一、实训目的

（1）掌握 ZYJ7+SH6 双机牵引转辙机组成及主要单项设备的作用。
（2）掌握高铁信号机组成及主要单项设备的作用。

二、理论链接

（一）ZYJ7 转辙机动作原理

ZYJ7 转辙机工作原理详见《铁道信号自动控制实训指导（一）基础设备》项目五，这里不再介绍。

（二）高铁信号机

高铁信号机采用三灯位信号机（绿、红、白），用于防护区间，作为列车占用区间的凭证，指示列车能否进入区间。

高铁信号机点灯电路室内部分由信号机电源（XJZ、ZJF）、熔断器（RD）、灯丝继电器（DJ、2DJ）、信号组合内继电器（LXJ、KDJ、YXJ 等）接点和电源配线组成。

三、实训要求

（一）实训时间

2 个课时。

（二）实训形式

学生每 5 人组成 1 个工作小组，各小组制定实施方案及工作计划。组长协助教师指导本组学生，检查实训作业进度和质量，制定改进措施，共同完成项目任务。

（三）实训注意事项

（1）未经教师或管理员允许不得擅自操作。
（2）在万用表使用过程中，注意万用表挡位的调节，避免用手触碰表笔的金属部分。

（3）须严格按照上电顺序进行上电。

（四）工器具材料准备

（1）防护用品：防滑鞋、绝缘手套、工作服等。
（2）工具：套筒、万用表等。
（3）个人用品：笔、笔记本等。

四、实训作业步骤

表 9-1-1　实训作业步骤

步骤	具体内容	配图
1	实训人员穿戴工作服，携带工具至实训场	—
2	认知现场转辙机组成结构：对照 ZYJ7 转辙机，分别认知 ZYJ7 型转辙机主机电动机、油泵、油缸、启动油缸、接点系统、锁闭杆、动作杆等部分；认知 SH6 型转换锁闭器（副机）油缸、挤脱节点、表示杆、动作杆等	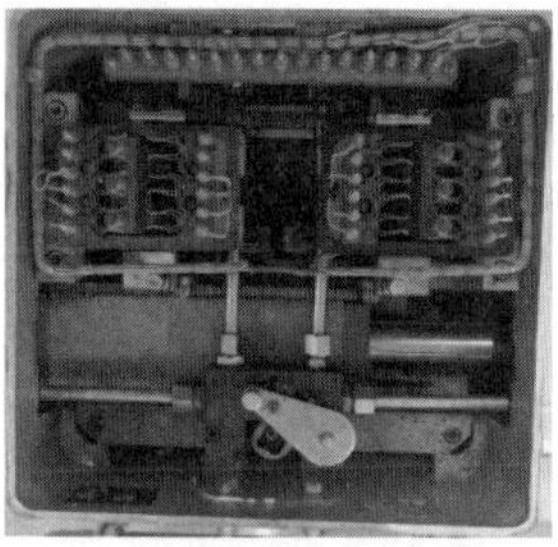 ZYJ7 转辙机
3	认知现场信号机组成结构：对照现场信号机，分别认知信号机基础、机构、信号机点灯单元和电缆盒等	 点灯单元 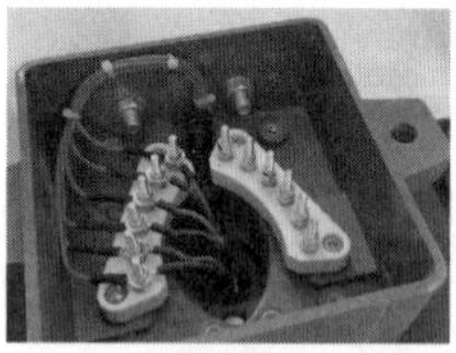 电缆盒  信号变压器箱

续表

步骤	具体内容	配图
4	开启实训终端，登录软件界面，按照上电顺序将组合柜上电	—
5	观察此时信号设备及对应的继电器状态，同时结合实训软件→知识学习→动态电路图，观察此时电路图电流路径走向	—
6	改变信号机、转辙机状态，观察此时继电器的状态变化，同时结合动态电路图，观察电路图电流路径走向	—
7	按照断电顺序关闭实训设备，恢复实训现场	—

五、实训考核标准

表 9-1-2　实训考核标准

项目	标准	配分	得分
ZYJ7+SH6 转辙机组成	能够简述转辙机组成及主要单项设备作用	20	
信号机组成	能够简述高铁信号机组成及主要单项设备作用	20	
电路原理图	能够将转辙机电路图中设备与现场设备一一对应	30	
	能够掌握信号机、转辙机不同状态各继电器状态	30	

六、思考题

（1）简述 ZYJ7+SH6 双机牵引转辙机的主要组成。

（2）简述高铁信号机的主要组成设备。

任务二　ZPW2000K 移频轨道电路认知

一、实训目的

认知 ZPW2000K 相敏轨道电路的组成及主要单项设备的作用。

二、理论链接

（一）设备组成认知

ZPW2000K 轨道电路由室内、室外两部分组成。室内部分包含发送器、接收器、防雷模拟网络盘、衰耗冗余控制器；室外部分包含调谐匹配单元、空心线圈、匹配单元、补偿电容等。

（二）发送器

（1）产生 18 种低频、8 种载频的高精度、高稳定的移频信号。
（2）产生足够功率的移频信号。
（3）调整轨道电路。
（4）对移频信号进行自检测，故障时向监测维护主机发出报警信息。

（三）接收器

（1）接收器输入端与输出端均按双机并联运用设计，与另一台接收器构成双机并联运用系统（或称 0.5+0.5），保证系统的可靠工作，检测维护终端。

（2）用于对主轨道电路移频信号的解调，构成动作轨道继电器的条件。

（3）实现与受电端相连接调谐区短小轨道电路移频信号的解调，给出短小轨道电路报警条件。

（4）检查轨道电路是否完好，减少分路死区长度，用接收门限控制实现对 BA 断线的检查。

（四）衰耗冗余控制器

衰耗冗余器分为衰耗和冗余两部分，冗余部分仅用来控制主、备发送的对外输出。衰耗部分用来进行主轨道和小轨道的调整，调整标准按照客专相关标准从参考表选取进行调整。

（五）防雷模拟网络盘

（1）对传输电缆引入室内雷电冲击进行防护（横向、纵向）。
（2）通过（0.25、0.5、1、2、2、2）×2 km 电缆模拟网络，补齐实际电缆长度。
（3）便于轨道电路调整。

（六）调谐匹配单元

（1）调谐部分实现相邻区段信号的隔离和本区段信号的稳定输出。

（2）匹配部分实现钢轨阻抗和电缆阻抗的匹配连接，以实现向钢轨输出较大功率的信号。

三、实训要求

（一）实训时间

2 个课时。

（二）实训形式

学生每 5 人组成 1 个工作小组，各小组制定实施方案及工作计划。组长协助教师指导本组学生学习，检查实训作业进度和质量，制定改进措施，完成项目任务。

（三）安全注意事项

（1）未经教师或管理员允许不得擅自操作。

（2）在万用表使用过程中，注意万用表挡位的调节，避免用手触碰表笔的金属部分。

（3）须严格按照上电顺序进行上电。

（四）工器具材料准备

（1）防护用品：防滑鞋、绝缘手套、工作服等。

（2）工具：套筒、万用表等。

（3）个人用品：笔、笔记本等。

四、实训作业步骤

表 9-2-1　实训作业步骤

步骤	具体内容
1	实训人员穿戴防护用品，携带相关工具至现场
2	认知室内移频柜内发送器、接收器、防雷模拟网络盘和衰耗冗余控制器
3	认知室外移频设备调谐匹配单元、防护盒等设备
4	恢复实训现场

五、实训考核标准

表 9-2-2　实训考核标准

项目	标准	配分	得分
设备构成	能够说明 ZPW2000K 主要设备组成	30	
	能够认知并说明发送器主要功能	25	
	能够认知并说明接收器主要功能	25	
	能够认知并说明衰耗冗余控制器主要功能	20	

六、思考题

ZPW2000A 与 ZPW2000K 的主要区别有哪些？

任务三　高铁计算机联锁认知

一、实训目的

（1）掌握高铁计算机联锁的设备组成。

（2）掌握高铁计算机联锁主要设备的功能。

二、理论链接

实训现场联锁设备包含联锁终端柜、联锁逻辑柜及组合柜。

联锁终端柜包含维修机、控显机、逻辑电源、接口电源。接口电源提供 24 V 直流稳压电源，对电子终端输出接口驱动继电器和输入接口采集继电器进行供电；逻辑电源通过联锁机和电子终端内部的 DC/DC 转换电路产生 5 V 电压，供逻辑电路工作。控显机、维修机为工控机计算机主机，分别安装控显机软件及电务维修机软件。

联锁柜包含联锁逻辑部和电子终端机。联锁逻辑部由并列二重系组成，以主从方式并行运行，主从各系各自执行全部处理功能，满足一系因故停止输出时，另一系自动接替工作。联锁逻辑板卡分别为 IPU6 板、F486 板、FSIO 板。

电子终端为故障安全型双 CPU 构成的智能控制器，系统设置为二重系。电子终端将采集到的现场设备状态发送给联锁逻辑部作为联锁运算的基本数据，同时将联锁逻辑部产生的输出命令转化成 24 V 直流电平驱动相应的继电器。

三、实训要求

（一）实训时间

2 个课时。

（二）实训形式

学生每 5 人组成 1 个工作小组，各小组制定实施方案及工作计划。组长协助教师指导本组学生学习，检查实训作业进度和质量，制定改进措施，共同完成项目任务。

（三）安全注意事项

（1）未经教师或管理员允许不得擅自操作。

（2）在万用表使用过程中，注意万用表挡位的调节，同时避免用手触碰表笔的金属部分。

（3）须严格按照上电顺序进行上电。

（四）工器具材料准备

（1）防护用品：防滑鞋、绝缘手套、工作服等。

（2）工具：套筒、万用表等。

（3）个人用品：笔、笔记本等。

四、实训作业步骤

表 9-3-1　实训作业步骤

步骤	具体内容	工具	注意事项
1	实训人员穿戴防护用品，携带相关工具至现场	套筒、万用表等	—
2	按照系统开机步骤，依次对实训设备上电、开机	—	须严格按照上电顺序进行上电
3	认知现场联锁实训设备： （1）联锁终端柜维修机、控显机、逻辑电源、接口电源认知。 （2）联锁逻辑柜联锁逻辑部、电子终端机认知	—	—
4	打开联锁软件，切换到“控显机”子系统	—	—
5	进行联锁业务操作，包含道岔操作、列车作业、调车作业、引导进路等业务	—	—
6	按照系统关机步骤对实训设备关机、断电，恢复实训现场	—	—

五、实训考核标准

表 9-3-2　实训考核标准

项目	标准	配分	得分
系统硬件设备认知	能够简述联锁终端柜、联锁逻辑柜及组合柜的组成和作用	20	
道岔操作	能熟练办理道岔操作业务	20	
进路办理	能熟练办理进路业务，包含列车进路及调车进路	30	
非正常情况进路办理	能够熟练办理联锁非正常业务，包含引导接车、改方等	30	

六、思考题

试简述办理列车作业的流程。

任务四　高铁信号集中监测设备认知

一、实训目的

（1）掌握高铁信号集中监测系统设备组成。

（2）能够熟练使用集中监测软件。

二、理论链接

信号集中监测系统是保证铁路行车安全，加强信号结合部管理，监测信号设备状态，发现信号设备隐患，分析信号设备故障原因，辅助故障处理，指导现场维修，反映设备运用质量，提高电务部门维护水平和维护效率的重要行车设备。

信号集中监测设备主要由监测主机、机柜、采集设备组成。

监测主机：作为监测设备的核心，负责监测系统的数据采集、分类、逻辑分析处理、报警、数据统计、汇总等并提供人机交互界面。

采集设备：信号集中检测采集主机主要负责对监测数据的采集和预处理，完成对车站信号设备状态和信息的采集。

三、实训要求

（一）实训时间

2 个课时。

（二）实训形式

学生每 5 人组成 1 个工作小组，各小组制定实施方案及工作计划。组长协助教师指导本组学生学习，检查实训作业进度和质量，制定改进措施，共同完成项目任务。

（三）安全注意事项

（1）未经教师或管理员允许不得擅自操作。
（2）须严格按照上电顺序进行上电。

（四）工器具材料准备

（1）防护用品：防滑鞋、绝缘手套、工作服等。
（2）个人用品：笔、笔记本等。

四、实训作业步骤

表 9-4-1　实训作业步骤

步骤	具体内容	工具	注意事项
1	实训人员穿戴防护用品，携带相关工具至现场	套筒、万用表等	—
2	按照系统开机步骤，依次对实训设备上电、开机	—	须严格按照上电顺序进行上电
3	认知现场信号集中监测实训设备	—	—

续表

步骤	具体内容	工具	注意事项
4	打开信号集中监测软件： （1）点击日常，查看电源、道岔、信号机、轨道电路的电气参数、实时曲线、日曲线、月曲线。 （2）点击回放，回放半小时内监测设备电气参数值变化。 （3）点击报警查询，查看历史报警信息。 （4）点击开关量，查看当前继电器状态	—	—
5	按照系统关机步骤对实训设备关机、断电，恢复实训现场	—	—

五、实训考核标准

表 9-4-2　实训考核标准

项目	标准	配分	得分
系统硬件设备认知	能够简述监测主机、机柜、采集组合等设备作用	20	
电气参数	能通过软件调用监测设备电气参数值	30	
回放	能通过软件回放半小时电气参数值变化	20	
开关量	能够通过软件查看当前继电器状态	30	

六、思考题

思考并简述信号集中监测设备在铁路运营现场的重要性。

任务五　高铁信号设备综合检修

一、实训目的

掌握高铁信号设备综合检修流程方法。

二、理论链接

信号设备综合检修是通过对信号设备的日常维护及集中检修，使其保持设备性能，预防设备故障，使设备处于良好的运用状态，其安全性直接关系到铁路的运输效率及客户的生命、财产安全。随着高铁技术的不断发展，铁路的安全性越来越受到关注，因此高铁信号设备维修非常重要。

本次实训结合工电供综合监测管理平台查看当前信号设备状态及预警报警信息。

三、实训要求

（一）实训时间

2 个课时。

（二）实训形式

学生每 5 人组成 1 个工作小组，各小组制定实施方案及工作计划。组长协助教师指导本组学生学习，检查实训作业进度和质量，制定改进措施，共同完成项目任务。

（三）安全注意事项

（1）未经教师或管理员允许不得擅自操作。

（2）在万用表使用过程中，注意万用表挡位的调节，同时避免用手触碰表笔的金属部分。

（3）须严格按照上电顺序进行上电。

（四）工器具材料准备

（1）防护用品：防滑鞋、绝缘手套、工作服等。

（2）工具：套筒、万用表等。

（3）个人用品：笔、笔记本等。

四、实训作业步骤

表 9-5-1　实训作业步骤

步骤	具体内容	工具	注意事项
1	实训人员穿戴防护用品，携带相关工具至现场	套筒、万用表等	—
2	按照系统开机步骤，启动综合监测管理平台	—	须严格按照上电顺序进行上电
3	系统登录，点击一体化监控，查看实训中心设备整体状态，点击对应设备，查看设备的基础信息和电气参数信息	—	—
4	点击监测采集，查看电务的电气参数信息，包含转辙机的开关量、模拟量信息，道岔的启动电流曲线、转辙机的表示电压信息等	—	—
5	根据综合监测管理平台的监测信息对信号设备展开信号设备综合检修作业	—	—
6	按照系统关机步骤对实训设备关机、断电，恢复实训现场	—	—

五、实训考核标准

表 9-5-2　实训考核标准

项目	标准	配分	得分
一体化监控	能够在一体化监控界面调看设备的基础信息和电气参数信息	20	
监测采集	能够在监测采集界面调看电务的电气参数信息	40	
综合检修	能够根据标准维护流程对信号设备进行检修作业	40	

六、思考题

简述高铁信号设备综合检修的重要性。

任务六　高铁信号设备综合维护及故障处理

一、实训目的

掌握高铁信号设备综合维护及故障处理流程。

二、理论链接

高铁信号设备是组织列车运行，保证行车安全，提高运输效率，传递信息，改善行车人员劳动条件的关键设备。因此，需要对信号设备做到较好的维护和安全保障工作，重视设备运行期间的故障和问题，从多个方面展开维护工作，解决设备各部件出现的异常。

本次实训结合工电供综合监测管理平台查看故障信号设备状态及预警报警信息。综合监测管理平台对设备状态进行了更细的划分，其中连接且工作正常状态显示为绿色，连接正常但设置有故障显示为红色，系统关闭显示为灰色。

三、实训注意事项

（一）实训时间

4 个课时。

（二）实训形式

学生每 5 人组成 1 个工作小组，各小组制定实施方案及工作计划。组长协助教师指导本组学生学习，检查实训作业进度和质量，制定改进措施，共同完成项目任务。

（三）安全注意事项

（1）未经教师或管理员允许不得擅自操作。

（2）在万用表使用过程中，注意万用表挡位的调节，同时避免用手触碰表笔的金属部分。

（3）须严格按照上电顺序进行上电。

（四）工器具材料准备

（1）防护用品：防滑鞋、绝缘手套、工作服等。

（2）工具：套筒、万用表等。

（3）个人用品：笔、笔记本等。

四、实训作业步骤

表 9-6-1　实训作业步骤

步骤	具体内容	工具	注意事项
1	实训人员穿戴防护用品，携带相关工具至现场	套筒、万用表等	—
2	按照系统开机步骤，启动综合监测管理平台	—	须严格按照上电顺序进行上电
3	系统登录，点击一体化监控，查看实训中心设备整体状态，点击红框设备，查看设备的基础信息和电气参数信息	—	—
4	根据综合监测管理平台的监测信息对信号设备展开信号设备综合维护、检修及故障处理作业	—	—
5	按照系统关机步骤对实训设备关机、断电，恢复实训现场	—	—

五、实训考核标准

表 9-6-2　实训考核标准

项目	标准	配分	得分
一体化监控	能够在一体化监控界面调看故障设备的基础信息和电气参数信息	20	
监测采集	能够在监测采集界面调看故障设备的电气参数信息	40	
综合检修	能够正确恢复故障设备	40	

六、思考题

简述当电务信号发生故障后在铁路运营现场出现的一系列影响。

项目十　城轨信号设备检修实训

任务一　LED 三显示信号机认知

一、实训目的

（1）熟悉 LED 三显示信号机的组成。

（2）掌握 LED 三显示信号机主要单项设备的作用。

二、理论链接

LED 铁路色灯信号机构大小与透镜式色灯信号机相同，机构采用铝合金材料，信号点灯单元由发光二极管 LED 构成。

XSLE 型 LED 色灯信号机由发光盘、BXZ-40 点灯单元和 GTB 隔离调压报警单元组成。

LED 三显示信号机点灯电路如图 10-1-1 所示。

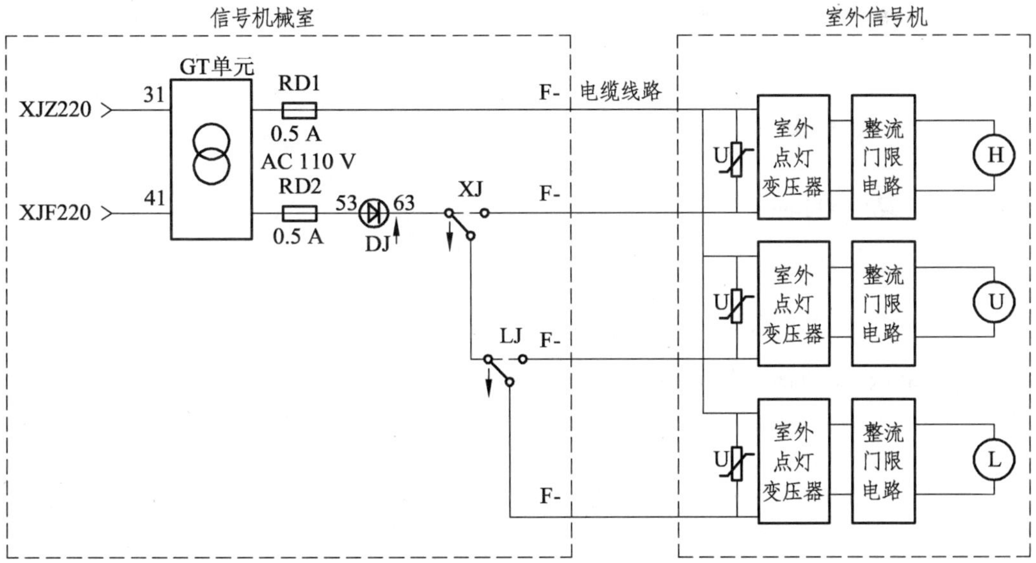

图 10-1-1　点灯电路

1. 发光盘

XSLE 型 LED 色灯信号机采用由许多发光二极管组成的发光盘代替灯泡作为光源。

2. BXZ-40 点灯单元

其固定在机构的后门盖上，将室内送出信号点灯电源转换为灯泡使用的额定电压，当主灯丝断丝时自动转换至副灯丝并提供报警。

3. GTB 隔离调压报警器

隔离调压单元的主要功能如下。

（1）起隔离作用，可降低电缆线路的对地电容，改善信号点灯电路的电气特性。

（2）调整输出电压，使点灯回路中的电流满足灯丝继电器的要求。比如，在使用 JZXC-H18 型继电器作为灯丝继电器时，将原交流 220 V 的信号点灯电源调整为 110 V 左右输出（可根据电缆线路的长度适当调整送电电压），确保灯丝继电器工作在可靠励磁状态。

（3）报警检测和门限检测。

报警检测：通过一个检测按钮 2FA，人为将点灯回路中的电流降低到报警值之下，以检查报警检测单元是否能够正常工作。

门限检测：在隔离调压变压器内专门设有一个 60 V 抽头，通过按压门限检测按钮 1FA 将输出电压降到 60 V，以检查光源的抗干扰门限电路是否能够正常工作。

4. 电缆盒

连接由室内引出的电缆线和点灯单元使用的电源线，将室内电源经电缆盒配线端子转接后送到点灯单元。

三、实训要求

（一）实训时间

2 个课时。

（二）实训形式

学生每 5 人组成 1 个工作小组，各小组制定实施方案及工作计划。组长协助教师指导本组学生学习，检查实训作业进度和质量，制定改进措施，共同完成项目任务。

（三）实训注意事项

（1）未经教师或管理员允许不得擅自操作。

（2）严禁私自拖拽、更改设备配线，实训室内设备不得挪作他用。

（3）为防止触电，不得触碰综合柜除断路器开关以外的任何位置。

（四）工器具材料准备：

（1）防护用品：防滑鞋、绝缘手套、工作服等。
（2）工具：套筒、万用表等。
（3）个人用品：笔、笔记本等。

四、实训作业步骤

表 10-1-1　实训作业步骤

步骤	具体内容
1	实训人员穿戴防护用品，携带套筒、笔记本等工具至现场
2	认知 LED 三显示信号机组成结构。 LED 三显示信号机：对照 LED 三显示信号机，分别认知信号机发光盘、BXZ-40 点灯单元、终端盒、隔离调压报警器等
3	物品摆放回收，恢复实训现场

五、实训考核标准

表 10-1-2　实训考核标准

项目	标准	配分	得分
发光盘	能够正确认知发光盘设备，并简述其功能	30	
点灯单元	能够正确认知点灯单元设备，并简述其功能	35	
隔离调压报警器	能够正确认知隔离调压报警器设备，并简述其功能	35	

六、思考题

LED 色灯信号机室内送出的信号点灯电源电压是多少？

任务二　计轴设备认知

一、实训目的

（1）掌握计轴柜设备组成及作用。
（2）掌握计轴室外设备的组成及作用。

二、理论链接

计轴系统是通过比较进入和驶离轨道区段两端计轴点的列车轴数，来完成轨道区段空闲与占用状态自动检查的专用铁路信号设备。

计轴系统功能如图 10-2-1 所示。计轴柜设备主要包含：放大板、计轴板、输出板、复零板和电源板等。室外设备主要包含：车轮传感器（磁头）及计轴柜旁盒。

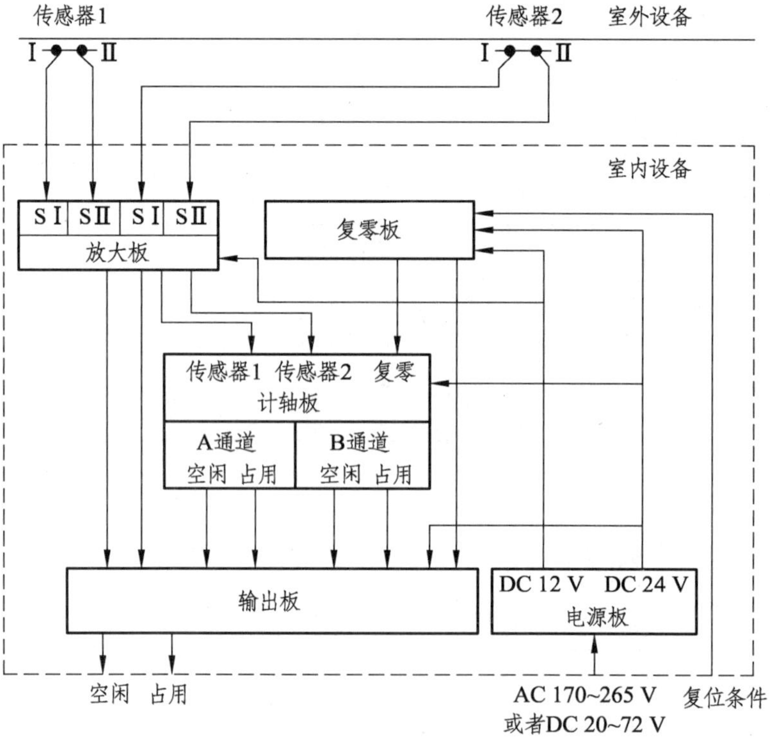

图 10-2-1 计轴系统功能框图

（一）放大板

主要功能如下：

（1）将车轮传感器感应到的模拟车轮轴脉冲信号放大、整形、滤波并转换为数字信号。

（2）将 DC 12 V 通过恒流源电路转换为车轮传感器需要的恒流工作电压 DC 10 V。

（3）对车轮传感器状态进行监测。

（4）1 块放大板满足 2 个车轮传感器的接入。

（二）计轴板

主要功能如下：

（1）采用二取二设计原理，处理放大板送来的轴脉冲信号并统计区段内车轮轴数。

（2）判别列车运行方向。

（3）给输出板输出空闲、占用信息。

（4）1 个计轴区段配置 1 块计轴板。

（三）输出板

计轴设备与其上层控制设备（6502 或计算机联锁）的接口是由输出板来承担的。由继电器单元来比较计数单元的双通道数据，并使输出置于关联安全的状态——“轨道占用”或“轨道空闲”，输出板内继电器组成“故障—安全”逻辑电路。当计轴系统出现故障时，自动输出安全侧信息——“轨道占用”状态。1 个计轴区段配置 1 块输出板。

（四）复零板

在系统无故障且车轮上方传感器探测范围内无金属物存在的情况下，由于系统计轴区段占用，对计轴进行“预复位”时，系统将计轴板轴数清零，但是计轴区段仍处于占用状态，只有在下一次计轴过程中，计入与计出轴数相等时才输出空闲状态。

（五）电源板

为设备提供 DC 12 V 工作电源。

（六）车轮传感器

车轮传感器由相互独立、电路分离的两套传感单元电路组成。这种个体系统独立性是出于安全方面的考虑，而且不能因为任何原因被取消。使用单套传感电路或两套传感电路互相不独立，都被认为是不安全的。车轮跨越车轮传感器，两套传感电路分别感应出车轮轮轴信号。两路轮轴信号必须满足有先后有重叠的特征，才被认为是有效的车轮信号，如图 10-2-2 所示。两路轮轴信号的相位关系代表车轮的运动方向，系统以此来识别车轮运行方向。

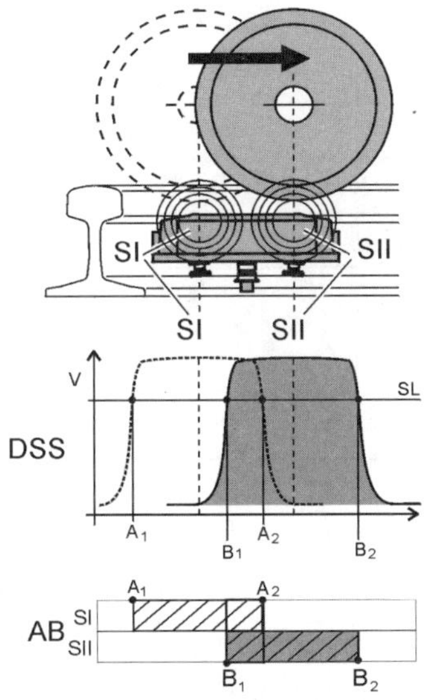

图 10-2-2　车轮传感器车轮脉冲信号示意图

三、实训要求

（一）实训时间

1 个课时。

（二）实训形式

学生每 5 人组成 1 个工作小组，各小组制定实施方案及工作计划。组长协助教师指导本组学生学习，检查实训作业进度和质量，制定改进措施，共同完成项目任务。

（三）安全注意事项

（1）未经教师或管理员允许不得擅自操作。
（2）须严格按照上电顺序进行上电。
（3）做好安全防护，保证人身及设备安全。

（四）工器具材料准备

（1）防护用品：防滑鞋、绝缘手套、工作服等。
（2）个人用品：笔、笔记本等。

四、实训作业步骤

表 10-2-1　实训作业步骤

步骤	具体内容
1	穿戴劳保物品，打开工具柜，拿取物料材料
2	打开计轴柜玻璃门
3	认知计轴柜内放大板、计轴板、输出板、复零板、电源板等板卡
4	观察板卡指示灯及按钮
5	认知计轴室外设备包括车轮传感器和柜旁盒
6	物品摆放回收，恢复实训现场

五、实训考核标准

表 10-2-2　实训考核标准

项目	标准	配分	得分
放大板	能够正确认知放大板设备，并简述其功能	10	
计轴板	能够正确认知计轴板设备，并简述其功能	20	
输出板	能够正确认知输出板设备，并简述其功能	20	
复零板	能够正确认知复零板设备，并简述其功能	20	
电源板	能够正确认知电源板设备，并简述其功能	10	
车轮传感器	能够正确认知车轮传感器设备，并简述其功能	20	

六、思考题

试简述计轴系统的工作过程。

任务三　站台门设备认知

一、实训目的

（1）认知站台门及相关设备。
（2）认知站台门 PSL 设备操作。

二、理论链接

站台门又叫屏蔽门，是地铁车站隔离线路与站台的设备设施，能够有效保障乘客的人身安全。下面介绍其相关设备。

（一）继电器

相关继电器如图 10-3-1 所示，具体如下。
（1）KMJ：开门继电器。
（2）GMJ：关门继电器。
（3）PDKJ：关门锁紧继电器。
（4）PDQCJ：互锁解除继电器。

图 10-3-1　相关继电器

（二）PSL 盒

PSL盒如图10-3-2所示，具体作用如下：

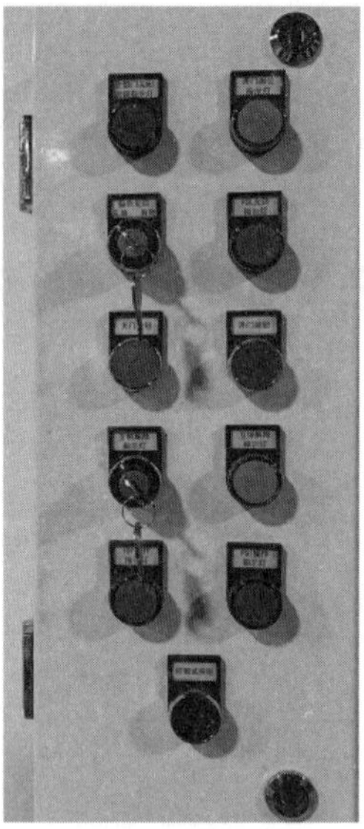

图 10-3-2　PSL 盒

（1）在处理屏蔽门开关门故障时，操作 PSL 盒上的开关门按钮，屏蔽门可以正常开关，不能排查出故障原因。

（2）在处理屏蔽门互锁解除故障时，可通过操作 PSL 盒上的互锁解除开关，对 ATS 终端的故障现象进行判断。正常情况下将互锁解除开关打到开的状态，ATS 显示界面中，会展中心站下行站台屏蔽门（见图 10-3-3 框中线）会变为红色。

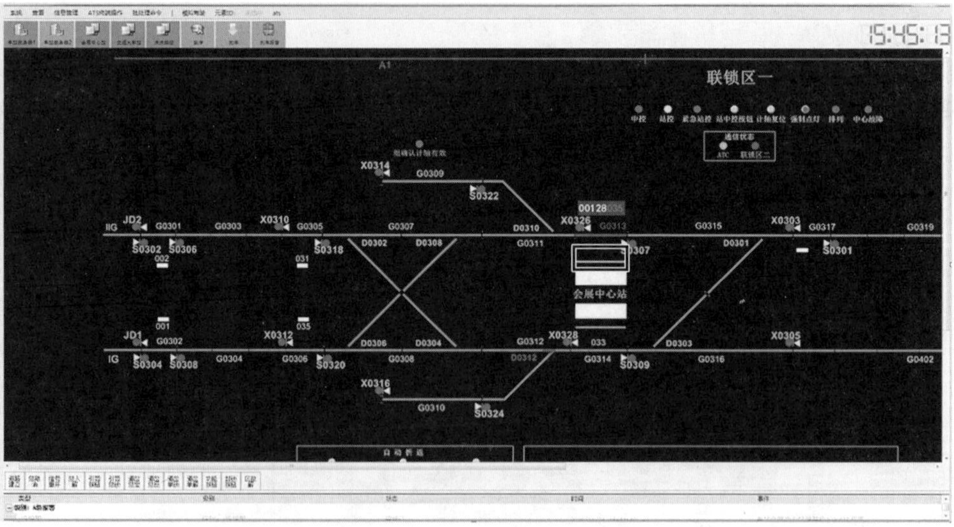

图 10-3-3　ATS 终端

三、实训要求

（一）实训时间

2 个课时。

（二）实训形式

学生每 5 人组成 1 个工作小组，各小组制定实施方案及工作计划。组长协助教师指导本组学生学习，检查实训作业进度和质量，制定改进措施，共同完成项目任务。

（三）安全注意事项

（1）未经教师或管理员允许不得擅自操作。
（2）须严格按照上电顺序进行上电。
（3）做好安全防护，保证人身及设备安全。

（四）工器具材料准备

（1）防护用品：防滑鞋、绝缘手套、工作服等。
（2）个人用品：笔、笔记本等。

四、实训作业步骤

表 10-3-1 实训作业步骤

步骤	具体内容
1	穿戴劳保物品，打开工具柜，拿取物料材料
2	开启软件终端，通过操作车门控制终端界面，对屏蔽门进行开关门操作。长按开门或关门按钮 3 s 以上，即执行了一次开关门操作。若要连续执行两次开门操作，需要在执行一次开门操作后，先执行一次关门操作，再执行开门操作。同时查看 ATS 终端屏蔽门状态
3	观察综合柜开门、关门继电器状态变化
4	通过 PSL 操作屏蔽门，同时观察继电器状态
5	物品摆放回收，恢复实训现场

五、实训考核标准

表 10-3-2 实训考核标准

项目	标准	配分	得分
设备构成	掌握站台门设备构成	40	
站台门操作	能够正确通过软件、PSL 操作站台门	60	

六、思考题

简述 PSL 盒各旋钮和指示灯作用及意义。

任务四　ZDJ9 电动转辙机的施工配线

一、实训目的

（1）熟悉 ZDJ9 电动转辙机施工配线作业流程。
（2）掌握 ZDJ9 电动转辙机施工配线方法。

二、理论链接

按《技规》要求，ZDJ9 电动转辙机施工配线要求应满足：
（1）配线与图纸相符（拉入定位、伸出反位）。
（2）配线引入口处防护设施完好，电缆用绝缘胶带防护。
（3）各部件螺丝紧固，螺帽垫片齐全；插接器安装牢固，接触良好。
（4）采用冷压接线方式，使用专用压接钳压接牢固，线头裸露 0～1 mm，线头根部不能露金属导线，冷压接线端子与端子孔相匹配。
（5）采用一孔一线插接方式，严禁一孔多线。
（6）线把绑扎距离间隔不得大于 4 cm，整齐、美观、不破皮；
（7）出线时隔开配线，每出一根线，使用一根绑扎带隔开。
（8）套管标识齐全。
（9）电缆盒配线由左向右铺设（走线长度约占电缆盒内壁 2/3）。

三、实训要求

（一）实训时间

1 个课时。

（二）实训形式

学生每 5 人组成 1 个工作小组，各小组制定实施方案及工作计划。组长协助教师指导本组学生学习，检查实训作业进度和质量，制定改进措施，共同完成项目任务。

（三）安全注意事项

（1）未经教师或管理员允许不得擅自操作。
（2）检查综合柜上的安全空开是否可以安全断开以及上电。
（3）转辙机转换操作时，要在转换到位后才可进行下一步操作。
（4）须严格按照上电顺序进行上电。

（四）工器具材料准备

（1）防护用品：防滑鞋、绝缘手套、工作服等。
（2）工具：套筒、斜口钳、压接钳、万用表等。
（3）个人用品：笔、笔记本等。

四、实训作业步骤

表 10-4-1　实训作业步骤

步骤	具体内容	工具	注意事项
1	打开工具柜穿戴劳保物品，拿取工具柜中的工器具以及物料材料	—	—
2	断开综合柜上的安全空开	—	—
3	使用铁路专用套筒打开转辙机箱盖	—	—
4	断开安全节点	—	—
5	从准备好的软线中截取适合长度	—	—
6	将截取好的软线穿过引线管	—	—
7	从引线管两端出来的软线，一端接在转辙机内部接线端子上，一端接在电缆盒内	—	—
8	按照标准的工艺将线接好后，使用万用表测量是否接通	万用表	注意万用表挡位的调节，同时避免用手触碰表笔的金属部分
9	测量完成后将引线管两端分别固定在转辙机和电缆盒上	—	—
10	在 ATS 终端，进行转辙机定、反操测试	—	道岔操作详见项目一任务二的知识链接部分
11	测试通过后，将工器具摆放回收，恢复实训现场	—	—

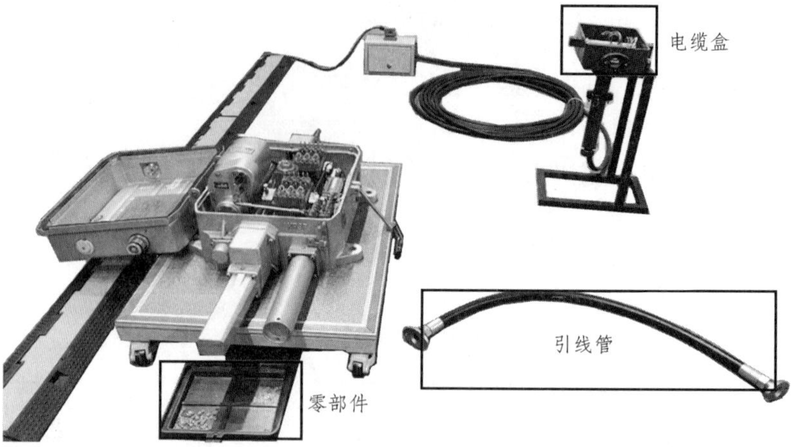

图 10-4-1　ZDJ9 电动转辙机施工配线

五、实训考核标准

表 10-4-2　实训考核标准

项目	标准	配分	得分
作业流程	掌握 ZDJ9 电动转辙机施工配线作业流程	40	
施工配线	完成 ZDJ9 电动转辙机施工配线	60	

六、思考题

试简述转辙机施工配线过程流程。

任务五　智能电源屏的认知

一、实训目的

（1）掌握电源屏组成结构、盘面按钮及各种标识灯意义作用。
（2）了解电源屏各输出电源作用。

二、理论链接

智能信号电源屏设备，包含电源屏机柜、切换单元、电源模块等，具有综合化、模块化、智能化的特点，具有较高的可靠性，如图 10-5-1 所示。电源屏能向信号机、电动转辙机、轨道电路、信号继电器等设备提供各种技术参数或规格型号的交/直流电源。不同电源模块进行组合，可组成各种电源系统，能够提供三相交流 380 V 电源、交流 110 V 电源、交流 220 V 电源、25 Hz 轨道电路和局部电源、直流 24 V 继电器控制电源、其他直流 24 V 电源等多种设备的电源类型。交流供电采用两路交流并行输入，切换期间输出供电零中断，保证系统正常供电。

图 10-5-1　信号电源屏设备实物

电源屏的主要功能：将Ⅰ、Ⅱ路输入电源经切换、稳压、净化、隔离、整流、变频等控制技术变换为铁路信号设备所需的电源。铁路信号智能电源屏是专门为铁路信号设备供电的装置，信号负载电源类型主要有：信号点灯电源、道岔表示电源、轨道电路电源、转辙机电源、计算机联锁电源等。

机柜：用于放置各种电源模块、输入输出电源开关、配线、电源防雷配件。

电源模块：为双机热备冗余，输入电源后能转换为各种设备所需的工作电源，保证不间断供电。

三、实训要求

（一）实训时间

1 个课时。

（二）实训形式

学生每 5 人组成 1 个工作小组，各小组制定实施方案及工作计划。组长协助教师指导本组学生学习，检查实训作业进度和质量，制定改进措施，共同完成项目任务。

（三）实训注意事项

（1）未经教师或管理员允许不得擅自操作。

（2）须严格按照上电顺序进行上电。

（3）做好安全防护，保证人身及设备安全。

（四）工器具材料准备

（1）防护用品：防滑鞋、绝缘手套、工作服等。

（2）工具：万用表。

（3）个人用品：笔、笔记本等。

四、实训作业步骤

表 10-5-1　实训作业步骤

步骤	具体内容	配图
1	实训人员穿戴防护用品，携带工具至实训现场	—
2	认知电源屏组成结构、盘面按钮及各种标识灯意义： （1）电源屏上的插箱，由上插箱门、前安装板、后安装板 3 部分组成。 （2）“Ⅰ路有电”红色指示灯，Ⅰ路输入正常时点亮。 （3）“Ⅰ路工作”绿色指示灯，Ⅰ路主用，Ⅱ路备用时点亮。 （4）“Ⅱ路有电”红色指示灯，Ⅱ路输入正常时点亮。 （5）“Ⅱ路工作”绿色指示灯，Ⅱ路主用，Ⅰ路备用时点亮。 （6）“故障报警蜂鸣器”，当系统故障时发出声光报警。 （7）“报警状态转换开关”，有“故障”“正常”两种状态。 （8）正常状态：置于此位时，系统故障时蜂鸣器发出声光报警，正常工作时置于此位；故障状态：屏蔽蜂鸣器声光报警，置于此位时，有无故障蜂鸣器均不报警；“2 路供电”按钮：按下此按钮时，系统由Ⅰ路供电转为Ⅱ路供电；“1 路供电”按钮：按下此按钮时，系统由Ⅱ路供电转为Ⅰ路供电。 （9）电源屏供电模块，包括 2 个交流电源模块、1 个直流电源模块	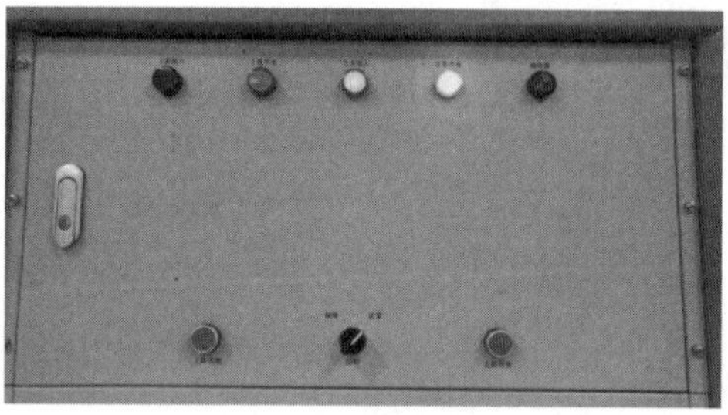 图 10-5-2　电源屏指示灯

续表

<table>
<tr><th>步骤</th><th>具体内容</th><th>配图</th></tr>
<tr><td>3</td><td>掌握电源屏各输出电源作用：
（1）电源屏下插箱安装了联锁机柜、车载机柜、计轴机柜、组合柜，以及室外设备的断路器，接通和切断设备电源，如图电源屏输出电源所示。
（2）电源屏微机控制模块，采集外部输入1、2和外部输入380 V电源的电压，并显示在触摸屏上。
（3）电源屏根据输出种类不同分为3个种类：50 Hz交流模块、25 Hz交流模块、直流模块</td><td>
图 10-5-3　电源屏输出电源

图 10-5-4　电源屏微机控制模块触摸屏整体界面

表 10-5-1　电源屏输出种类
<table>
<tr><th>序号</th><th>名称</th><th>分类</th><th>结构形式</th></tr>
<tr><td>1</td><td>JXJ-220/10</td><td>50 Hz交流模块</td><td rowspan="4">1/4 模块</td></tr>
<tr><td>2</td><td>JXZ-220/16</td><td rowspan="3">直流模块</td></tr>
<tr><td>3</td><td>JXZ-24/50</td></tr>
<tr><td>4</td><td>JXZ2-24/50</td></tr>
<tr><td>5</td><td>JXB-22006/11008</td><td rowspan="2">25 Hz交流模块</td><td rowspan="2">1/2模块</td></tr>
<tr><td>6</td><td>JXB-22011/11015</td></tr>
</table></td></tr>
<tr><td>4</td><td>将工器具摆放回收，恢复实训现场</td><td>—</td></tr>
</table>

五、实训考核标准

表 10-5-2　实训考核标准

项目	标准	配分	得分
组成结构	能够简述电源屏组成结构、盘面按钮及各种标识灯意义作用	50	
输出电源	掌握电源屏各输出电源作用	50	

六、思考题

简述智能电源屏的主要功能是什么?

任务六　智能电源屏的测试与检修

一、实训目的

（1）掌握智能电源屏日常测试的方法。

（2）掌握智能电源屏检修的流程方法。

二、理论链接

见项目十任务五。

三、实训要求

（一）实训时间

1 个课时。

（二）实训形式

学生每 5 人组成 1 个工作小组，各小组制定实施方案及工作计划。组长协助教师指导本组学生学习，检查实训作业进度和质量，制定改进措施，共同完成项目任务。

（三）实训注意事项

（1）未经教师或管理员允许不得擅自操作。

（2）须严格按照上电顺序进行上电。

（3）做好安全防护，保证人身及设备安全。

（四）工器具材料准备

（1）防护用品：防滑鞋、绝缘手套、工作服等。
（2）工具：万用表。
（3）个人用品：笔、笔记本等。

四、实训作业步骤

表 10-6-1　实训作业步骤

步骤	具体内容	工具	注意事项
1	实训人员穿戴防护用品，携带工具至实训现场	—	—
2	智能电源屏输出电源测试：在智能电源屏背面，使用万用表测试电源输出端子各种电源输出电压	—	—
3	智能电源屏各种电源对地电压测试：在智能电源屏背面，测试电源输出端子各种电源对地电压。万用表一只表笔接触测试电源端子，另一表笔与电源屏接地体或电源屏外壳接触	万用表	注意万用表挡位的调节，同时避免用手触碰表笔的金属部分
4	进行智能电源屏日常检修作业： （1）外观检查。 （2）屏内及电源引入箱各部分检查。 （3）输入、输出电源监测	—	—
5	将工器具摆放回收，恢复实训现场	—	—

五、实训考核标准

表 10-6-2　实训考核标准

项目	标准	配分	得分
日常测试	能够测量输出电源、对地电压	50	
检修	能够对智能电源屏进行日常检修作业	50	

六、思考题

如何测试电源对地电压?

任务七　信号设备故障认知与排故

一、实训目的

（1）掌握 ZDJ9 电动转辙机故障分析、判断与处理的流程及方法。
（2）掌握 LED 三显示信号机故障分析、判断与处理的流程及方法。
（3）掌握 50 Hz 轨道电路的故障分析、判断与处理的流程及方法。
（4）掌握计轴设备的故障分析、判断与处理的流程及方法。

二、理论链接

（一）ZDJ9 电动转辙机

1. 认识继电器

ZDJ9 电动转辙机继电器实物如图 10-7-1 所示，其电器元件名称及缩写如表 10-7-1 所示。

图 10-7-1　ZDJ9 电动转辙机继电器实物

表 10-7-1　ZDJ9 电动转辙机电器元件名称及缩写

序号	缩写	名称	序号	缩写	名称
1	BB	道岔表示变压器	9	FBJ	反位表示继电器
2	1DQJ	第一启动继电器	10	ZDBJ	总定位表示继电器
3	BHJ	保护继电器	11	ZFBJ	总反位表示继电器
4	2DQJ	第二启动继电器	12	QDJ	切断继电器
5	1DQJF	第一启动复示继电器	13	DCJ	定位操纵继电器
6	DBQ	限时断相保护器	14	FCJ	反位操纵继电器
7	ZBHJ	总保护继电器	15	SJ	锁闭继电器
8	DBJ	定位表示继电器			

2. 继电器状态辨别

（1）观察综合柜 2DQJ 的状态，若继电器处于吸起状态，则处在定位；若处于落下状态，则处于反位，如图 10-7-2 所示。

① 触点 2 向上与 1 接触时，2DQJ 处于吸起状态。

② 触点 2 向下与 3 接触时，2DQJ 处于落下状态。

图 10-7-2　综合柜 2DQJ

（2）类似于 SJ 的继电器，辨别继电器处于吸起还是落下状态，需要查看圆柱接点的位置是与 1 接触片接触，还是与下面的 2 接触片接触。

① 若与 1 接触则处于吸起状态。

② 若与 2 接触则处于落下状态。

3. 转辙机驱动和采集电路原理

转辙机驱动和采集电路原理如图 10-7-3 所示。

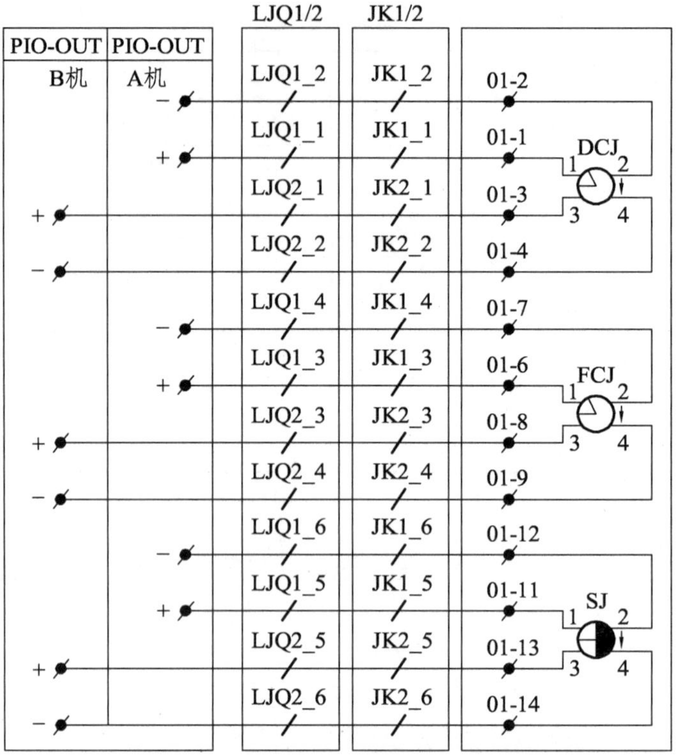

（a）转辙机驱动接口电路图

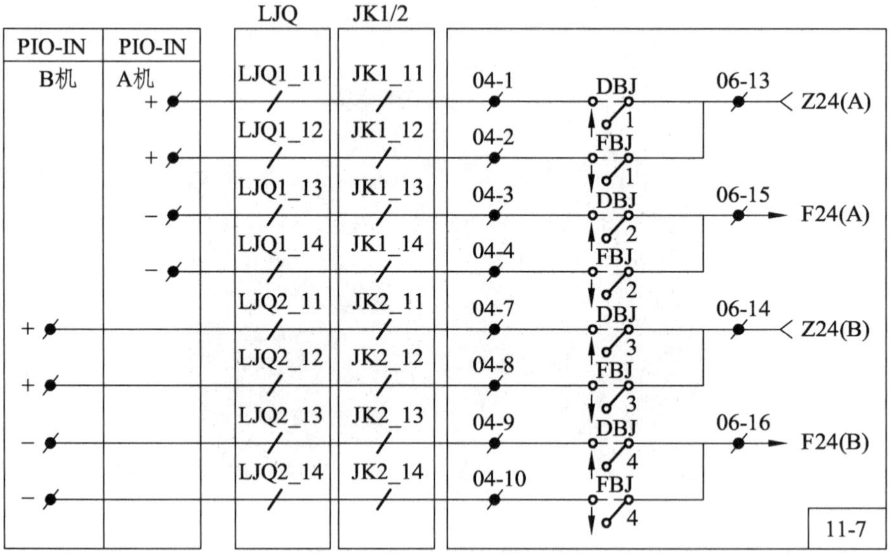

（b）转辙机采集接口电路图

图 10-7-3　转辙机驱动和采集电路原理

（1）驱动电路：由联锁发送命令驱动 DCJ、FCJ、SJ 继电器动作。

（2）采集电路：由联锁发送命令给表示继电器，使表示继电器在 ATS 上表现出定表或反表。

（3）带有 A 机、B 机的电路都是由联锁控制的。

（4）要设置 A、B 机线路上的故障时，需要在两条线路同时设置故障。例如在 01-3 至 DCJ-3 间设置故障，若要故障现象出现，需要同时在 01-1 至 DCJ-1 间设置故障。

4. 转辙机控制电路原理

1）1DQJ 励磁电路

反操：KZ（24 V）→SJ（82-81）→1DQJ（3-4）→2DQJ（141-142）→FCJ（71-72）→KF（24 V），1DQJ 励磁吸起。

定操：KZ（24 V）→SJ（82-81）→1DQJ（3-4）→2DQJ（141-143）→DCJ（71-72）→KF（24 V），1DQJ 励磁吸起。

2）1DQJF 励磁电路

KZ（24 V）→1DQJF（1-4）→1DQJ（32-31）→KF（24 V），1DQJF 励磁吸起。

3）1DQJ 自闭电路

KZ（24 V）→1DQJ（1-2）→BHJ（32-31）→1DQJ（32-31）→KF（24 V），BHJ 吸起，1DQJ 吸起。

4）2DQJ 转极电路

定操：KZ（24 V）→1DQJF（31-32）→2DQJ（3-4）→DCJ（71-72）→KF（24 V）。

反操：KZ（24 V）→1DQJF（41-42）→2DQJ（2-1）→FCJ（71-72）→KF（24 V）。

5）动作电路原理

以反操（定位向反位动作）为例。

（1）当 1DQJ、1DQJF 吸起，2DQJ 转极后构成三相交流电动机电路，A、B、C 三相动作电源经 DBQ 及 1DQJ、1DQJF、2DQJ 接点，由 X1、X3、X4 线向室外送电，电机开始转动。转辙机第三排接点断开，切断定位表示电路，接通第四排接点。此时 BHJ 吸起，接通 1DQJ 自闭电路。

（2）道岔动作到反位时，第一排接点断开，接通第二排接点，为接通反位表示做好准备。第一排接点断开后，切断了动作电路，使 BHJ 落下，随后 1DQJ 落下，1DQJF 落下，接通反位表示。

（3）道岔反位向定位转换时原理同上，不同的是使用 X1、X2、X5 线构通电路。

（二）LED 三显示信号机

1. 认识继电器

LED 三显示信号机继电器实物如图 10-7-4 所示。

（1）2DJ：二灯丝继电器。

（2）LXJ：列车信号继电器。

（3）DJ：灯丝继电器。

（4）YXJ：引导信号继电器。

（5）ZXJ：主信号继电器。

（6）DDJ：点灯继电器。

图 10-7-4　LED 三显示信号机继电器实物

2. 信号机驱动和采集电路原理

信号机驱动和采集电路原理如图10-7-5所示。

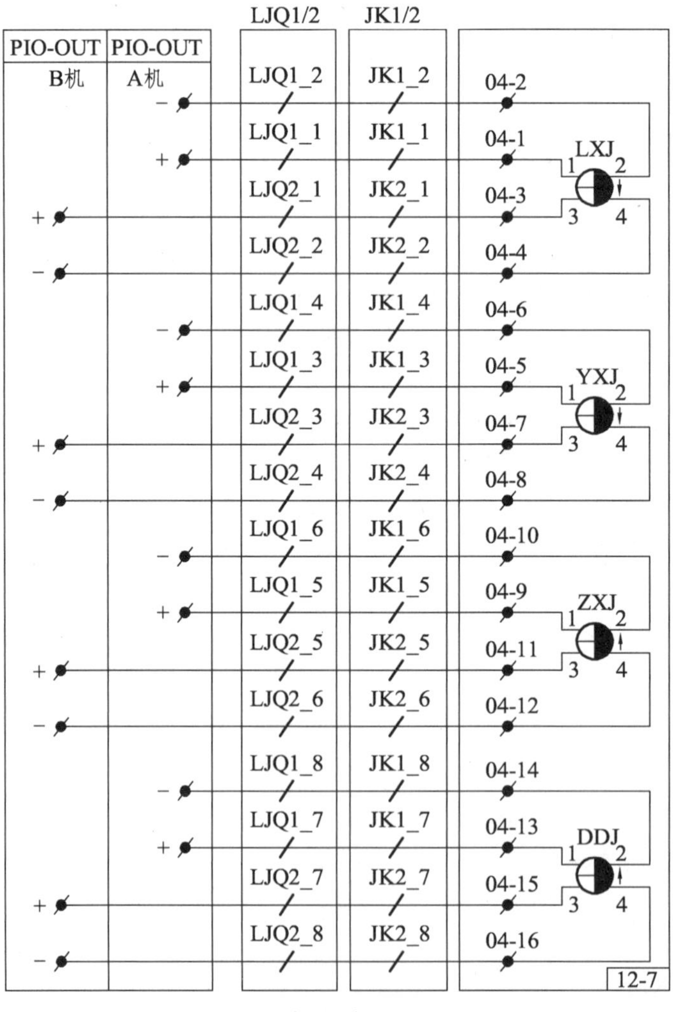

（a）信号机驱动接口电路图

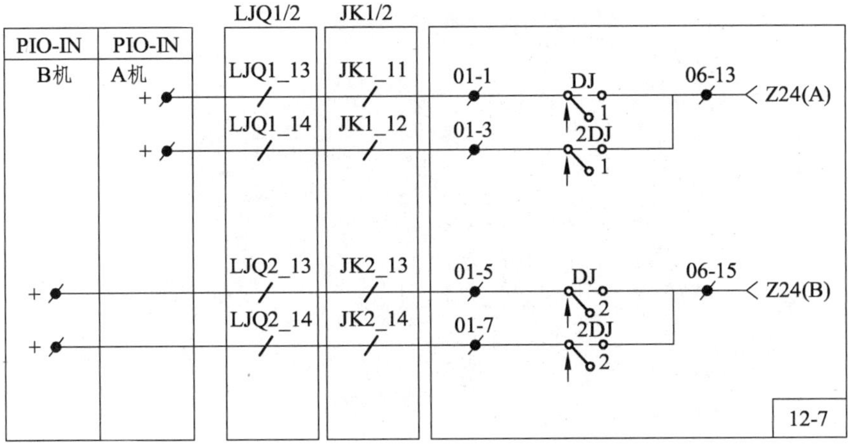

（b）信号机采集接口电路图

图 10-7-5　信号机驱动和采集电路原理

信号机的驱动和采集同样是由联锁系统控制，通过 ATS 终端对信号机进行操作，发送指令给对应的继电器动作。

3. 信号机点灯电路原理

（1）开放红灯时继电器状态：DDJ 落下、DJ 吸起、LXJ 落下。

（2）开放绿灯时继电器状态：DDJ 落下、DJ 吸起、LXJ 吸起、ZXJ 吸起。

（3）开放黄灯时继电器状态：DDJ 落下、DJ 吸起、LXJ 吸起、ZXJ 落下。

（4）开放红黄灯时继电器状态：DDJ 落下、DJ 落下、LXJ 落下、2DJ 吸起、YXJ 吸起。

（三）50 Hz 轨道电路

1. 继电器

50 Hz 轨道电路继电器实物如图 10-7-6 所示。

（1）TFQ-B2：调相防雷变压器。

（2）GJS2：微电子相敏轨道电路接收器 2。

（3）GJS1：微电子相敏轨道电路接收器 1。

（4）BHJ：相敏轨道电路报警盒。

（5）GJ：50Hz 轨道电路。

2. 电源指示灯

（1）轨道电路正常时处于吸起状态。

（2）红灯：红灯亮表示直流 24 V 电源工作正常；红灯灭表示直流 24 V 电源断电。

（3）绿灯：绿灯亮表示对应的轨道区段空闲，没有车占用；绿灯灭表示对应的轨道区段有车占用，其执行继电器落下。

（4）绿灯、红灯交替闪光表示局部电源断电。

3. 占用状态

分线盘将轨道电路分为室内与室外设备。GJ 正常情况下为吸起状态，当 GJ 落下时，IG 为占用状态。

图 10-7-6　50 Hz 轨道电路继电器实物

（四）计轴设备

1. 认识继电器

计轴设备继电器实物如图 10-7-7 所示。

（1）YFWJ：预复位继电器。

（2）FWJ：复位继电器。

（3）GJ：轨道继电器。

图 10-7-7　计轴设备继电器实物

这里需要说明的是，在 ATS 终端执行复位操作时，对应的是 YFWJ 继电器动作；执行预复位操作时，对应的是 FWJ 继电器动作。

2. 电路原理图

计轴设备电路原理如图10-7-8所示。

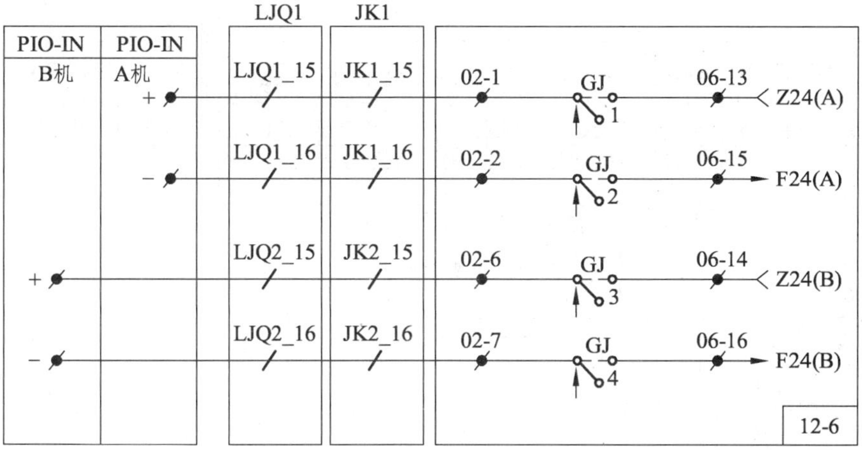

（a）计轴区段采集接口电路图

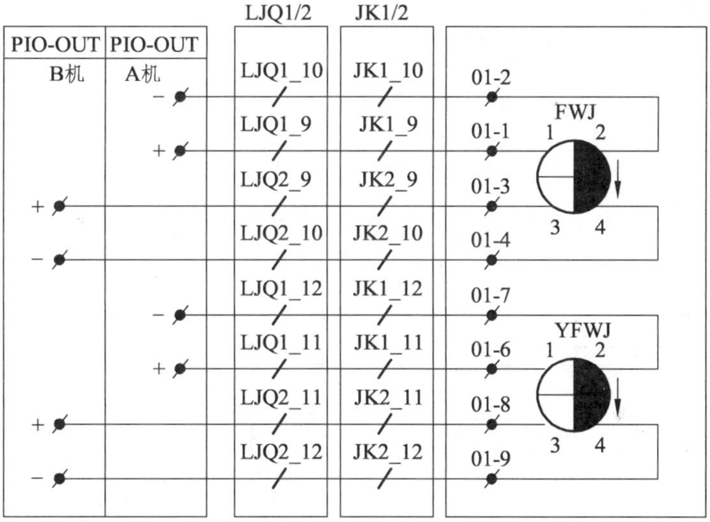

（b）计轴区段复位驱动接口电路图

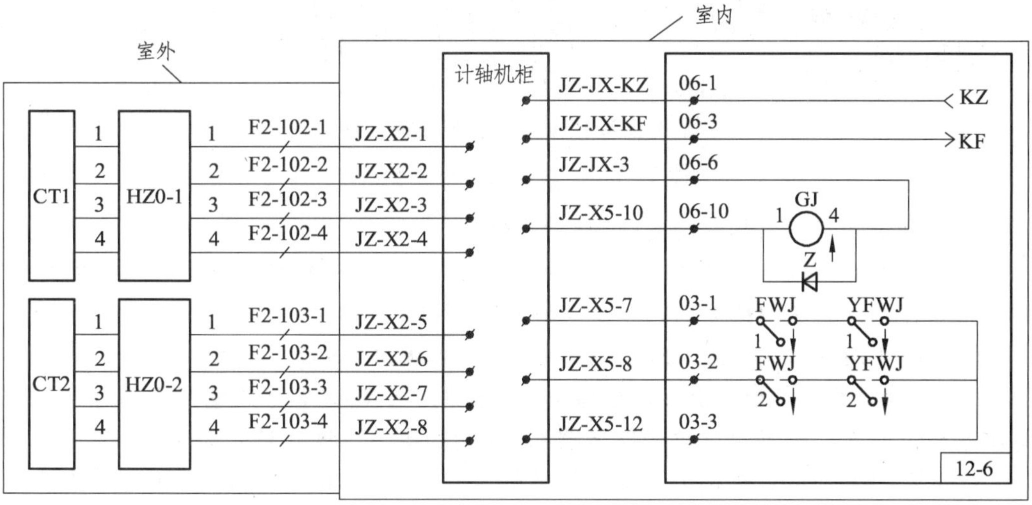

（c）计轴区段电路图

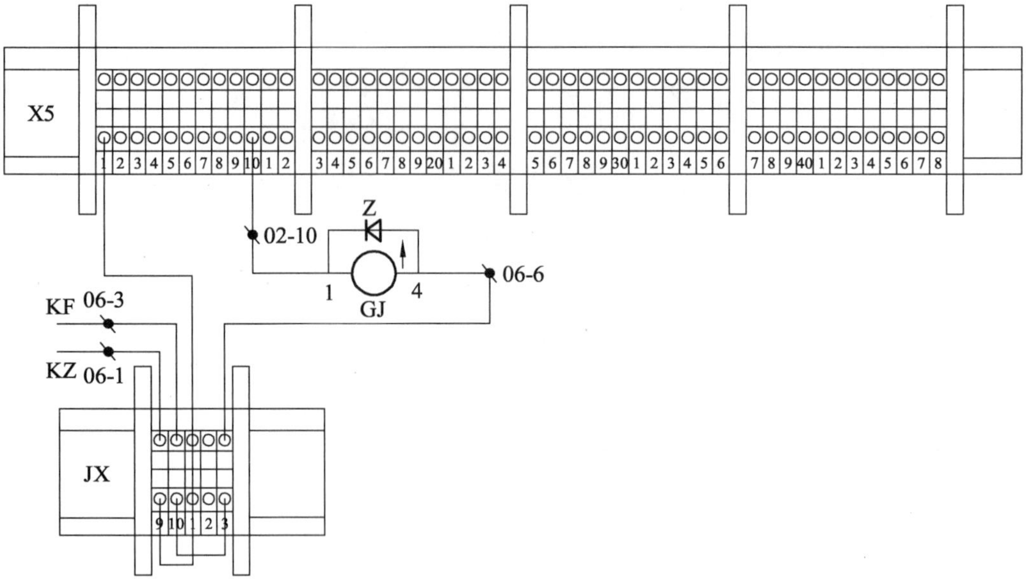

（d）计轴区段继电器接口配线原理图

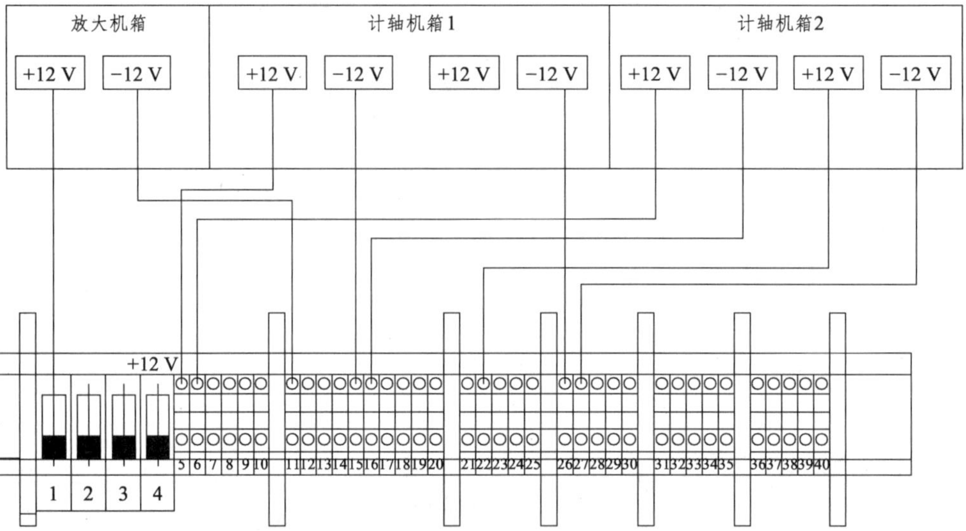

（e）放大机箱与计轴机箱工作电源电路图

图 10-7-8　计轴设备电路原理

（1）计轴区段采集和驱动由联锁控制继电器完成。

（2）在计轴区段电路图中可以看到通过分线盘分为了室内和室外。分线盘上的线一边接在室外磁头电缆盒内，一边与计轴柜相连。

（3）CT1 对应放大板上 DSS1，CT2 对应放大板上 DSS2。

（4）“计轴区段继电器接口配线原理图”是对“计轴区段电路图”中从综合柜 2 零层端子上的 KZ、KF 至计轴柜继电器 GJ 两端的电路原理的具体描述。

① KZ、KF 对应计轴柜上的电源板端的电压，如图 10-7-9 所示。其与电源屏上 24V 电压相连。

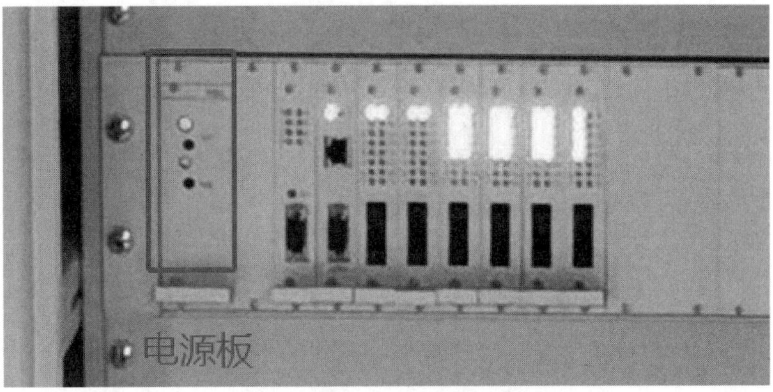

图 10-7-9　计轴柜实物图

② 这一部分的电路原理是：

KZ（综合柜 2 上的零层端子）→06-1（综合柜 2 侧面端子）→JX-KZ→JX-1→X5-1→X5-10→02-10→GJ-1→GJ-4→06-6（计轴柜侧面端子）→JX-3→JX-KF→06-3（综合柜 2 侧面端子）→KF（综合柜 2 上的零层端子）。

（5）电源机箱将输入的 AC 220 V 转换为 DC 24 V 与 DC 12 V，提供放大机箱、计轴机箱内板卡的工作电源。

（五）站台门设备

1. 认识继电器

站台门设备继电器实物如图 10-7-10 所示。

（1）KMJ：开门继电器。

（2）GMJ：关门继电器。

（3）PDKJ：　关门锁紧继电器。

（4）PDQCJ：互锁解除继电器。

图 10-7-10　站台门设备继电器实物

2. PSL 盒

PSL 盒实物如图 10-7-11 所示。

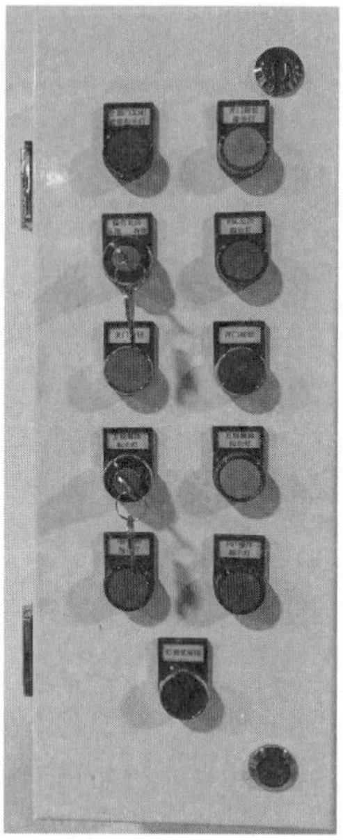

图 10-7-11　PSL 盒实物

（1）在处理屏蔽门开关门故障时，操作 PSL 盒上的开关门按钮，屏蔽门可以正常开关，不能排查出故障原因。

（2）在处理屏蔽门互锁解除故障时，可通过操作 PSL 盒上的互锁解除开关，对 ATS 终端故障现象进行判断。正常情况下将互锁解除开关打到开的状态，ATS 显示界面中，会展中心站下行站台屏蔽门（见图 10-7-12 中框线部分）会变为红色。

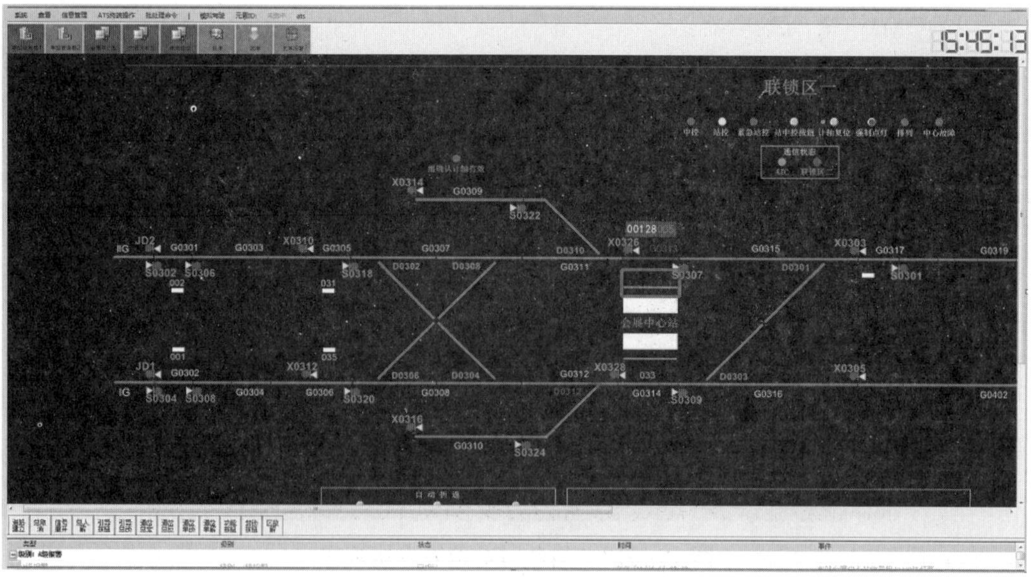

图 10-7-12　ATS 界面

3. 站台门电路原理图

站台门电路原理如图10-7-13所示。

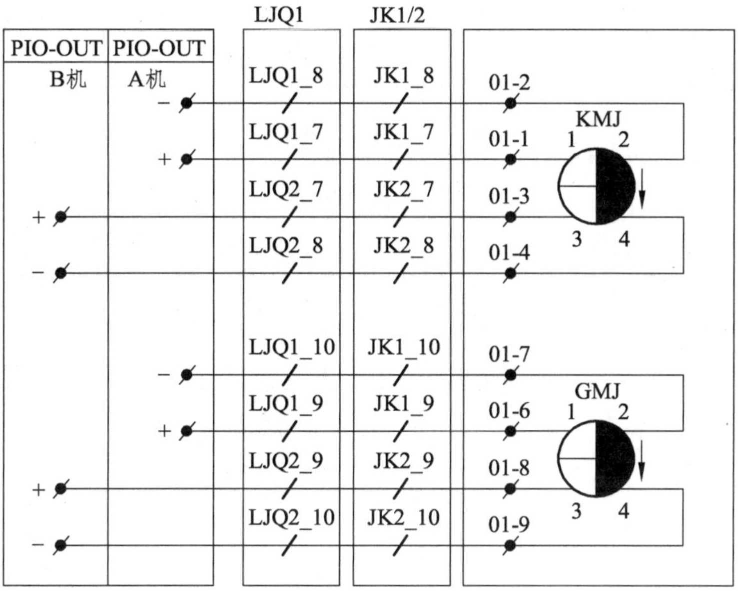

（a）站台门驱动接口电路

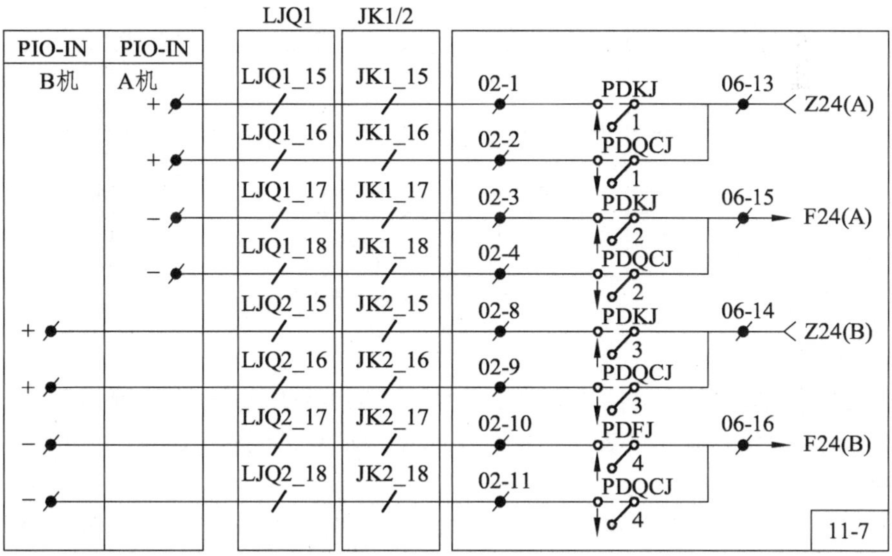

（b）站台门采集接口电路

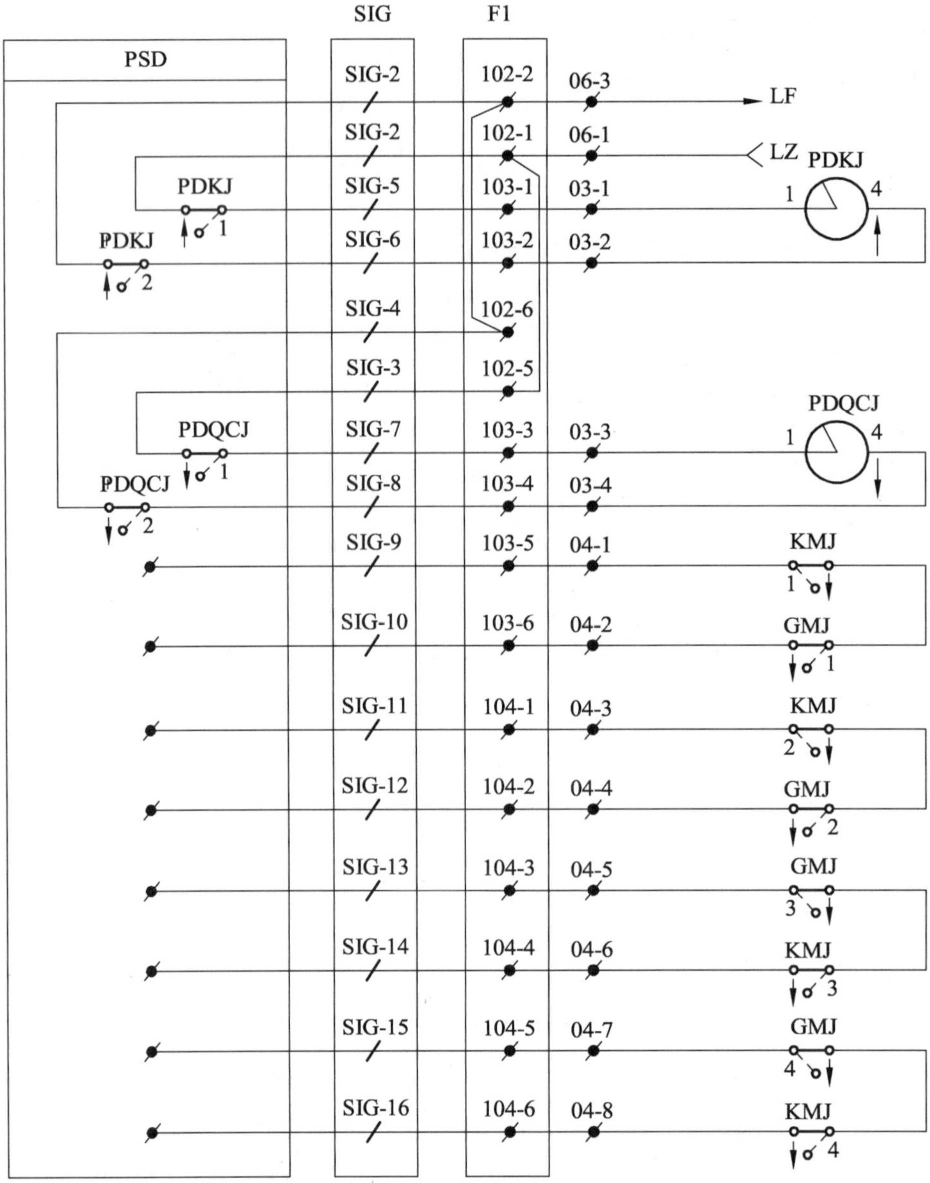

（c）站台门控制及采集电路

图 10-7-13　站台门电路原理

（1）站台门驱动和采集接口电路是由联锁驱动 KMJ、GMJ 向屏蔽门系统发送开门或关门命令。通过采集屏蔽门 PDKJ、PDQCJ 向 ATS 终端反馈关门锁紧以及互锁解除信息。

（2）站台门控制及采集电路是联锁将命令发送给 PSD 并使屏蔽门做出动作，这相当于根据联锁的指令进行实际动作。

（3）当屏蔽门驱动和采集接口电路中存在故障时，表现为对屏蔽门进行开关门、打互锁解除操作时，对应的继电器不会有动作，屏蔽门不会正常开关门、互锁解除以及关门锁紧不会对应做出反应。

（4）若站台门控制及采集电路存在故障时，例如 KMJ-1 至 04-1 间故障时，屏蔽门不会正常开门，但 KMJ 继电器会正常吸起。

三、实训要求

（一）实训时间

4 课时。

（二）实训形式

学生每 5 人组成 1 个工作小组，各小组制定实施方案及工作计划。组长协助教师指导本组学生学习，检查实训作业进度和质量，制定改进措施，共同完成项目任务。

（三）安全注意事项

（1）未经教师或管理员允许不得擅自操作。
（2）严禁私自拖拽、更改设备配线，实训室内设备不得挪作他用。
（3）为防止触电，不得触碰综合柜除断路器开关以外的任何位置。

（四）工器具材料准备

（1）防护用品：防滑鞋、绝缘手套、工作服等。
（2）工具：套筒、万用表等。
（3）个人用品：笔、笔记本等。

四、实训作业步骤

（一）ZDJ9 电动转辙机故障分析、判断与处理

表 10-7-2　ZDJ9 电动转辙机故障分析、判断与处理

步骤	具体内容	工具	注意事项
1	实训人员穿戴防护用品、携带个人工具至现场	—	—
2	设置 1DQJ 励磁电路 02-2 至 FCJ-71 断线故障。 （1）根据故障现象判断并处理故障。 （2）在 ATS 上对道岔 D0312 进行定操。 （3）观察综合柜 1 上第 6、7 层继电器的动作。 （4）故障现象。 操作反操后，SJ 吸起，1DQJ、1DQJF 无法吸起，2DQJ 不转极，室外道岔不动作。 反操结束后，道岔仍处在定位。 （5）在 ATS 上对道岔 D0312 进行定操。 定操可以正常转换道岔。 室内外道岔状态一致。	万用表	注意万用表挡位的调节，同时避免用手触碰表笔的金属部分

续表

步骤	具体内容	工具	注意事项
2	（6）故障分析。 定操可以正常转换。 反操时 1DQJ、1DQJF 继电器不动作。 结合道岔控制电路图可知故障是由于 1DQJ 励磁电路中的反操电路有问题。 （7）故障测量。 结合道岔控制电路图与道岔控制组合配线图，将万用表打到电压挡、直流挡。 结合道岔控制电路图分析，应测量 CT 层 06-1 至 TDF 层 2DQJ-141 电压值，若电压为 0 V，则证明 CT 层 06-1 至 TDF 层 2DQJ-141 线路正常。 结合图 5-7-14 道岔控制组合配线图 1 和图 5-7-15 道岔控制组合配线图 2 分析，实际测量点 CT 层 06-1 位于综合柜 1 第 6 层侧面端子处，TDF 层 2DQJ-141 位于综合柜 1 第 7 层继电器 2DQJ 的 83 接线端子。 结合道岔控制电路图分析，应测量 CT 层 06-1 至 CT 层 02-1，若电压为 0 V，则证明该段线路正常。 结合道岔控制组合配线图 2 分析，实际测量点 CT 层 06-1 至 CT 层 02-1 均位于综合柜 1 第 6 层侧面端子处，对比测量电压值。 结合道岔控制电路图分析，应测量 CT 层 06-1 至 CT 层 02-2，若电压为 0 V，则证明该段线路正常。 结合道岔控制组合配线图 2 分析，使用数字万用表直流挡，测量 CT 层 06-1 至 CT 层 02-2 均位于综合柜 1 第 6 层侧面端子处，对比测量电压值。 结合道岔控制电路图，测量 CT 层 06-1 至 CT 层 FCJ-71，若电压为 24 V 左右，则证明 02-2 至 FCJ-71 线路断路。 结合道岔控制组合配线图 2 分析，使用数字万用表直流挡，测量 CT 层 06-1 位于综合柜 1 第 6 层侧面端子处，CT 层 FCJ-71 位于综合柜 1 第 6 层 FCJ 继电器后的 71 接线端子处，对比测量电压值。 （8）故障修复。 使用连接线，一端插入综合柜 1 第 6 层侧面端子 02-2 中，另一端夹在 FCJ 继电器端子 71 上，即修复了 02-2 至 FCJ-71 之间断线故障。 （9）修复验证。 在 ATS 上对道岔 D0312 进行反操。 观察综合柜 1 上第 6、7 层继电器的动作。 反操正常转换到位，且 ATS 上有表示，室外实物道岔转换到位，则故障点修复成功。 在 ATS 上对道岔 D0312 进行定操。 观察综合柜 1 上第 6、7 层继电器的动作。 定操正常转换到位，且 ATS 上有表示，室外实物道岔转换到位	万用表	注意万用表挡位的调节，同时避免用手触碰表笔的金属部分
3	设置其他故障，类比步骤 2 流程，对故障进行分析、判断、测量、修复、验证等流程	—	—
4	验证通过后，将工器具摆放回收，恢复实训现场	—	—

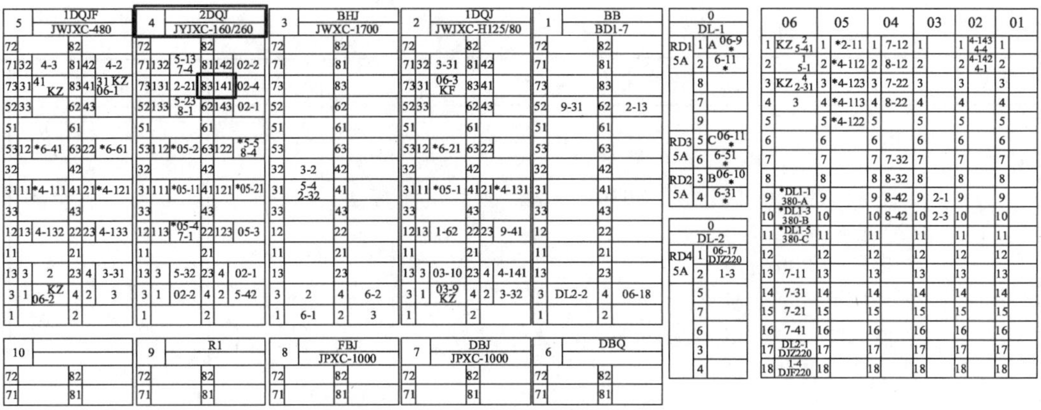

图 10-7-14　道岔控制组合配线图 1

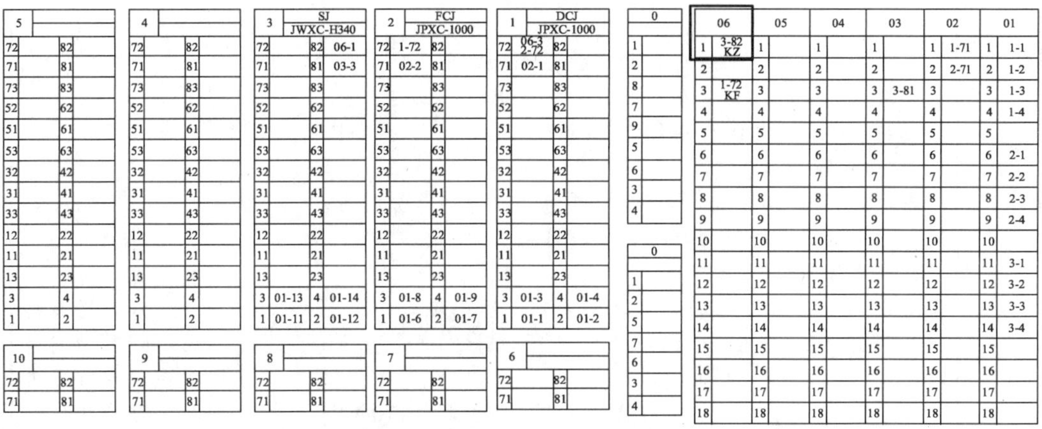

图 10-7-15 道岔控制组合配线图 2

（二）LED 三显示信号机故障分析、判断与处理

表 10-7-3　LED 三显示信号机故障分析、判断与处理

步骤	具体内容	工具	注意事项
1	实训人员穿戴防护用品、携带个人工具至现场	—	—
2	设置 LXJ-32 至 ZXJ-31 断线故障。 （1）根据故障现象判断并处理故障。 （2）观察 ATS 上的车辆段 IG 区段处于占用状态，红色光带。 （3）故障现象。 ZXJ 继电器不能吸起。 室外信号机无法开放绿灯。 室内 ATS 上 S0309 信号机显示红灯。 （4）在 ATS 上对信号机 S0309 开放黄灯。 LXJ 继电器落下，不能吸起。 室外信号机 S0309 黄灯不能点亮。 室内 ATS 上 S0309 信号机显示红灯。	万用表	注意万用表挡位的调节，同时避免用手触碰表笔的金属部分

续表

步骤	具体内容	工具	注意事项
2	（5）在 ATS 上对信号机 S0309 开放红黄灯引导信号。 2DJ 继电器吸起。 信号机 S0309 红黄灯点亮。 室外信号机亮红黄灯。 室内 ATS 上 S0309 信号机显示红黄灯。 引导信号开放成功。 （6）故障分析。 室外信号机不能开放绿灯和黄灯，室内 ATS 上显示亮红灯。 可以正常开放红黄灯，且室内外状态一致。 证明故障电路位于绿灯和黄灯的公共线路上。 又由于红灯可以正常亮，所以故障位置位于绿灯、黄灯公共线路且不包括含有红灯的线路。 （7）故障测量。 通过对“图 10-7-17 信号机控制组合原理图”分析可知，应先确定属于室内还是室外故障。 理论测量分析： 测量 F2-101-2 与 F2-101-1 之间电压，理论应为 0 V。 再测量 F2-101-6 与 F2-101-5 之间电压，理论应为 110 V。 再测量 F2-101-1 与 LXJ-31 之间电压，理论应为 110 V。 再测量 F2-101-1 与 ZXJ-31 之间电压，理论应为 0 V。 证明故障断线位置为 LXJ-32 与 ZXJ-31 之间断线。 结合《城市轨道交通信号工大赛——设备图册》中找到的“信号机控制组合配线图”（见图 5-7-16），找到测量点 F2-101-2 至 F2-101-1 电压，均在综合柜 2 正面第 4 层分线盘处，使用万用表测量两端电压值，应为 0 V 左右。 测量 F2-101-6 至 F2-101-5 电压，均在综合柜 2 正面第 4 层分线盘处，使用万用表测量两端电压值，应为 110 V 左右。 测量 F2-101-1 与 LXJ-31 之间电压，理论应为 110 V。 再测量 F2-101-1 与 ZXJ-31 之间电压，理论应为 0 V。 证明 LXJ-32 与 ZXJ-31 之间断线。 （8）故障修复。 使用连接线，一端夹在 LXJ 继电器的 32 端子上，另一端夹在 ZXJ 继电器端子 31 上，即修复了 LXJ-32 与 ZXJ-31 之间断线故障。	万用表	注意万用表挡位的调节，同时避免用手触碰表笔的金属部分

续表

步骤	具体内容	工具	注意事项
2	（9）修复验证。 在 ATS 上对信号机 S0309 开放绿灯。 观察综合柜 2 上 LXJ、YXJ、ZXJ、DDJ 继电器的动作。 LXJ 继电器吸起，ZXJ 继电器吸起，室外信号机开放绿灯。 室内 ATS 界面信号机显示开放绿灯。 在 ATS 上对信号机 S0309 开放黄灯。 观察综合柜 2 上 LXJ、YXJ、ZXJ、DDJ 继电器的动作。 LXJ 继电器吸起，ZXJ 继电器落下，室外信号机开放黄灯。 室内 ATS 界面信号机显示开放黄灯。 在 ATS 上对信号机 S0309 开放红黄灯。 观察综合柜 2 上 LXJ、YXJ、ZXJ、DDJ 继电器的动作。 YXJ 继电器吸起，LXJ 继电器落下，室外信号机开放红黄灯。 室内 ATS 界面信号机显示开放红黄灯	万用表	注意万用表挡位的调节，同时避免用手触碰表笔的金属部分
3	设置其他故障，类比步骤 2 流程，对故障进行分析、判断、测量、修复、验证等流程	—	—
4	验证通过后，将工器具摆放回收，恢复实训现场	—	—

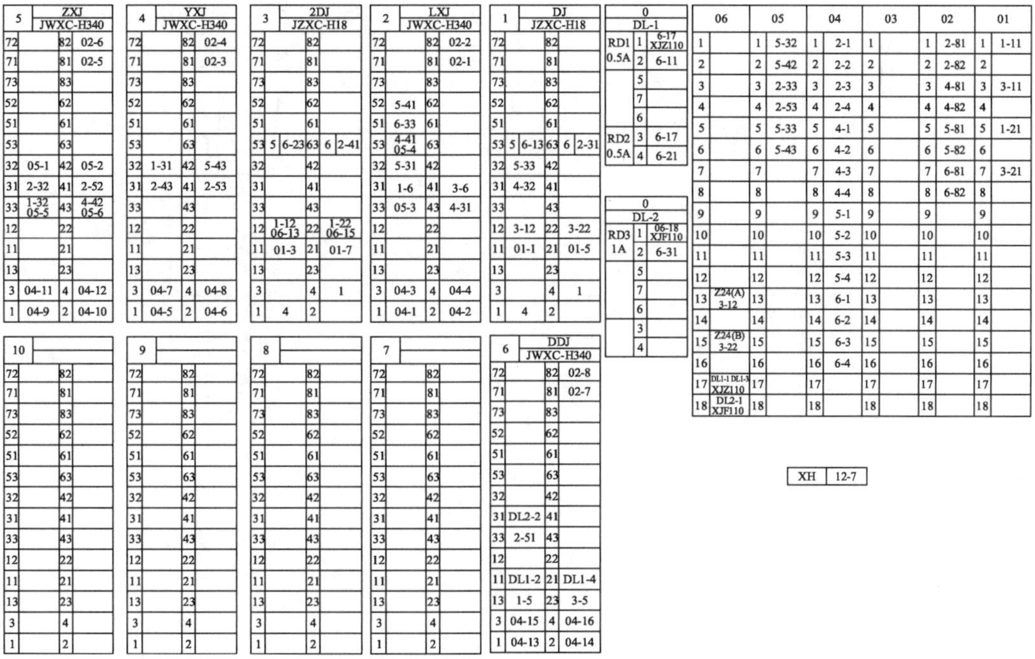

图 10-7-16　信号机控制组合配线图

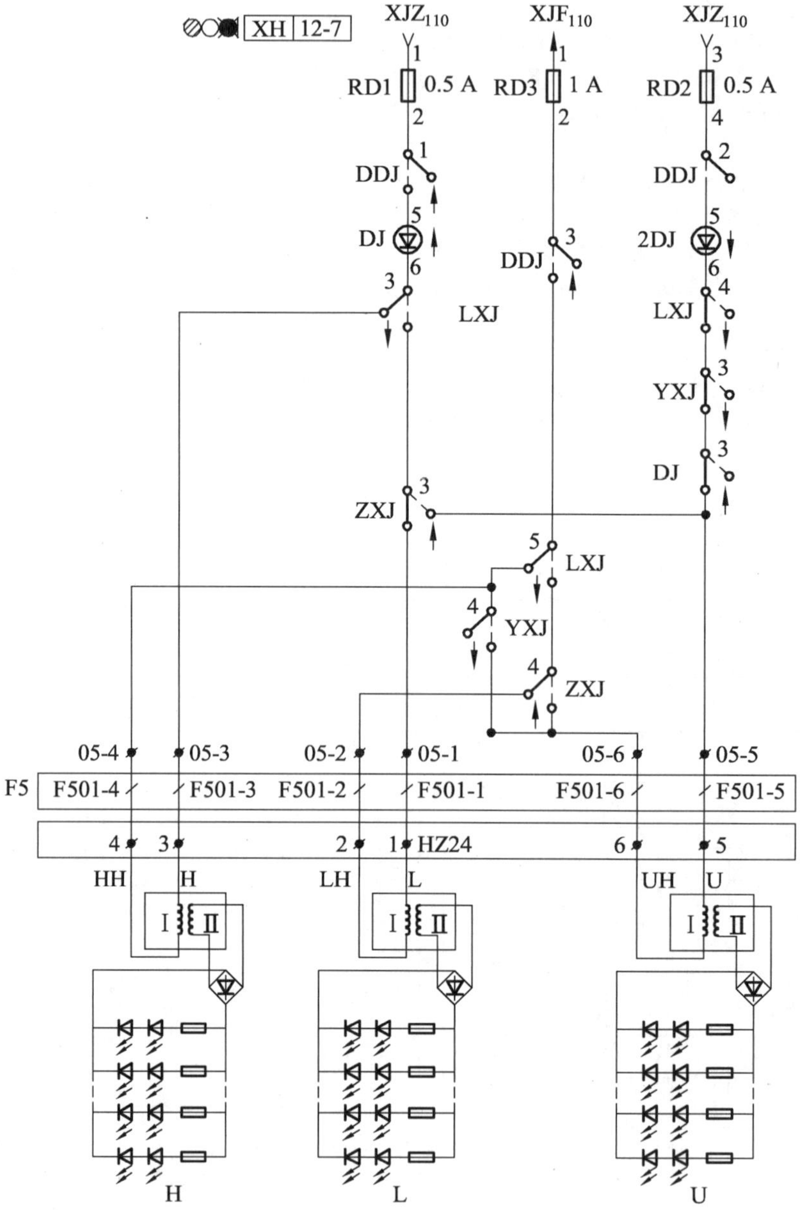

图 10-7-17　信号机控制组合原理

（三）50 Hz 轨道电路故障分析、判断与处理

表 10-7-4　50 Hz 轨道电路故障分析、判断与处理

步骤	具体内容	工具	注意事项
1	实训人员穿戴防护用品、携带个人工具至现场	—	—
2	设置 GJS1-32 至 GJ-1 断线故障。 （1）根据故障现象判断并处理故障。 （2）观察 ATS 上的车辆段 IG 区段处于占用状态，红色光带。 （3）观察综合柜 2 第 5 层 GJ：50 Hz 轨道电路继电器落下。 （4）故障分析。 由于综合柜 2 上 GJ 继电器落下，综合柜 2 上第 5 层的 2 个相敏接收器亮红灯和绿灯，ATS 上的车辆段 IG 区段显示占用，证明故障与 GJ 继电器电路有关。 （5）故障测量。 将万用表打到电压挡。 通过对 50 Hz 相敏轨道电路原理图（见图 10-7-18）分析可知：测量点应该为 GJS1-32、GJS1-42 24 V 左右，GJS2-32、GJS2-42 24 V 左右，GJS1-32、GJ-4 24 V 左右，GJS1-42、GJ-1 0V 左右，证明 GJS1-32 至 GJ-1 断线故障。 结合《城市轨道交通信号工大赛——设备图册》中找到的“50 Hz 相敏轨道电路组合配线图”（见图 10-7-19），找到测量点 GJS1-32、测量点 GJS1-42，均在综合柜 2 背后的第 5 层 GJS1 处，使用万用表测量两端电压值应为 24 V 左右。 测量 GJS2-32 至 GJS2-42，使用万用表测量两端电压值应为 24 V 左右。 测量 GJS1-32 至 GJ-4，使用万用表测量两端电压值应为 24 V 左右。 测量 GJS1-42 至 GJ-1，使用万用表测量两端电压值应为 0 V 左右； 得出 GJS1-32 至 GJ-1 断线故障。 （6）故障修复。 使用连接线，一端夹在GJS1的32端子上，另一端夹在GJ继电器端子1上，即修复了GJS1-32至GJ-1之间断线故障。 （7）修复验证。 ATS 上车辆段 IG 区段不显示红光带，未被占用出清。 综合柜 2 上 50 Hz GJ 轨道继电器吸起。 综合柜 2 上第 5 层的 2 个相敏接收器亮红灯和绿灯。 证明轨道电路中的故障修复成功	万用表	注意万用表挡位的调节，同时避免用手触碰表笔的金属部分

续表

步骤	具体内容	工具	注意事项
3	设置其他故障，类比步骤 2 流程，对故障进行分析、判断、测量、修复、验证等流程	—	—
4	验证通过后，将工器具摆放回收，恢复实训现场	—	—

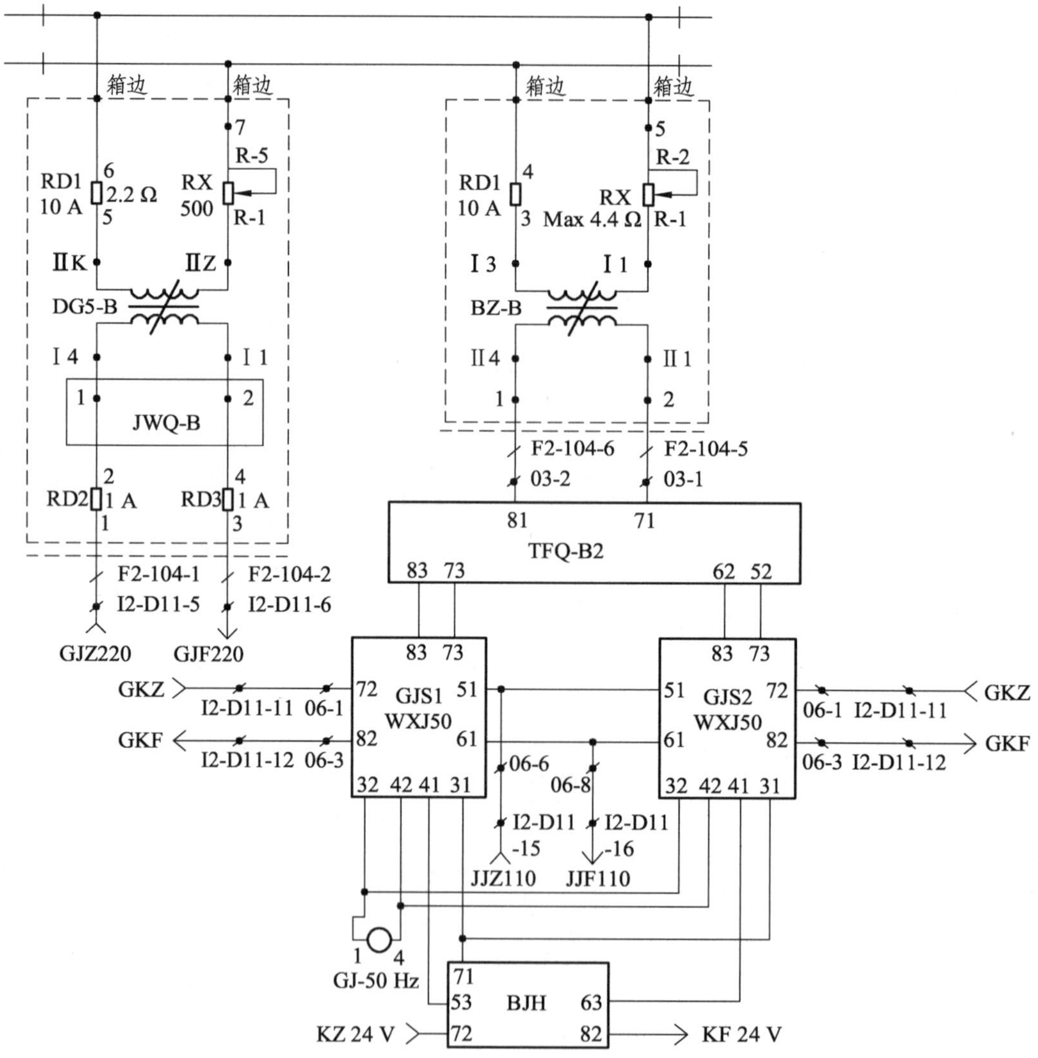

图 10-7-18　50 Hz 相敏轨道电路原理图

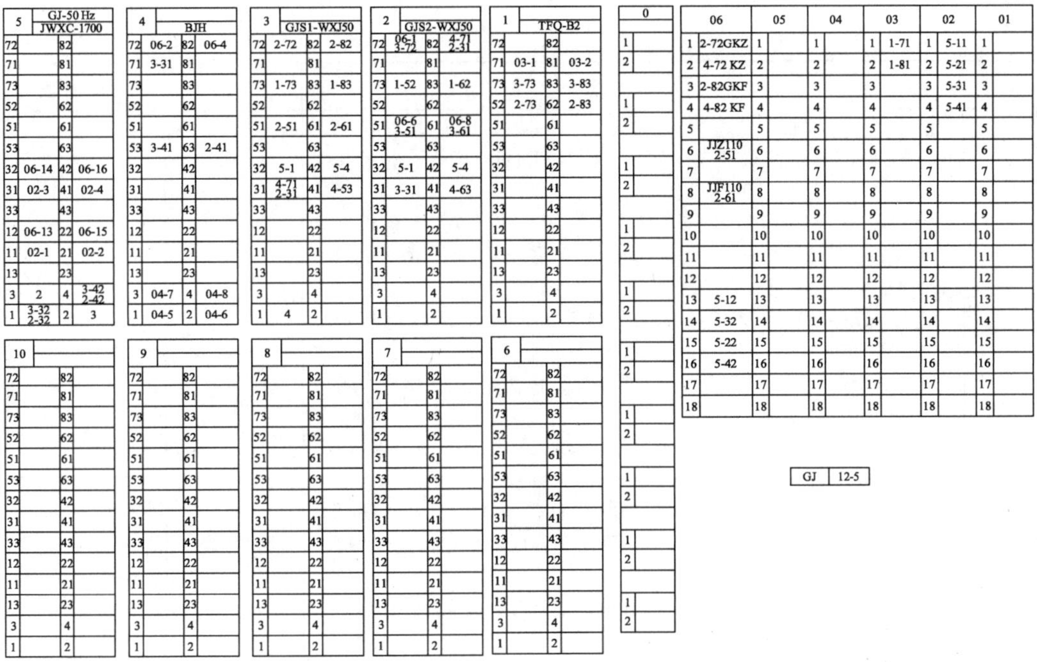

图 10-7-19　50 Hz 相敏轨道电路组合配线图

（四）计轴设备故障分析、判断与处理

表 10-7-5　计轴设备故障分析、判断与处理

步骤	具体内容	工具	注意事项
1	实训人员穿戴防护用品，携带个人工具至现场	—	—
2	设置 HZ0-1-1 至 F2-102-1 断线故障。 （1）根据故障现象判断并处理故障。 （2）综合柜上故障现象。 综合柜 2 上第 6 层 GJ 继电器落下。 （3）ATS 上显示故障现象。 ATS 上计轴区段 G0312 显示稳定红色。 （4）计轴柜上显示故障现象。 左 1 放大板上 DSS1 的 BRKDNI 亮红灯，OUT1 亮黄灯。 G0312 计轴板 Oc 亮红灯，CL 绿灯灭，BRKDNI 亮红灯。 G0312 输出板的 CLH、Oc1 和 Oc2 亮红灯，CL、Oc3 灭灯。 （5）故障分析。 由于左 1 放大板上 DSS1 的 BRKDNI 亮红灯，OUT1 亮黄灯。 G0312 计轴板 Oc 亮红灯，CL 绿灯灭，BRKDNI 亮红灯。 G0312 输出板的 CLH、Oc1 和 Oc2 亮红灯，CL、Oc3 灭灯。 可知故障点位于磁头 1 处。 （6）故障测量。 将用万用表打到电压挡。 通过对“计轴轨道电路原理图”（见图 10-7-20）分析可知：测量点应该为 F2-102-1、F2-102-2 10 V 左右，HZ0-1-1、HZ0-1-2 0 V 左右，HZ0-1-1、F2-102-2 0 V 左右，HZ0-1-2、F2-102-1 10 V 左右，证明 HZ0-1-1 至 F2-102-1 断线故障。	万用表	注意万用表挡位的调节，同时避免用手触碰表笔的金属部分

续表

步骤	具体内容	工具	注意事项
2	结合《城市轨道交通信号工大赛——设备图册》中找到的“计轴零散组合配线图”（见图 10-7-22）和“信号机磁头箱盒配线图”（见图 10-7-21）。 找到测量点 F2-102-1、测量点 F2-102-2，均在综合柜 2 前面第 4 层、第二列分线盘处，使用万用表测量两端电压值，应为 10 V 左右。 测量 HZ0-1-1 至 HZ0-1-2，使用万用表测量两端电压值，应为 0 V 左右。 测量 HZ0-1-2 至 F2-102-1，使用万用表测量两端电压值，应为 10 V 左右； 得出 HZ0-1-1 至 F2-102-1 断线故障。 （7）故障修复。 使用连接线，一端插入磁头 1 盒内 HZ0-1-1 中，另一端插入在 F2-102-1 上，即修复了 HZ0-1-1 至 F2-102-1 之间断线故障。 （8）修复验证。 左 1 放大板上 DSS1 的 BRKDNI、OUT1 灯灭。 GJ 继电器落下。 G0312 计轴板-Axle 红色 LED 灯亮，且 1-256 黄灯闪烁，Oc 亮红灯，CL 绿灯灭。 G0314 计轴板 Oc 亮红灯，CL 绿灯灭（可能产生轴数，1 轴或更多）。 G0312 和 G0314 输出板的 Oc3 和 CL 绿灯灭。 HMI 上，G0312 和 G0314 显示占用。 进行赶轴操作后，计轴板和输出板恢复正常状态，待 G0314 输出板显示出清状态后，GJ 吸起。 在 HMI 上，进行计轴确认有效操作后，G0312 和 G0314 显示出清状态	万用表	注意万用表挡位的调节，同时避免用手触碰表笔的金属部分
3	设置其他故障，类比步骤 2 流程，对故障进行分析、判断、测量、修复、验证等流程	—	—
4	验证通过后，将工器具摆放回收，恢复实训现场	—	—

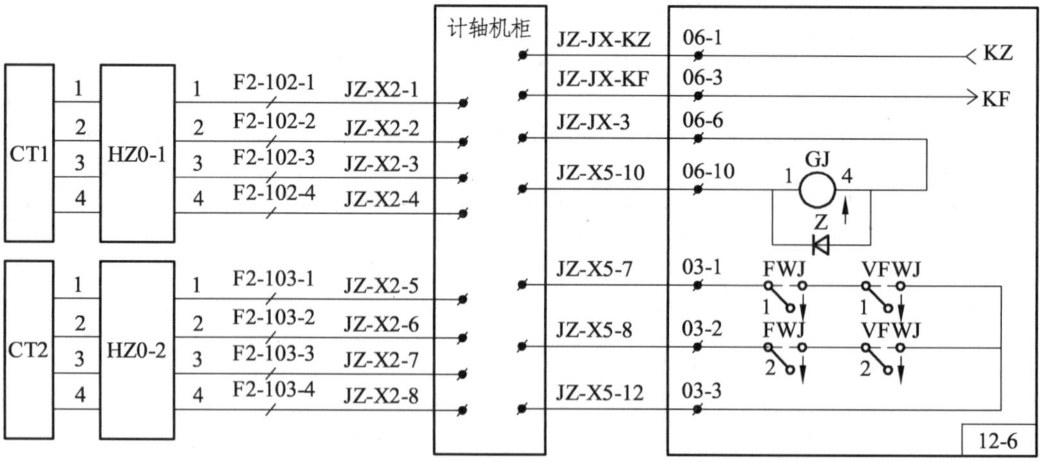

图 10-7-20 计轴轨道电路原理

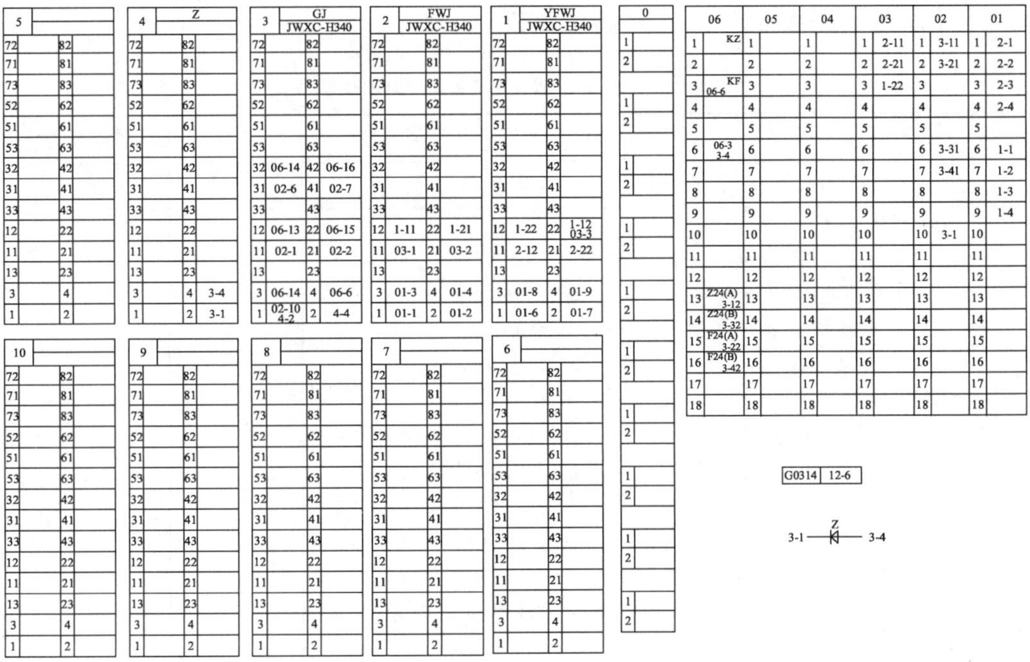

图 10-7-21　信号机磁头箱盒配线图

分线盘		HZ24	三灯位信号机
F2-101-1	L	1 HZ24-1	L
F2-101-2	LH	2 HZ24-2	LH
F2-101-3	H	3 HZ24-3	H
F2-101-4	HH	4 HZ24-4	HH
F2-101-5	U	5 HZ24-5	U
F2-101-6	UH	6 HZ24-6	UH
分线盘		HZ0-1	磁头1
F2-102-1	红	1 绿	CT1-1
F2-102-2	白	2 白	CT1-2
F2-102-3	蓝	3 棕	CT1-3
F2-102-4	绿	4 黄	CT1-4
分线盘		HZ0-2	磁头2
F2-103-1	红	1 绿	CT1-1
F2-103-2	白	2 白	CT1-2
F2-103-3	蓝	3 棕	CT1-3
F2-103-4	绿	4 黄	CT1-4
分线盘		XB1	
F2-104-1		RD2 GZJ220	
F2-104-2		RD3 GJF220	
分线盘		XB2	
F2-104-5		Ⅱ1	
F2-104-6		Ⅱ4	

图 10-7-22　计轴零散组合配线图

（五）站台门故障分析、判断与处理

表 10-7-6　站台门故障分析、判断与处理

步骤	具体内容	工具	注意事项
1	实训人员穿戴防护用品，携带个人工具至现场	—	—
2	04-1 至 KMJ-11 断线故障。 （1）根据故障现象判断并处理故障。 （2）助演在车门控制终端上对屏蔽门 PSD0301 进行开门。 （3）观察综合柜 1 上第 5 层继电器的动作。 （4）故障现象。 KMJ 继电器吸起。 实物站台门不会开门。 （5）助演在车门控制终端上对屏蔽门 PSD0301 进行关门。 GMJ 继电器吸起。 PDKJ 继电器吸起。 实物站台门正常关门到位。 ATS 上对应的会展中心站下行站台门显示关门锁紧。 （6）故障分析。 继电器在进行开门操作时，KMJ 继电器会正常吸起，可判断驱动电路没有问题，继电器可以正常吸起。 继电器在进行开门操作时，由于屏蔽门不会开门，所以可以判断为控制及采集电路上的开门电路有问题。 继电器在进行关门操作时，GMJ 继电器、PDKJ 继电器会正常吸起，实物站台门正常关门到位，且 ATS 上对应的会展中心站下行站台门显示关门锁紧，可判断关门电路没有问题。 （7）故障测量。 将万用表打到电压挡、直流挡。 通过对“站台门驱采电路原理图”（见图 10-7-23）分析可知：故障点应位于开门电路中。 在 KMJ 继电器吸起时，测量点应该为 04-1、04-4 24 V 左右，证明正极“+”至 04-1 之间线路正常；04-4、KMJ-11 0 V 左右，证明 04-1 至 KMJ-11 断线故障。 结合《城市轨道交通信号工大赛——设备图册》中找到的“站台门配线图”（见图 10-7-24），找到测量点 04-1、测量点 04-4，均在综合柜 1 背后的第 5 层侧面端子处，使用万用表测量两端电压值，应为 24 V 左右；测量 04-4 至 KMJ-11，使用万用表测量两端电压值，应为 0 V 左右。 得出 04-1 至 KMJ-11 断线故障。 （8）故障修复。 使用连接线，一端插入侧面端子 04-1 中，另一端夹在 KMJ 继电器端子 11 上，即修复了 04-1 至 KMJ-11 之间断线故障。 （9）修复验证。 助演在车门控制终端上对屏蔽门PSD0301进行开门。 观察综合柜1上第5层继电器的动作。	万用表	注意万用表挡位的调节，同时避免用手触碰表笔的金属部分

续表

步骤	具体内容	工具	注意事项
2	KMJ 继电器吸起，实物站台门打开，ATS 上对应的会展中心站下行站台门打开，则证明故障修复成功。 助演在车门控制终端上对屏蔽门 PSD0301 进行关门。 观察综合柜 1 上第 5 层继电器的动作。 GMJ 继电器吸起，PDKJ 继电器吸起，实物站台门关闭，ATS 上对应的会展中心站下行站台门关闭	万用表	注意万用表挡位的调节，同时避免用手触碰表笔的金属部分
3	设置其他故障，类比步骤 2 流程，对故障进行分析、判断、测量、修复、验证等流程	—	—
4	验证通过后，将工器具摆放回收，恢复实训现场	—	—

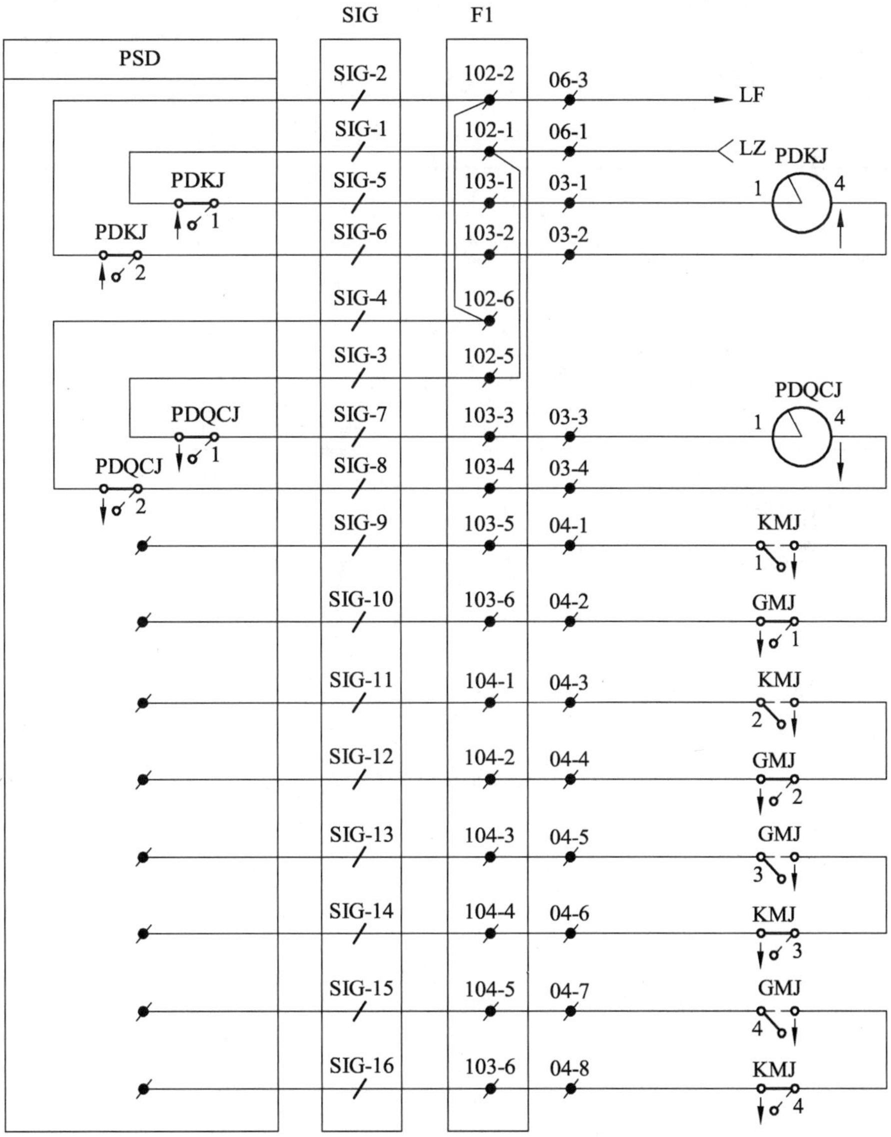

图 10-7-23　站台门驱采电路原理图

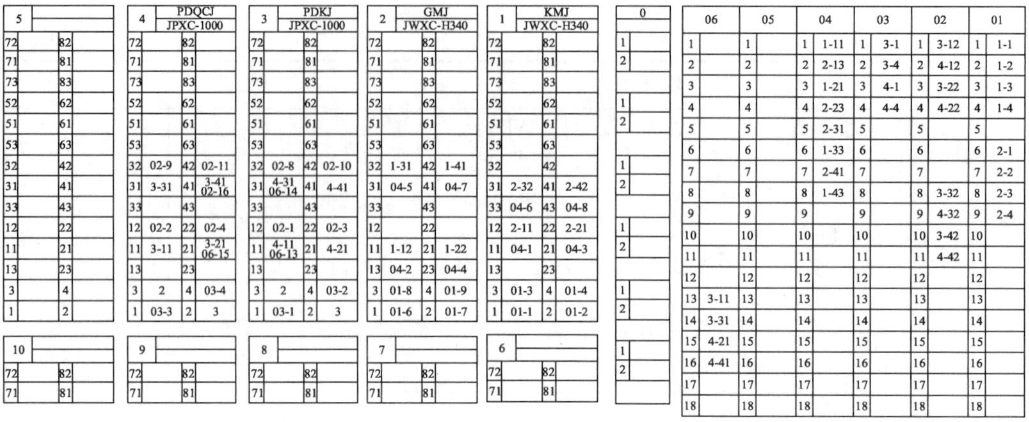

图 10-7-24　站台门配线图

五、实训考核标准

表 10-7-7　实训考核标准

项目	标准	配分	得分
ZDJ9 电动转辙机	能够掌握 ZDJ9 转辙机故障分析、判断与处理方法	20	
LED 三显示信号机	能够掌握 LED 信号机故障分析、判断与处理方法	20	
50 Hz 轨道电路	能够掌握 50 Hz 轨道电路故障分析、判断与处理方法	20	
计轴设备	能够掌握计轴设备故障分析、判断与处理方法	20	
站台门设备	能够掌握站台门设备故障分析、判断与处理方法	20	

六、思考题

试简述判断 ZDJ9 转辙机故障是室内故障还是室外故障的方法。

参考文献

[1] 林瑜筠. 铁路信号基础[M]. 3 版. 北京：中国铁道出版社，2020.

[2] 林瑜筠. 计算机联锁[[M]. 3 版. 北京：中国铁道出版社，2017.

[3] 林瑜筠. 区间信号自动控制[M]. 北京：中国铁道出版社，2014.

[4] 呼和浩特铁路局职工教育处. 信号工[M]. 北京：中国铁道出版社，2013.

[5] 国家铁路局.，铁路车站计算机联锁技术条件[S]：TB/T 3027-2015. 北京：中国铁道出版社，2015.